Stephanie Zibell

GEMEUCHELT!
MÖRDER UND GEMORDETE

in Rhein-Main

SOCIETÄTSVERLAG

Umschlaggestaltung: Nicole Proba, Societäts-Verlag
Satz: Nicole Proba, Societäts-Verlag
Druck und Verarbeitung: Ebner & Spiegel GmbH, Ulm
Printed in Germany 2010
ISBN 978-3-7973-1220-4

Inhaltsverzeichnis

„Totschweigen ist Mord ohne Blutvergießen.“
(Stephen Spender [1909-1995], britischer Autor)

Vorwort

„Gefährlich ist's den Leu zu wecken,
Verderblich ist des Tigers Zahn,
Jedoch der schrecklichste der Schrecken,
Das ist der Mensch in seinem Wahn."
(Friedrich Schiller [1759-1805]: „Das Lied von der Glocke")

Wie recht Schiller mit dieser Feststellung hatte, erfuhren die Personen, von denen in den folgenden Kapiteln die Rede sein wird, am eigenen Leib. Vom Wahn getrieben fielen manche von ihnen über ihre arg- und ahnungslosen Mitmenschen her, um sie auf grausame und heimtückische Art und Weise zu töten. Andere wiederum begingen den Fehler, das Raubtier – den Leu – zu reizen, wofür sie mit ihrem Leben bezahlen mussten. Die einen waren demnach Täter, die anderen Opfer.

Sie alle verbindet, dass sie nach ihrem schrecklichen Tod oder ihrer fürchterlichen Tat kurzfristig ins Rampenlicht gerieten. Einen Augenblick lang standen sie und ihr Schicksal im Mittelpunkt des öffentlichen Interesses. Doch so schnell wie ihr „Ruhm" gekommen war, so schnell verging er auch wieder. Schon einige Zeit später erinnerte sich niemand mehr an sie, denn sowohl die Täter als auch die Opfer waren ganz gewöhnliche Menschen. Niemandem kam eine besondere gesellschaftliche Position zu, was zweifellos dazu beigetragen hätte, ihre Geschichte lebendig zu halten. Darüber hinaus waren die Taten zwar grässlich, aber nicht in dem Maße spektakulär, dass sie in Werken, die sich mit spezifischen Täterpersönlichkeiten, Mordmotiven oder Tatdurchführungen beschäftigten, bemerkenswerten Niederschlag gefunden hätten. Mörder wie Karl Hopf oder Jacob Reul waren eben nicht vergleichbar mit Tätern wie Jürgen Bartsch (1946-1976) oder Fritz Haarmann (1879-1925).

Darüber hinaus gibt es aber noch ein weiteres Spezifikum, das jene Taten, Täter und Opfer, die in diesem Buch Erwähnung finden, verbindet: Sie alle lebten, starben oder mordeten zwischen 1844 und 1987 in der Rheingau-Taunus-Region, also in unserer unmittelbaren Nachbarschaft. Folglich müssen wir uns eingestehen, dass schreckliche Dinge nicht irgendwo auf der Welt geschehen, also weit weg von uns und unserem alltäglichen Leben, sondern direkt neben uns, und dass wir sowohl die Täter als auch die Opfer persönlich kennen (könnten). Wir müssen demnach auch hierzulande – vor der eigenen Haustür! – auf der Hut sein und die Augen offen halten! Vergessen Sie das nie! Und auch nicht, dass alle Geschichten, die ich Ihnen erzähle, wahr sind.

Aber: Das vorliegende Buch kann und will kein wissenschaftliches Werk sein. Vielmehr handelt es sich um eine Verknüpfung von historischen Fakten mit schriftstellerischer Freiheit. Das macht die Darstellung der Geschehnisse sowie die Motive für die Taten und die Persönlichkeit der Täter und Opfer etwas lesbarer und vielleicht auch verständlicher. Ganz besonders deutlich wird dies in dem Kapitel „Der Mordfall Hermann Schäfer". Die hier auftretenden Figuren sind, mit Ausnahme des Opfers und derjenigen, die als „Personen der Zeitgeschichte" gelten dürfen, wie zum Beispiel der Gauleiter Jakob Sprenger oder der Landespolizeipräsident Dr. Werner Best, erfunden. Gleiches gilt für die Darstellung des Sachverhalts in Form von Aktennotizen, Vermerken über Zeugenaussagen, Tagebucheinträge und so weiter. Die Inhalte und Formulierungen, die der Leser dort vorfindet, stammen allesamt von mir und haben in erster Linie die Aufgabe, den relativ verzwickten Tatbestand aufzudröseln und darüber hinaus die unterschiedlichen Interessen und Sichtweisen in Bezug auf den Fall nachvollziehbar darzustellen.

„Der Mordfall Hermann Schäfer“ beschäftigt sich übrigens mit einem Geschehen, das sich im Sommer 1933 in Frankfurt am Main zutrug. Auf der „Isenburger Schneisenbrücke“ begegnete der abtrünnige Nationalsozialist Hermann Schäfer seinem Mörder. Der Förster Heinrich Orlopp aus dem Rheingauer Weindorf Hallgarten wiederum traf den seinen im Jahr 1916 mitten im Wald. Ahnungslos lief er dort dem Übeltäter vor die Flinte. Ebenso arglos wie der Förster war auch Jette Weyershäuser, als ihr Mörder im Sommer 1844 plötzlich und unerwartet über sie herfiel und sie grausam ums Leben brachte. Wie im Fall Karl Hopf handelte es sich bei dem Verbrechen an der in Soden, dem heutigen Bad Soden, lebenden Magd um eine Beziehungstat. Doch anders als bei dem an Jette Weyershäuser begangenen Mord waren die Untaten, die der frühere Varieté-Künstler Hopf beging, von langer Hand geplant. Die Giftmorde, die ihn im Jahr 1914 den Kopf kosten sollten, beging er in Wörsdorf bei Idstein, Niederhöchstadt und Frankfurt am Main. In der zuletzt genannten Stadt schlug im Herbst 1925 auch die Krankenschwester Wilhelmine Flessa zu. Wie Jette Weyershäuser und Karl Hopf kannte sie ihr Opfer gut, denn es handelte sich dabei um ihren Geliebten, den Arzt Dr. Seitz. Während der von der Krankenschwester erschossene Mediziner aber wenigstens kurz nach der Tat und hochoffiziell zur letzten Ruhe gebettet werden konnte, wie es sich gehörte, brachte der 1987 in Wiesbaden brutal ermordete Michael Körppen einige Tage in einen Teppich gewickelt zu, während die Täter versuchten, ihm in der Nähe des Tatorts ein heimliches Grab zu schaufeln.

Sie sehen, wir leben gefährlich. Das gilt für heute ebenso wie für längst vergangene Tage. Ergo: Die angeblich gute alte

Zeit, die hat es nie gegeben! Schufte und Strolche lauerten schon immer auf ihre arg- und wehrlosen Opfer. Sie hock(t)en hinter Bäumen und Sträuchern, aber manchmal teilten – und teilen – Täter und Opfer auch Tisch und Bett. Wir müssen also in jedem Falle vorsichtig sein!

In diesem Sinne – alles Gute und stetige Sicherheit
wünscht Ihnen

Stephanie Zibell

Kapitel 1:

„Weil es mein Liebstes war ...“ Der grausige Tod der Jette Weyershäuser

Im Sommer 1844 gaben sich in dem beschaulichen, am Südhang des Taunus gelegenen Kurort Soden berühmte und weniger berühmte Dichter ein Stelldichein. Zu ihnen gehörten August Heinrich Hoffmann von Fallersleben (1798-1874), Ferdinand Freiligrath (1810-1876) und Wilhelm Genth (1803-1844).

Hoffmann von Fallersleben ist auch heute noch wohlbekannt, denn aus seiner Feder stammt das „Lied der Deutschen“, das der Dichter im August 1841 während seines Kuraufenthalts auf der damals britischen Insel Helgoland verfasste. Die dritte Strophe des Liedes – „Einigkeit und Recht und Freiheit“ – stellt den Text der Nationalhymne der Bundesrepublik Deutschland dar. Doch nicht nur deswegen ist Hoffmann nach wie vor in aller Munde: Wer hat sie nicht schon gesungen, die berühmten Kinder- und Weihnachtslieder: „Ein Männlein steht im Walde“, „Kuckuck, Kuckuck, ruft's aus dem Wald“, „Alle Vögel sind schon da“, „Winter, ade“ oder „Morgen kommt der Weihnachtsmann“ und „Morgen, Kinder, wird's was geben“?

Freiligrath dagegen ist heute weitgehend in Vergessenheit geraten. Ihn kennen eigentlich nur noch Experten und ausgemachte Freunde der Poesie des 19. Jahrhunderts. Deshalb weiß auch fast niemand, dass der Satz „Wir sind das Volk!“, den die Demonstranten in der DDR ihrer Regierung im Jahr 1989 zornig entgegenschleuderten, aus dem 1848 erschienenen Freiligrath-Gedicht „Trotz Alledem (Variiert)“ stammt. Zu seiner Zeit jedoch war der Dichter ein bekannter Autor, dem das Publikum aufgrund seiner Sprachgewalt und seiner

Fähigkeit, es im Geiste in fremde Länder und fantastische Welten zu „entführen“, jahrelang zu Füßen gelegen hatte.

Und Wilhelm Genth? Nun, den kennt heute wirklich niemand mehr. Genth war Gelegenheitsdichter; seine Texte – sowohl Lyrik als auch Prosa – publizierte er in Zeitschriften und Almanachen, wie zum Beispiel dem „Morgenblatt“ oder dem „Rheinischen Taschenbuche“. Im Hauptberuf amtierte der Jurist seit 1841 als Kriminalrichter in Wiesbaden. Nachdem er am 16. Juli 1844 in Soden einen tödlichen Schlaganfall erlitten hatte, entschieden sich seine Freunde – unter Federführung des Dichters Carl Ferdinand Dräxler (1806-1879) – Genth ein literarisches Denkmal zu setzen, indem sie seine sämtlichen Texte in einem Buch zusammenfassten und 1845 unter dem Titel „Dichtungen von Wilhelm Genth“ publizierten. Für einen Taler und zwanzig Groschen konnte man das Werk des unerwartet früh verstorbenen Autors erwerben und sich durch die von „würdiger Haltung“ und „loyaler Gesinnung“ erfüllten Worte, wie sie sich zum Beispiel in dem Gedicht „Sommernacht“ finden, verzaubern lassen:

„Wie ist die Nacht so warm und schön!
O blüh'ndes Land am Rhein!
So kann sie nur auf deinen Höh'n,
In deinen Thälern sein.
Dem Himmel ruhst, zur Braut bestimmt,
Du in dem Arme ganz,
Und schaukelnd in dem Strome schwimmt
Ein gold'ner Sternenkranz. [...]“

Dass ein Gedicht Überzeugungen, Hoffnungen oder Emotionen oftmals viel besser auf den Punkt zu bringen vermag als eine lange Rede, hatte auch der Sodener Schmied Jacob Reul (geb. 1823) erkannt. Im Gegensatz zu den Herren Hoffmann, Freiligrath und Genth war er jedoch nicht in der Lage, seine Gefühle in schöne, selbsterdachte Worte zu fassen. Ihm blieb daher nichts anderes übrig, als sich eines „Liebesbriefsteller“ genannten Büchleins zu bedienen, das vorgefertigte „Gebrauchs-Texte“ zu Themen wie Liebe oder Sehnsucht enthielt, die der Dichtkunst nicht mächtige, aber mächtig verliebte Leute nutzen konnten, um dem oder der Angebeteten ihre Empfindungen in angemessener Weise kundzutun.

Die „Herzdame“ Reuls war zur damaligen Zeit die Magd Henriette Justine Catharina Weyershäuser (1816-1844), die allgemein Jette genannt wurde. Ihr ließ er folgende Zeilen zukommen:

„Geliebtes Jeddgen,
Der wohl bekannten schönen und feinen
Und zarten reinsten und frommen
Soll dieser Brief zu Ehren kommen.
Wenn es Dir noch glücklich und wohl
So ist mein Herz freuden voll.
Schwingt Dich Fetter und Papier,
schreibe nach meiner Herz begier
ein kleines Brieflein
zu der Herz aller Liebsten mein.
Verkündige ihr ein freundliches Gruß
Von Haubt an bis zu Fuß
Sage ihr mündlich dabei,
daß Gott und der Lieb Jacob dabei. […]“

Nicht lange nach dem Empfang dieser Zeilen war die junge Frau tot; ermordet ausgerechnet von ihrem „Lieb Jacob“.

Ob Hoffmann und Freiligrath von dem schrecklichen Tod der Magd Jette Weyershäuser und der schwierigen Suche nach dem Täter, die sich von Ende Juni bis Ende August 1844 hinzog, Notiz nahmen, bleibt unklar. Vielleicht waren sie so sehr mit sich und ihren politischen Ideen beschäftigt, dass sie für derlei Geschehen kein Interesse hatten. Vielleicht gehörten sie aber auch zu denjenigen, die regelmäßig zu den Orten pilgerten, an denen die Polizei aktuell in Sachen Weyershäuser ermittelte. Entgangen sein konnte ihnen der Mord jedenfalls nicht, denn Soden war weder besonders groß noch sonderlich geschäftig. Im Soden jener Tage lebten nämlich nur um die eintausend Menschen, die sich auf rund zweihundert Häuser verteilten. Darüber hinaus galt der Ort als eher langweilig. Soden sei ein Kurstädtchen „ohne Mondanität", spotteten diejenigen, denen der „Mangel jeder aufreizenden Leidenschaft" sowie „das friedliche Stilleben in einem ländlich gemüthlichen Orte", dessen Straßen und Spazierwege bei Regen vermatscht und bei Trockenheit verstaubt waren, den Kuraufenthalt verleideten.

Was also bot Soden seinen erholungssuchenden Gästen? Nun, in erster Linie Ruhe und Entspannung sowie die Gelegenheit zu „feingeistige[n] Gespräche[n]"; ein Mord an einem aus der Unterschicht stammenden Frauenzimmer bot da sicherlich ein wenig Abwechslung, führte aber kaum dazu, dass man sich hierdurch in einen Schockzustand versetzt fühlte oder gar an Abreise dachte. Der Todesfall Weyershäuser beeinträchtigte demnach weder das „friedliche Stilleben" im Ort, noch war er dazu geeignet, den Soden vorgeworfenen „Mangel" an „Leidenschaft" zu beheben.

Im Folgenden wird es nicht nur um die Schilderung eines Verbrechens, seiner Hintergründe und seiner Aufklärung gehen, sondern außerdem um die Beschäftigung mit der Lebens- und Gedankenwelt der „einfachen" Menschen jener Zeit.

Abgesehen von dieser sozialgeschichtlich interessanten Komponente bietet sich eine Darstellung des Falles Weyershäuser noch aus zwei weiteren Gründen an: Zum einen handelt es sich um eine aufregende Geschichte, die den Leser unweigerlich in ihren Bann zieht, und zum anderen ist dieser

Fall aktenmäßig hervorragend dokumentiert. Edith Vetter hat sich vor einigen Jahren die Mühe gemacht, die rund 1.500 Seiten umfassenden, handgeschriebenen Akten, die hierzu im Hessischen Hauptstaatsarchiv in Wiesbaden lagern, einzusehen. Das Ergebnis dieser aufwendigen Arbeit ist das 1994 erschienene Materialienheft „Mordsache Jette Weyershäuser", in dem sich Dokumente (zum Teil im Faksimile) und Erklärungen zu dem Geschehen finden, die von fundamentaler Bedeutung für die nun folgende Darstellung sind.

Weshalb sich der dichtende Richter nach Soden begab: Die Mordtat des Jacob Reul

Sicher wäre Wilhelm Genth mit großer Freude nach Soden gereist, wenn er dort die Gelegenheit gehabt hätte, Ferdinand Freiligrath zu treffen, der sich im Juni 1844 im Badehaus Küster im nahegelegenen Kronthal einquartiert hatte, um dort sein rheumatisches Leiden zu kurieren. Doch war es nicht der bekannte Dichter, dem Genth sogar ein Poem gewidmet hatte, das da hieß: „An Ferdinand Freiligrath", sondern der brutale Mord an der fast 28 Jahre alten Magd Jette Weyershäuser, der ihn zu seiner Reise nach Soden veranlasste.

Am Abend des 25. Juni 1844, einem Dienstag, war Jette etwas früher mit ihrer Arbeit fertig geworden als gewöhnlich, nämlich nicht erst zwischen Mitternacht und 1 Uhr, sondern „schon" gegen 23 Uhr. Bis zum Dienstbeginn am kommenden Morgen blieben ihr dank dieses glücklichen Umstands sechs statt der üblichen vier bis fünf Stunden freie Zeit. Obwohl sie von dem langen Arbeitstag, der hinter ihr lag, müde und erschöpft war, wollte sie die Gelegenheit, etwas zu unternehmen, wofür ihr normalerweise die Zeit fehlte, nicht ungenutzt verstreichen lassen. Dazu gehörte zum Beispiel ein Besuch bei ihrer in Oberliederbach lebenden Schwester

Regina und ihrem Schwager Philipp Christian. Gemeinsam mit ihrem Freund, dem 21-jährigen Schmied Jacob Reul, der – von Jette mit belegten Broten und Wein verköstigt – in der Laube des Gasthauses „Holländischer Hof“, ihrem Arbeitsplatz, geduldig auf den Beginn ihres Feierabends gewartet hatte, machte sich Jette in jener Nacht also auf den Weg nach Oberliederbach. Dort sollte Jette jedoch nie ankommen, denn unterwegs gerieten sie und Jacob in einen für die junge Frau tödlich endenden Streit.

Im Verlauf dieses Streits verlor der Schmied offensichtlich jegliche Contenance. Zunächst schlug er so lange mit der Faust auf den Kopf seiner Freundin ein, bis diese zu Boden fiel. Nachdem ihre Schmerzensschreie und Hilferufe leiser geworden waren, um schließlich ganz zu verklingen, beugte er sich zu ihr herab, um herauszufinden, wie es um sie stand. War sie schon tot, oder gab es noch einen Funken Leben in ihr? Seine „Untersuchung“ ergab, dass sie zwar noch am Leben war, sich aber nicht mehr zu artikulieren vermochte. Daraufhin zog er sein Brotmesser aus der Tasche, um der offenkundig schwer verletzten Jette endgültig den Garaus zu machen. Der Versuch, ihr die Kehle durchzuschneiden, scheiterte jedoch, denn Jacobs Messer war viel zu stumpf. Es gelang ihm lediglich, ihr Verletzungen im vorderen Halsbereich zuzufügen. Tödlich waren diese zwar nicht, wohl aber schmerzhaft, denn Jettes geschundener Körper bäumte sich daraufhin noch einmal auf. Doch Jacob kannte kein Erbarmen. Statt von der Frau abzulassen und Hilfe zu holen, begann er, so lange mit dem Stiefelabsatz auf ihren Kopf einzutreten, bis sie kein Lebenszeichen mehr von sich gab.

Jacob vermutete daraufhin, dass Jette ihr Leben ausgehaucht habe und überlegte, was nun zu tun sei. Auf keinen Fall konnte er den Körper einfach am Tatort liegen lassen! Spätestens am nächsten Morgen würde man Jettes Leichnam finden und feststellen, dass die Frau keines natürlichen Todes gestorben sei. Und dann wäre er ganz bestimmt der Erste, auf den der Verdacht fiele, denn schließlich wussten die Leute, dass er ein Verhältnis mit Jette gehabt hatte. Man würde ihn peinlich befragen und aus ihm herauszubringen versuchen, ob er sich am Abend ihres Todes mit Jette getroffen hatte, und wie die gemeinsamen Stunden verlaufen waren. Würde ihm jemand glauben, wenn er berichtete, dass seine Freundin noch am Leben gewesen war, als er sie verlassen hatte? Dass folglich ein Unbekannter über sie hergefallen sein musste und sie grausam vom Leben zum Tode befördert hatte?

Jacob bezweifelte, dass der Schultheiß – also der Gemeindevorsteher – und die für Soden zuständige Polizei in Höchst sich mit solch einer Behauptung auf die falsche Fährte locken ließen. Nein, mit einer so billigen Ausrede käme er nicht weit. Was aber sollte er dann tun, um seinen Kopf aus der Schlinge zu ziehen? Nach einer Weile kam ihm die rettende Idee: Die Leiche musste verschwinden! Wenn keiner wusste, dass Jette tot war, konnte ihn auch niemand verdächtigen!

Er würde ganz einfach sagen, dass er nicht die leiseste Ahnung habe, wo Jette stecken könne. Sie habe ihn – wie so oft – nach Arbeitsschluss zu seinem Elternhaus begleitet, und dort seien sie in gutem Einvernehmen voneinander geschieden. Allerdings wisse er ebenso gut wie viele andere Leute, dass sich die Jette bei ihrem Arbeitgeber, dem Gastwirt und Hotelier David Cahn, der den „Holländischen Hof" seit 1837 besaß und zusammen mit seiner gestrengen Ehefrau Amalie betrieb, nicht wohlgefühlt habe und daher schon seit geraumer Zeit daran gedacht habe, die Stellung zu wechseln. Vielleicht habe sie ihren Plan endlich in die Tat umgesetzt und ihn nur nicht darüber informiert, weil sie ihm und sich selbst das Herz nicht habe schwer machen wollen?

Das war doch eine wirklich plausible Erklärung, fand Jacob. Jetzt galt es nur noch, die Tote wegzuschaffen und dafür zu sorgen, dass sie nie mehr gefunden wurde. Er überlegte einen Moment, wo wohl das beste Versteck sein könnte. Und dann fiel ihm plötzlich die nahe gelegene Lehmgrube des Fabrikanten Georg Uhrich ein. Jawohl, dorthin würde er die Leiche bringen und sie verscharren!

Gedacht, getan. Jacob packte Jette und schleppte sie vom Tatort, der in unmittelbarer Nähe des Sodener Friedhofs lag, zu Uhrigs Lehmgrube. Dort warf er die Frau zu Boden und begann, den Körper – gerade so, wie er aufgetroffen war, nämlich mit dem Gesicht nach unten – mit Lehm und Erde zu bedecken.

Danach ging er zurück nach Soden. Den Leuten, die er auf dem Heimweg traf, erzählte er, er sei zu so später Stunde noch unterwegs, um Kirschen zu klauen.

Eigentlich hätte er nach dem langen, ereignisreichen und anstrengenden Tag so müde sein müssen, dass er – kaum ins Bett gefallen – sofort einschlief. Aber die ersehnte Ruhe stellte sich nicht ein. Das Verbrechen, das er soeben an seiner Freundin Jette begangen hatte, trieb ihn um und raubte ihm den Schlaf. Er vermochte an nichts anderes zu denken, als an die schreckliche Tat, und wie er seine Schuld daran verbergen konnte.

Die verschwundene Magd

Am nächsten Morgen stellte man im „Holländischen Hof“ fest, dass Jette verschwunden war.

Als Maria Reichart, die 27-jährige Kollegin und Stubennachbarin der Magd, in jener Nacht gegen 1.30 Uhr ins Bett kroch, fiel ihr auf, dass Jette noch nicht wieder zu Hause war. Sorgen machte sie sich zu diesem Zeitpunkt keine; es war ja bekannt, dass Jette mit Jacob zusammen nach Oberliederbach wandern wollte, um Schwester und Schwager zu besuchen. Da dies nicht allzu oft vorkam, war es durchaus möglich, dass sich die vier etwas verplaudert hatten. Jette würde hundemüde sein, wenn sie am nächsten Morgen gegen fünf Uhr aufstehen und mit dem geplanten Hausputz beginnen musste!

Als sie aber zu Arbeitsbeginn noch immer nicht da war, begannen sich – außer Maria – auch die anderen Bediensteten des „Holländischen Hofs", einschließlich des Wirtseheepaars Cahn, Sorgen zu machen, denn Jette war weder leichtfertig noch unzuverlässig. Ohne Grund blieb sie nicht einfach weg. Sie gehörte nicht zu denjenigen, die aus einer Laune heraus ihre Arbeit im Stich ließen und auf Nimmerwiedersehen verschwanden. Außerdem wäre sie wohl kaum ohne ihre Sachen gegangen. Sehr viel besaß sie zwar nicht, aber das wenige, das ihr gehörte, bewahrte sie sorgfältig in einer Truhe auf, und die befand sich nach wie vor in der Stube, die sie mit Maria teilte. Folglich stand zu befürchten, dass

Bad Soden: Der ehemalige „Holländische Hof"   Foto: Hans-Peter Zibell

Jette etwas zugestoßen war. Doch wen konnte man bezüglich ihres möglichen Schicksals befragen? Vielleicht ihren Freund, diesen Jacob Reul? Immerhin hatte der sie doch am Abend abgeholt; obwohl es der Wirt gar nicht gerne sah, wenn der Kerl auf seinem Grundstück herumlungerte und mit seiner Magd herumtändelte. Er hatte ihn sich deshalb auch schon vorgeknöpft und schließlich sogar des Hauses verwiesen, aber der Bursche war hartnäckig wiedergekommen. Cahn schloss daraus, dass es Jette und Jacob ernst miteinander meinten.

Und weil das so war, lag es auf der Hand, sich zunächst bei dem jungen Reul nach dem Verbleib der Magd zu erkundigen. Deshalb schickte der Wirt sogleich einen Knecht zum Haus des Hufschmieds, der dort auf einen – scheinbar – völlig überraschten Jacob stieß. Nein, erklärte der junge Mann, er wisse auch nicht, wo Jette sei. Nachdem sie sich Dienstagnacht spontan entschieden hätten, doch nicht zu Jettes Verwandtschaft nach Oberliederbach zu gehen, habe sie ihn – wie gewöhnlich – noch bis zu seiner Wohnung begleitet. Dort hätten sie sich dann verabschiedet, und Jette habe sich auf den Heimweg gemacht. Kurz danach sei er von einem plötzlichen Heißhunger auf Kirschen befallen worden. Seine unbändige Lust auf diese leckeren Früchte habe ihn schließlich dazu getrieben, noch ein wenig durch die Gemarkung zu streifen, um sich eine Handvoll davon zu besorgen. Unterwegs sei er übrigens dem einen oder anderen Sodener Bürger begegnet; die wüssten also, dass er die Wahrheit sage, wenn er erkläre, er sei allein unterwegs gewesen.

Inzwischen war die Kunde vom Verschwinden Jettes auch dem Sodener Schultheißen zu Ohren gekommen. Unverzüglich bestellte dieser David Cahn, den Arbeitgeber der Magd, zu sich ins Rathaus, um zu hören, was der wohl bezüglich des sonderbaren Ausbleibens der jungen Frau zu sagen hatte. Doch Cahn war ersichtlich rat- und ahnungslos.

Auf die Vernehmung des Wirts folgte die des Jacob Reul. Auch der erklärte, nichts über Jettes gegenwärtigen Aufenthaltsort zu wissen. Nachdem also der seit 1832 amtierende Schultheiß Friedrich Wilhelm Christian Langhans wieder allein in seiner Amtsstube saß, musste er sich eingestehen, dass ihn die Befragung der beiden Männer nicht einen Schritt weitergebracht hatte.

Die Angst des Mörders

Jacob Reul war es folglich gelungen, sich zu verstellen und den Schultheißen zu täuschen. Das änderte aber nichts daran, dass der Schmied es inzwischen mit der Angst zu tun bekommen hatte, denn die Behörden würden weiter nach der verschwundenen Magd suchen und die Tote über kurz oder lang in dem wenig ausgeklügelten Versteck finden. Und dann geriete er – Jacob – automatisch in Verdacht, denn er hatte sich in jener Nacht in der Nähe des Friedhofs, also unweit des improvisierten Grabs, herumgetrieben und war gesehen worden. Gewiss, er hatte behauptet, er sei auf der Suche nach Kirschen gewesen, aber es stellte sich die Frage, ob man ihm diese doch recht durchschaubare Ausrede auf die Dauer abnehmen würde? Immerhin hatten verschiedene Zeugen erklärt, dass sie in der Nacht von Dienstag auf Mittwoch Hilferufe vernommen hätten, die aus Richtung Friedhof gekommen wären. Man habe die Schreie damals allerdings nicht ernst genommen, gehe inzwischen aber davon aus, dass sie von Jette gekommen seien. Und wer dann eins und eins zusammenzählte, der landete unweigerlich bei Jacob Reul! Großer Gott, dachte der junge Mann, das darf auf keinen Fall passieren! Und so kam er zu dem Entschluss, die Leiche so schnell wie möglich verschwinden zu lassen!

Noch am selben Abend machte sich Jacob daher auf den Weg zu Uhrichs Lehmgrube, holte die Tote aus ihrem Grab und schleppte sie quer über die Felder in Richtung Oberliederbach, wo er sie in einen etwa drei Fuß tiefen, mit Dornen überwucherten Graben warf. Um ein besonders raffiniert ausgewähltes Versteck handelte es sich dabei allerdings auch nicht, denn die Felder, die in der Nähe des Grabens lagen, wurden bewirtschaftet. Außerdem war Sommer, und da bestand die Gefahr, dass die Leiche schnell verweste und entsprechend übel roch, was zweifellos die auf den Äckern arbeitenden Bauern auf den Plan riefe. Wenn die dann nachschauten, was da so schrecklich stank, entdeckten sie zwangsläufig Jettes Leichnam. Wenn er – Jacob – großes Glück hatte, dann war die Tote zu diesem Zeitpunkt schon bis zur Unkenntlichkeit verwest, sodass die Polizei nicht zwangsläufig auf die Idee kam, dass es sich bei der Leiche um die vermisste Frau aus Soden handelte, sondern vielleicht um irgendeine unbekannte Person aus Oberliederbach.

Einigermaßen beruhigt kehrte Jacob schließlich nach Soden zurück. Aber lange sollte dieser Zustand nicht anhalten, denn plötzlich beschlichen ihn Zweifel hinsichtlich des Tempos der Verwesung. Was, wenn die Tote doch noch in einem identifizierbaren Zustand gefunden wurde? Dann wäre er ganz schnell im Visier der Behörden. Nein, nein, der Graben war auch kein optimales Versteck. Darin konnte er sie unmöglich liegen lassen. Aber wohin sollte er sie dann bringen? Wo war sie wirklich gut versteckt? Jacob grübelte und grübelte, kam aber zu keinem Ergebnis. In seiner Not wandte er sich schließlich an seinen Vater. Vielleicht konnte der ihm helfen?

Obwohl Vincenz Reul (gest. 1849) die Freundin seines Sohnes stets mit Verachtung gestraft und sie als „Lumpenmensch" bezeichnet hatte, war er doch mehr als entsetzt, als Jacob ihm den Mord gestand. Natürlich wäre der Vater froh gewesen, wenn der Junge sich von dieser Frau getrennt hätte;

sie passte einfach nicht zu ihm! Erstens war sie nichts weiter als eine mittellose Magd, und zweitens auch noch so viele Jahre älter als sein Sohn! Nein, diese Person konnte man kaum als geeigneten Umgang für Jacob bezeichnen! Vincenz Reul verstand sowieso nicht, was der Junge ausgerechnet an dieser Frau fand! Andere Mütter hatten doch auch schöne Töchter! Der Bub brauchte sich doch bloß umzusehen! Mit ein bisschen Engagement würde er schon eine finden, die zu ihm passte. Am besten nahm er sich eine wie die Elisabethe. Das war die Frau von Jacobs älterem Bruder Georg; eine wirklich gute Partie! Schließlich besaßen deren Eltern, Johannes und Agnes Jung, ein schönes großes Anwesen mit zwei Wohnhäusern, zwei Scheunen und einem Stall, und diesen ganzen herrlichen Besitz hatten sie dem Georg und seiner Frau übertragen! Das war eine Schwiegertochter so recht nach Vincenz' Geschmack!

Aber selbst wenn er von Jacobs Liebschaft mit dieser Jette nichts hielt: Umbringen hätte der Junge die Frau deshalb nicht gleich müssen! Nur – was sollte jetzt geschehen? Er konnte doch unmöglich zum Schultheißen gehen und den eigenen Sohn anzeigen; Mord hin, Mord her. Das ging doch nicht! Folglich musste eine andere Lösung gefunden werden. Bloß wollte ihm keine einfallen! Aber vielleicht wusste ja der Georg Rat.

Und so kam es, dass sich Vincenz und Jacob noch in derselben Nacht zu Georgs Haus begaben. Das lag im Dunkeln, denn das Ehepaar war bereits zu Bett gegangen. Da Vincenz seinen Sohn unbedingt sprechen musste, blieb ihm nichts anderes übrig, als ihn aufzuwecken. Deshalb klopfte er energisch gegen den Holzladen am Schlafzimmerfenster. Das Pochen schreckte Elisabethe auf, die sodann ihren Mann wachrüttelte. Doch der machte keinerlei Anstalten aufzustehen, sondern schickte seine Frau, um nachzusehen, wer da seine Nachtruhe störte. Als er erfuhr, dass es sich um seinen Vater handelte, bequemte sich Georg schließlich aus dem Bett. Der Vater würde wohl einen triftigen Grund haben, wenn er mitten in der Nacht bei ihm auftauchte und ihn zu sprechen wünschte, dachte sich der Sohn, zog sich etwas über und verließ das Haus.

Im Garten traf er auf Vincenz und Jacob, die nicht lange mit dem Grund ihres nächtlichen Auftauchens hinter dem Berg hielten. Jacob, so erklärten sie unisono, habe Jette umgebracht, und jetzt gehe es darum, den Körper der Toten verschwinden zu lassen. Man habe gedacht, dass Georg dabei behilflich sein könne. Zum Beispiel indem er erlaube, Jette auf seinem Grundstück zu begraben. Dort suche garantiert niemand nach ihr. Nach kurzer Überlegung stimmte Georg zu und erklärte sich außerdem bereit, Jacob bei der Bergung der Leiche aus dem Graben bei Oberliederbach zu unterstützen und die Tote hernach in seinem Holzstall zu verstecken.

Geschützt durch das Dunkel der Nacht machten sich die Brüder auf den Weg nach Oberliederbach, zerrten Jettes Leichnam aus dem Graben, stopften ihn in einen Sack und schleppten die Tote nach Hause. Dort angekommen, versteckten sie die Leiche zunächst in der Scheune. Im Laufe des kommenden Tages, wenn sämtliches Gesinde der Reuls und alle Familienmitglieder außer Haus waren, sollte Jacob die Tote im Holzstall verscharren.

So geschah es dann auch. Etwas über eine Stunde war der junge Mann mit der „Bestattung" beschäftigt, mit der er sich jedoch nicht allzu viel Mühe gab. Anstatt das Grab nämlich so tief und so breit auszuheben, wie es die Abmessungen des toten Körpers erforderten, schlug er lieber so lange mit Hacke und Schaufel auf den Leichnam ein, bis dieser schließlich in das etwa 60 Zentimeter tiefe und rund 1,35 Meter lange Loch passte.

Richter Genth in Soden

Während Jacob damit beschäftigt war, Jette zu verstecken, verbrachten der Sodener Schultheiß und die von ihm herbeigerufenen Polizeibeamten aus Höchst die letzten Junitage des Jahres 1844 damit, angestrengt nach ihr zu suchen. Doch die Bemühungen der Männer blieben ohne Erfolg. Die Frau war einfach unauffindbar.

Der Gemeindevorsteher Sodens und ein Vertreter der Höchster Polizei, personifiziert durch Kriminalrat Magdeburg, kamen schließlich zu dem Ergebnis, dass die Magd weder Selbstmord begangen noch verunglückt und schon gar nicht heimlich abgereist war; vielmehr hegten sie den Verdacht, dass Jacob Reul die junge Frau umgebracht hatte, weshalb er sich ab dem 2. Juli 1844 denn auch in Haft befand. Aber: Einen endgültigen Beweis für die Schuld des jungen Mannes besaßen sie nicht. Und da sie diesbezüglich mit ihrem Latein am Ende waren, beschlossen der Kriminalrat und der Schultheiß, sämtliche Akten in der Vermisstensache Jette Weyershäuser an das Herzogliche Kriminalgericht in Wiesbaden zu schicken. Sollten die Herren aus der Hauptstadt sich doch mit der Angelegenheit befassen!

Auf diese Weise kam Wilhelm Genth mit dem Fall Weyershäuser in Kontakt. Er war nämlich der für die Klärung solcher „Geheimnisse" zuständige Wiesbadener Beamte. Doch auch er stand zunächst vor einem Rätsel, zumal sämtliche Fahndungsaufrufe in Form von Steckbriefen sowie diverse Suchaktionen ohne Resonanz blieben. Niemand hatte Jette Weyershäuser seit jener Dienstagnacht im Juni gesehen. So kam – wie vor ihm bereits Kriminalrat Magdeburg – auch der dichtende Richter zu der Überzeugung, dass Jacob Reul irgendetwas mit dem Verschwinden Jettes zu tun haben müsse. Daraufhin ordnete Genth die Verlegung des in Höchst inhaftierten Gefangenen nach Wiesbaden an. Den

Burschen wollte er etwas genauer unter die Lupe nehmen. Doch Jacob zeigte sich unbeeindruckt und leugnete auch vor Genth hartnäckig, mit Jettes Verschwinden zu tun, geschweige denn die Frau umgebracht zu haben.

Folglich blieb dem Richter nichts anderes übrig, als weiterhin Zeugen zu vernehmen und Recherchen vor Ort durchzuführen, so auch am 16. Juli 1844. Als er die Reise nach Soden antrat, ahnte er nicht, dass er seine Amtsstube in Wiesbaden nie wiedersehen würde, und dass er vor wenigen Tagen sein letztes Gedicht zu Papier gebracht hatte. An jenem 16. Juli, einem Dienstag, starb Wilhelm Genth nämlich überraschend an einem Schlaganfall. Kurz vor seinem Tod hatte er noch angeordnet, Jacobs Vater zum Verhör vorzuführen; derweil der Mann geholt wurde, verließ der 43-jährige Kriminalrichter die Amtsstube des Schultheißen und begab sich aus unbekannten Gründen – möglicherweise fühlte er sich nicht wohl – zum Gasthof „Frankfurter Hof", in dem er logierte. In dem von ihm gemieteten Zimmer brach er dann tot zusammen.

Da Genth anscheinend keine Familie hatte, die Wert darauf legte, den Toten an seinem Wohn- und Dienstort beizusetzen, wurde er einige Tage später auf dem Sodener Friedhof beerdigt: „Im Friedenshof zu Soden begruben wir mit Schmerz im frischen, lockren Boden ein edles Dichterherz" hieß es hierzu in einem Nachruf auf Genth.

Das Ableben des Poeten hatte durchaus einiges Aufsehen erregt und wahrscheinlich berühmte und weniger berühmte Zeitgenossen veranlasst, seiner Beisetzung beizuwohnen, denn es wird berichtet, dass eine „große Trauergemeinde" den Toten auf seinem letzten Weg begleitete. Ob auch Hoffmann von Fallersleben und Freiligrath zugegen waren, ist nicht überliefert.

Doch nicht nur Genth, der so überraschend verblichene „Dichter, hochgeschätzt als Mensch und Richter" interessierte die Sodener und ihre Kurgäste, sondern auch Jacob Reul. Der Mann hatte sich inzwischen zu einem echten „Publikumsmagneten“ entwickelt. Wann immer er zu einer Untersuchung oder einem Verhör nach Soden gebracht wurde, was zwischen Juli und August 1844 öfters der Fall war, fanden sich einheimische Schaulustige und neugierige Kurgäste ein, um Jacob in Augenschein zu nehmen. Wann hatte man schon einmal die Gelegenheit, die Visage eines veritablen Verbrechers zu sehen?

Die Entdeckung der Leiche

Am Dienstag, dem 6. August 1844 machten die von Genths Amtsnachfolger mit der Fortsetzung der Untersuchung beauftragten Beamten einen grausigen Fund, der ihnen – schon aufgrund des massiven Leichengeruchs! – den Atem verschlagen haben dürfte: Im Holzstall des Bruders des Tatverdächtigen Jacob Reul stießen sie auf den Leichnam der Jette Weyershäuser!

Ein schöner Anblick war das nicht, denn der Körper der vor rund sechs Wochen getöteten Frau wies bereits massive Verwesungsanzeichen auf. Da die Gesichtszüge nicht mehr zu erkennen waren, konnte die Frau nur anhand der Kleidung, die sie trug, identifiziert werden. Diese Aufgabe übernahmen zwei Kolleginnen Jettes, die mit ihr zusammen im „Holländischen Hof“ gewohnt und gearbeitet hatten und daher die wenigen Habseligkeiten, die die Magd besessen hatte, gut kannten.

Dass Jette im Reul'schen Holzstall verscharrt worden war, verrieten den Behörden ausgerechnet Georgs Ehefrau Elisabethe und deren Mutter Agnes. Offensichtlich war es den Gebrüdern Reul trotz aller Vorsichtsmaßnahmen nicht gelungen, die schändliche Tat und die präzise Lage des Grabs geheim zu halten. Weshalb die beiden Frauen mit ihrem Wis-

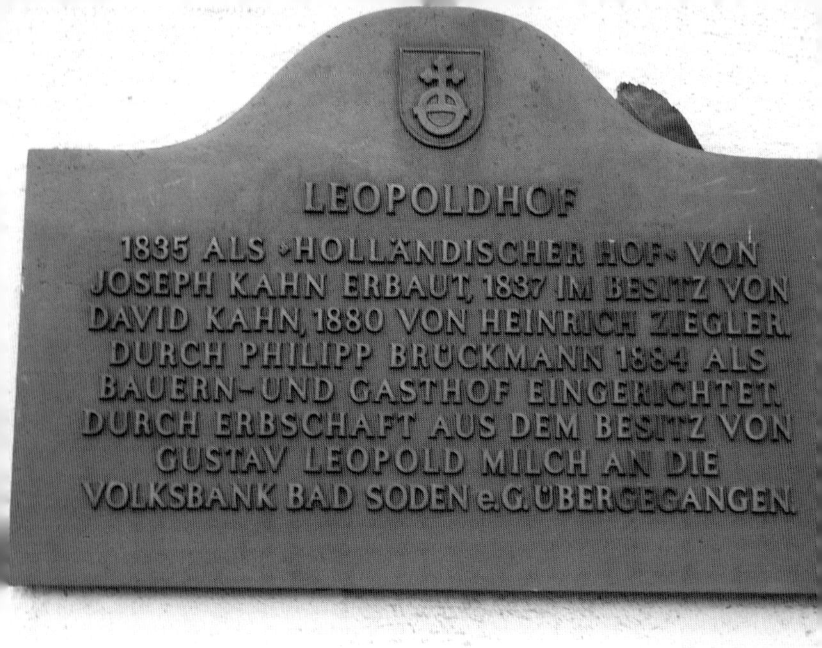

Tafel am ehemaligen „Holländischen Hof“ Foto: Hans-Peter Zibell

sen jedoch erst am Montag, dem 5. August 1844 herausrückten, bleibt unklar. Sie selbst behaupteten, dass sie nur deshalb bei den Ermittlern vorgesprochen hätten, weil ihnen plötzlich die Tote im Traum erschienen sei; doch das nahm ihnen wohl kaum einer der Beamten ab.

Tatsächlich dürften andere Gründe für das wochenlange Schweigen der beiden Frauen verantwortlich gezeichnet haben. Hierzu gehörte die Pflicht zur Solidarität mit Georg. Er war immerhin Elisabethes Ehemann und damit Oberhaupt der Familie. Ihn anzuzeigen, hätte wirtschaftliche und soziale Konsequenzen nach sich gezogen, denn ohne Georg wäre es schwierig gewesen, den Hof zu führen und die Felder zu bestellen; darüber hinaus betrieb er noch eine Schmiede, die zusätzliches Einkommen brachte, sodass die Familie nicht allein auf die wetterabhängigen und somit schwankenden Erträge aus der Landwirtschaft angewiesen war. Im Übrigen hätten die Nachbarn zweifellos mit den Fingern auf die junge Frau Reul und ihre Verwandten gezeigt, wenn herausgekommen wäre, in was für ein scheußliches Verbrechen Georg sich hatte verwickeln lassen, und was für ein entsetzlicher Kerl sein Bruder Jacob doch war. Und: Wer gab schon gerne freiwillig zu, dass sich in den Reihen seiner Familie ein Mörder befand?

Weshalb Elisabethe und Agnes die Gebrüder Reul am 5. August 1844 dann doch noch den Behörden auslieferten, kann man nur vermuten: Womöglich hatte sich das Ehepaar Reul zerstritten. Dabei ging es, so behauptete es wenigstens ein Nachbar, unter anderem um Arbeiten, die Georg für seinen angeblich kränklichen – vielleicht aber auch bloß faulen – Vater Vincenz ausführte. Andere, eigene Verpflichtungen blieben deshalb liegen, was Elisabethe sehr verdross. Hinzu kam, dass Georg anscheinend nicht der liebevollste und fürsorglichste Ehemann war. Das zumindest könnte man aus dem Umstand schließen, dass er sich – als es Ende Juni mitten in der Nacht ans Schlafzimmerfenster geklopft hatte – selbst nicht aus dem Bett bequemte, sondern seine Frau dazu aufforderte.

Vielleicht hatten Ehefrau und Schwiegermutter aber auch einfach nur ein schlechtes Gewissen und darüber hinaus Angst, dass der Mann, der einmal zum Mörder geworden war, also Jacob, eines Tages wieder zuschlagen könnte, was sie vermeiden wollten.

Jedenfalls führte Agnes Jung die Polizisten am 6. August 1844 in den Holzstall ihres Schwiegersohns und bezeichnete, ohne zu zögern, die Stelle, wo Jettes Leichnam lag. Daraufhin begann man mit der Grabung. Sehr schnell bestätigte sich, dass Frau Jung und ihre Tochter die Wahrheit gesagt hatten. In rund 45 Zentimetern Tiefe stießen die Männer tatsächlich auf menschliche Überreste! Erst in diesem Moment, als wirklich alles Leugnen vergeblich war, erzählte Georg, der die ganze Zeit dabei gestanden und das Geschehen um sich

Jacobs Zuhause in Soden *Foto: Hans-Peter Zibell*

herum schweigend beobachtet hatte, was sich vor einigen Wochen in diesem Holzstall zugetragen hatte.

Daraufhin ordnete der die Untersuchung leitende Beamte, Kriminalrat Reichmann, die Einstellung der Ausgrabung an, bis der Tatverdächtige Jacob Reul aus dem Gefängnis Wiesbaden nach Soden überführt worden war. Er sollte dabei sein, wenn die Tote zutage gefördert wurde. Man hoffte wohl, dass der schreckliche Anblick, den der Leichnam bot, den jungen Mann dazu bringen würde, sein Leugnen endlich aufzugeben und die Tat zu gestehen.

Als Jacob gegen 13.00 Uhr in seinem Heimatdorf eintraf, waren die Sodener – ob der Nachricht von der Entdeckung einer Leiche im Reul'schen Holzstall – völlig aus dem Häuschen. Das konnte doch nur die Jette sein, die dort lag! Wer sollte es sonst sein? Doch im Gegensatz zur Bevölkerung Sodens zeigte sich der junge Reul gelassen und keineswegs davon überzeugt, dass es sich bei der Toten tatsächlich um seine Freundin handelte. Zumal er sich – angeblich – auch überhaupt nicht erklären konnte, wie die Frau in den Stall seines Bruders gekommen sein sollte.

Jacob war demnach, anders als von den Beamten erhofft, bei dem unschönen Anblick der Leiche keineswegs zusammengebrochen und zu einem Geständnis bereit. Nach wie vor leugnete er, mit dem Tod Jettes irgendetwas zu tun zu haben.

Das Geständnis

Erst nachdem am 8. August 1844 Jacobs Eltern in Aktion getreten waren und energisch auf ihren Sohn eingewirkt hatten, hörte der junge Mann schließlich zu lügen auf. „Ach Gott, meine Herrn," rief er aus, „was habe ich gethan – hier meine blutige Hand!"

Und dann berichtete er, wie er in jener Dienstagnacht zunächst auf Jette eingeschlagen und sie dann mit seinem Messer malträtiert hatte. Danach sei sie fast tot gewesen, meinte Jacob. Selbst wenn er sofort von ihr abgelassen hätte, wäre sie früher oder später gestorben; und zwar unter fürchterlichen Qualen. Genau die aber habe er ihr ersparen wollen. Deshalb – und nur deshalb! – sei es zu den Stiefeltritten gegen Jettes Kopf gekommen. Wörtlich erklärte er hierzu dem Vernehmungsbeamten: „Weil es mein Liebstes war, und ich sah, dass sie soweit am Sterben war, so wollte ich ihr kürzer zum Tode helfen."

Jacob versuchte also, diesen letzten Akt der Grausamkeit gegen seine Freundin als „Liebestat" darzustellen. Ob er wirklich glaubte, was er da behauptete, oder ob es sich um eine reine Verteidigungsstrategie handelte, bleibt offen. Gleiches gilt für die Frage, ob Jacobs Tritte tatsächlich ihren – zynisch gesprochen – „Zweck erfüllt", also zum Tod der Magd geführt hatten. Den Aussagen des jungen Mannes zufolge war nach fünf- bis sechsmaligem Eintreten auf den Schädel der Frau ein tiefes Ausatmen zu vernehmen gewesen, was er als „Aushauchen des Lebens" interpretiert hatte.

Die Obduzenten hingegen konnten Jacobs Version vom Hinscheiden Jettes nicht bestätigen. In einem vom 22. August 1844 stammenden Gutachten des Herzoglichen Medizinalrats Dr. Otto Thilenius (1800-1867) aus Soden, das sich wiederum auf die am 6. August 1844 durchgeführte Sektion an der Leiche der Jette Weyershäuser stützte, äußerte der Arzt den Verdacht, dass der Tod der Magd nicht durch Jacobs Attacken herbeigeführt worden war. Dr. Thilenius befürchtete vielmehr, dass die Gesamtheit der Misshandlungen, also die Schläge, Messerstiche und Tritte, lediglich zu einer tiefen, komaähnlichen Bewusstlosigkeit bei der jungen Frau geführt hatten. In dem Glauben, Jette sei tot, war die Magd von Jacob hernach zu der Lehmgrube geschleppt und dort mit dem Gesicht nach unten verscharrt worden. Tatsächlich hätte die Frau zu diesem Zeitpunkt aber noch gelebt, sei dann jedoch langsam erstickt. Das beweise das blutreiche Organgewebe der Lunge, auf das die Obduzenten bei der Untersuchung der Leiche gestoßen seien.

Das Motiv

Nachdem Jacob zugegeben hatte, Jette getötet zu haben und auch die eigentliche Todesursache mit an Sicherheit grenzender Wahrscheinlichkeit geklärt worden war, blieb nur noch herauszufinden, was den jungen Mann in jener Nacht so extrem aggressiv gemacht hatte.

Er selbst konnte nicht schlüssig erklären, was damals in ihn gefahren war. Seinem Bruder gegenüber erwähnte er, dass „einfältige Gespräche" daran „Schuld […] gewesen" seien. Folglich war es im Laufe des Abends zwischen Jette und Jacob zum Streit gekommen. Worum es wirklich ging, weiß niemand, aber es ist anzunehmen, dass nicht nur ein Thema kontrovers diskutiert wurde. Vermutlich kamen mehrere kritische Punkte zur Sprache, die die Auseinandersetzung anheizten und dafür sorgten, dass Jacob das Gefühl hatte, überfordert zu sein. Die Masse der Schwierigkeiten, mit der er sich plötzlich konfrontiert sah, schien ihm unüberwindlich; die Gewaltanwendung wirkte daher für ihn wie eine Art „Befreiungsschlag".

Dass Auseinandersetzungen und Meinungsverschiedenheiten durch Prügel „gelöst" wurden, kannte er aus seiner Familie. Vincenz Reul schlug regelmäßig zu, um Jacob zum Gehorsam zu zwingen. Darüber hinaus erlebte der Junge, dass sämtliche Autoritäten des Ortes, vom Lehrer angefangen bis hin zum Schultheißen, die Vorgehensweise des Vaters goutierten. Es wurde folglich allgemein akzeptiert, wenn das Familienoberhaupt seine Sicht der Dinge mit Gewalt durchsetzte. Jacob lernte also, dass verbale Konfliktlösung als verpönt galt. Ein Mann diskutierte nicht, sondern setzte seine Meinung „mit einem Schlag" durch.

Die Ansicht der Familie spielte auch in Bezug auf Jacobs Beziehung zu Jette eine wichtige Rolle. Da der Junge nie gelernt hatte, eigene Entscheidungen zu treffen, sondern von seinen Eltern – und insbesondere dem gewalttätigen Vater – stets zu familienopportunem Verhalten gezwungen worden war, fiel es ihm schwer, die Frauen, zu denen er freundschaftliche Bande geknüpft hatte, in die Familie einzuführen. Die Eltern lehnten die Freundinnen stets ab. Und zwar deshalb, weil die Frauen, mit denen Jacob ein Verhältnis begonnen hatte, durchwegs Mägde waren. Als solche nahmen sie eine soziale Stellung ein, die deutlich unter der der Handwerkerfamilie Reul angesiedelt war. Eine Magd in die Familie aufzunehmen, hätte bedeutet, den Sohn unter Stand zu verheiraten. Das hätte dem gesellschaftlichen Ansehen der Reuls geschadet. Darüber hinaus besaßen Mägde in der Regel nicht mehr als das, was sie am Leibe trugen. Sie waren demnach arm wie Kirchenmäuse und konnten nichts zur Vermögensvermehrung der Familie Reul beitragen. Aus diesem Grund war Jette in Jacobs Familie nicht willkommen, unabhängig davon, ob sie menschlich und charakterlich gut zu dem jungen Mann gepasst hätte oder nicht. Als Jette – für die es altersmäßig Zeit wurde, sich zu verheiraten, wenn sie nicht als „alte Jungfer" gelten und enden wollte – womöglich auf eine Eheschließung zu pochen begann, stand Jacob vor einem riesigen Problem. Zum einen wollte er seine Freundin nicht verlieren, die sich ihm gegenüber stets liebevoll, hilfsbereit und aufmerksam verhalten hatte, andererseits wagte er nicht, sich gegen seine Eltern zu stellen, die von einer Heirat der beiden nichts, aber auch gar nichts wissen wollten.

Vielleicht machte sich Jette in der Nacht, in der Jacob sie ermordete, auch ein bisschen lustig über den etwas verklemmten jungen Mann. Die Magd war mit ihren fast 28 Jahren sicher keine unerfahrene Frau mehr, und auch Jacob hatte vor ihr bereits eine Freundin gehabt, doch scheint es, als sei er in sexueller Hinsicht mehr als zurückhaltend gewesen. Als ihn sein Bruder fragte, ob er die Jette umgebracht habe, weil sie von ihm schwanger gewesen sei, wies er den Vorwurf ebenso empört wie energisch zurück. Tatsächlich hatte er wohl nie mit der jungen Frau geschlafen, sondern nur vergleichsweise harmlose sexuelle Kontakte zu ihr unterhalten. Dass dies Jacobs Art war, bestätigte auch Jettes Vorgängerin, die Magd Anna Dornauf. Sie berichtete: „Wenn ich noch hundert Jahre mit Jacob gegangen wäre, wäre das [eine sexuelle Handlung, die zu einer Schwangerschaft geführt hätte] nicht passiert. Er war ehrenwert und ordentlich." Hatte Jette ihn wegen dieser konservativen Haltung aufgezogen oder ihm unterstellt, dass er seine Befriedigung anstatt bei ihr lieber anderweitig suchte? War Jacob deshalb so zornig geworden, weil er seine persönliche, moralische und männliche Integrität angegriffen sah?

Oder ging es bei dem Streit um Geld, das Jette ihrem Freund gegeben, und das dieser nicht im Sinne der Freundin verwendet hatte? Und spielte nicht auch der genossene Alkohol eine Rolle, und Jacobs jähzorniges Naturell, das er selbst wie folgt beschrieb: „Ich bin sonst nicht so bös, aber wenn mir einmal etwas in den Kopf kommt, dann werde ich gleich sehr zornig!"

Kamen ihm an diesem Abend so viele Dinge „in den Kopf", dass er durchdrehte und Jette umbrachte? Möglich wäre es; zu beweisen ist es nicht mehr.

Das Urteil

Am 27. Mai 1845, also fast ein Jahr nach dem Mord an Jette Weyershäuser, fällte das in Usingen ansässige Herzogliche Hof- und Appellationsgericht das Urteil über Jacob Reul, der von dem zum Pflichtverteidiger bestellten Oberappellations-Procurator August Hergenhahn (1804-1874) verteidigt worden war: Jacob wurde wegen „Tödtung der Henriette Weiershäuser" sowie wegen „Diebstahls und Unterschlagung" – er hatte der Toten die Ohrringe entwendet, ihre Schuhe verschwinden lassen und ihr Geld an sich genommen – zu 20 Jahren Zuchthaus verurteilt.

Ob auch Bruder und Vater mit einer Strafe belegt wurden, lässt sich gegenwärtig nicht sagen. Man müsste zunächst die entsprechenden Justizakten einsehen, die nach wie vor bei der zuständigen Behörde lagern, also durch das Hessische Hauptstaatsarchiv bislang weder erfasst noch verzeichnet worden sind, weshalb sich die Benutzung und Auswertung dieses Materials für interessierte Personen und Wissenschaftler einigermaßen schwierig gestaltet.

Nach rund 20 Jahren Haft, die Jacob zumindest teilweise im Herzoglich-Nassauischen Zuchthaus Diez verbrachte, kehrte er 1864 – inzwischen 41-jährig – nach Soden zurück, wo er bis mindestens 1896 lebte. Was später aus ihm wurde, und wann er starb, ist nicht bekannt.

Bilanz

Jette Weyershäuser wurde am 9. August 1844 auf dem Sodener Friedhof beigesetzt. Nicht allzu weit von ihr entfernt ruhte der Mann, der aus Wiesbaden herbeigeeilt war, um herauszufinden, was ihr in jener Nacht Ende Juni widerfahren war. Doch noch bevor der Richter und Dichter Wilhelm Genth den jungen Schmied Jacob Reul, den er verdächtigte, für Jette Schicksal gespielt zu haben, überführen konnte, starb er an einem Schlaganfall. Die öffentliche Anteilnahme, die sein Ableben hervorrief, war groß. Bei Genth handelte es sich eben um einen bekannten und einflussreichen Mann, für den sich viele Leute aufgrund seiner beruflichen und persönlichen Leistungen interessierten.

Für Jette galt das nicht. Sie war nichts weiter als eine unbedeutende Magd; also ein ganz „kleines Licht" in der Gemeinschaft der Sodener. Niemand hätte sich je für sie interessiert, wenn sie nicht zufällig Opfer eines scheußlichen Verbrechens geworden wäre.

Zufällig? Ja, denn nichts lässt darauf schließen, dass Jacob Reul den Mord an Jette von langer Hand geplant hatte. Er tötete die junge Frau folglich nicht mit Vorsatz, sondern im Affekt. Perfide an ihm war jedoch die Kaltschnäuzigkeit, mit der er vorging, nachdem er festgestellt hatte, dass die Frau im Sterben lag.

Und Jette? Die wäre besser beraten gewesen, sich von Jacob fernzuhalten. Er stand sozial über ihr und parallel dazu unter der Fuchtel seiner Eltern, die es nicht duldeten, dass er mit einer Person poussierte, die dem Sohn ihrer Ansicht nach nicht zur Ehre gereichte. Eine solche Frau als Schwiegertochter hätten sie nie geduldet; und selbst wenn sich Jacob durchgesetzt und Jette geheiratet hätte, wäre sie im Hause der Reuls kaum glücklich geworden. Trotzdem hielt sie an dem jungen Mann fest. Weshalb? Wollte sie Jacob wirklich um jeden Preis heiraten, getrieben von der Hoffnung auf ein besseres Leben? Oder war sie tatsächlich in den jungen Mann verliebt?

Wir werden es nie erfahren. Jette hat dieses Geheimnis mit ins Grab genommen.

Fakt ist jedoch, dass das Schicksal von Jette und Jacob die Sodener damals aufgewühlt hatte. Alle wollten wissen, was mit der Magd geschehen war; und als man zu ahnen begann, dass sich hier ein Verbrechen ereignet hatte, standen die Leute Kopf. Man klatschte und tratschte und versäumte nicht, den vor Ort ermittelnden Polizisten auf Schritt und Tritt zu folgen, um bloß keine Sensation zu verpassen. Deshalb musste manche Ortsbesichtigung sogar auf die ganz frühen Morgenstunden verlegt werden. Da schliefen die meisten Leute noch und konnten somit die Ermittlungen nicht stören. Die Menschen damals waren demnach genauso neugierig sowie nach Aufregung und Abwechslung lechzend wie heute.

Und genau wie heute werden Leute, die normalerweise keine herausragende soziale, politische, künstlerische oder wirtschaftliche Bedeutung haben, allein durch die Tatsache, dass ihr Schicksal in irgendeiner Weise mit einem Verbrechen verknüpft ist, zumindest für eine kurze Weile „berühmt". Das galt auch für Jette Weyershäuser und Jacob Reul.

Kapitel 2:

Der Mordfall Flessa
Das Portrait

Auf der Suche nach einem Winzer, der in den 1920er Jahren Weinbau in Hochheim betrieben hatte, wühlte ich mich stundenlang durch diverse Ausgaben des „Neuen Hochheimer Stadtanzeigers". Ich blätterte und blätterte; aber das, was ich suchte, konnte ich beim besten Willen nicht finden. Am liebsten hätte ich aufgegeben, aber das ging natürlich nicht. Also riss ich mich zusammen und arbeitete – unter Seufzen und mit viel Selbstmitleid – weiter. Nebenbei verwünschte ich die Redakteure und Zeitungsherausgeber jener Zeit, denn die Gestaltung der einzelnen Seiten wich in erheblichem Maße von dem ab, was wir heute gewöhnt sind. Die Überschriften über den einzelnen Beiträgen überschritten die normale Buchstabengröße nur selten. Außerdem waren die einzelnen Nachrichten nicht besonders gut voneinander getrennt. Ganz offensichtlich ging es darum, möglichst viele Informationen auf eine Seite zu quetschen. Die Suche nach einem bestimmten Bericht wurde durch diese Aufmachung jedenfalls nicht erleichtert.

Wahrscheinlich blieb mein Blick deshalb an einem gezeichneten Portrait hängen. Das Bild, eines der wenigen, das sich damals – außerhalb der Reklame – überhaupt im „Neuen Hochheimer Stadtanzeiger" fand, zeigte eine jüngere Frau. Sie hatte dunkles, kurzes Haar und furchtbar traurige Augen. Die, so dachte ich mir in diesem Moment, sieht so aus, als hätte auch sie Ewigkeiten nach etwas gesucht und es nicht gefunden, so wie ich in den letzten Stunden.

Eigentlich hätte ich jetzt weiterblättern müssen, weil meine Zeit verrann und die Frage, die ich mir gestellt hatte, nicht dadurch beantwortet wurde, dass ich themenfremde Bilder studierte, aber in diesem Fall warf ich alle meine guten Vorsätze und selbstdisziplinierenden Richtlinien über Bord. Ich wollte wissen, wer diese Frau war, der die Redaktion des „Neuen Hochheimer Stadtanzeigers" eines der raren Bilder im Blatt zugestanden hatte.

Ich machte mich also daran, die Bildunterschrift zu entziffern. Dort stand: „Die Krankenschwester Flessa, welche

Portrait der Wilhelmine Flessa

Mit freundlicher Genehmigung des Dreisbach-Verlags Flörsheim

den Arzt Dr. Seitz erschoß und zu sieben Jahren Zuchthaus verurteilt wurde." Das war alles. Kein ergänzender Artikel, keine weiteren Ausführungen. Nichts.

Aha, dachte ich, die Frau mit dem brav frisierten Haar, dem länglichen Gesicht und den großen traurigen Augen war also eine Mörderin! Na, sieh mal einer an, dachte ich. Hatte sie auf mich doch eher wie „Puttchen Pramel" gewirkt, also wie eine ganz schüchterne und zurückhaltende, fast langweilige Person, die keiner Fliege etwas zuleide tun kann. Doch mit der Einschätzung lag ich anscheinend gründlich falsch!

Spätestens jetzt wäre es allerdings Zeit gewesen, mich wieder meiner eigentlichen Aufgabe zu widmen. Ich wusste ja nun, mit wem ich es zu tun hatte, nämlich mit einer mörderischen Krankenschwester. Aber ich arbeitete trotzdem nicht weiter. Vielmehr biss ich mich an der kargen Bildunterschrift fest. Wenn der „Neue Hochheimer Stadtanzeiger" sich mit diesem mageren Satz begnügte, dann musste die Geschichte der Mörderin Flessa den Lesern dieses Blattes bereits gut bekannt sein. Andernfalls wäre die Redaktion garantiert in einer Flut von Leserbriefen ertrunken, deren Verfasser alle hätten wissen wollen, was es mit der Geschichte auf sich habe, und wieso dieser Dr. Seitz von jener Schwester Flessa überhaupt erschossen worden sei.

Mich jedenfalls interessierte dieser Mord, und da ich bei meiner Winzer-Recherche bislang ohnehin keinen durchschlagenden Erfolg erzielt hatte, beschloss ich, diese Arbeit an einem anderen Tag fortzusetzen. Stattdessen machte ich mich auf die Suche nach Berichten über die Schwester, die den Tod brachte.

Drei tödliche Schüsse

Und das ist es, was ich herausfand: Am Nachmittag des 28. Oktobers 1925 lauerte Wilhelmine Flessa dem Arzt Dr. Seitz im Flur seines Wohnhauses in der Wittelsbacher Allee in Frankfurt am Main auf. Eine ganze Weile stand sie – von den übrigen Hausbewohnern keineswegs unbemerkt – vor der Tür, die vom Flur zum Keller führte, bis der Doktor, ein relativ großer, etwas fülliger Mann Mitte Vierzig, endlich erschien. Als sie seine Schritte auf der Treppe vernahm, rannte sie, wüst schimpfend, auf ihn zu. Natürlich war er überrascht und erstaunt über ihr unerwartetes Auftauchen, und vielleicht sogar ein bisschen entsetzt, aber in Panik geriet er sicher nicht. Warum auch? Schließlich kannte er die Frau. Er hatte mal ein kleines Techtelmechtel mit ihr gehabt; hier und da ein paar Zärtlichkeiten ausgetauscht; bei Gott nichts Ernstes. Jedenfalls nicht für ihn. Aber sie hing an ihm. Suchte immer wieder seine Nähe. Ja, sie war ein bisschen aufdringlich und ein wenig lästig, hatte ihm auch schon mal gedroht, ihn umzubringen, aber er glaubte nicht, dass sie ihre Drohung tatsächlich wahrmachen würde. Bei ihr handelte es sich schließlich nicht um eine gemeingefährliche Irre, sondern lediglich um eine Person, die – in Ermangelung eines Ehemanns und regelmäßigen Sexualpartners – ein wenig übergeschnappt war, wie Dr. Seitz glaubte.

Doch mit dieser Einschätzung lag er gründlich daneben. Wilhelmine Flessa erwies sich nämlich als wirklich gefährlich; zwar nicht für die Allgemeinheit, aber immerhin für Dr. Seitz. Als sie sich an jenem Mittwochnachmittag auf den Weg in die Wittelsbacher Allee machte, einer Straße im Osten Frankfurts, die nicht weit vom Zoologischen Garten entfernt lag, führte die 35-jährige Krankenschwester einen Revolver mit sich, den sie sich Anfang Juni 1925 besorgt hatte. Als sie Dr. Seitz unmittelbar gegenüberstand, hielt sie die schussbereite Waffe in der Hand – und drückte ab. Dreimal hintereinander. Tödlich getroffen sank der Doktor zu Boden.

Die Knallerei im Treppenhaus schreckte die übrigen Hausbewohner auf. Waren das etwa Schüsse gewesen? Und wenn ja, wo kamen die her? Die Leute rissen die Türen auf, um herauszufinden, was sich zugetragen hatte, und erstarrten. Mitten in ihrem Hausflur, nur wenige Schritte von ihren Wohnungen entfernt, lag ein regloser Mann, und neben ihm kniete eine Frau, die schrie: „Hals auf, Kragen weg, Kampfer her!“ Hatte sie etwas mit der Schießerei zu tun, oder handelte es sich bei ihr nur um die Person, die zufällig als Erste am Ort des Geschehens eingetroffen war? Die Unklarheit wich rasch, denn sie rief aus: „Ich war's – ich habe ihn erschossen. Ich habe es nicht gewollt.“

Nicht gewollt? Nun, wer eine mit fünf oder sechs Patronen geladene und entsicherte Schusswaffe in der Hand hält, wenn er vor einem anderen Menschen steht, so nimmt der Waffenträger zumindest billigend in Kauf, dass sein Gegenüber durch eine absichtlich abgefeuerte oder unglücklicherweise losgegangene Kugel verletzt, wenn nicht sogar getötet wird. Wer in friedlicher Absicht kommt, der führt keine Waffe mit sich; schon gar keine schussbereite. Wilhelmine Flessa aber tat genau dies.

Gut, vielleicht wollte sie Dr. Seitz tatsächlich nicht töten, aber sie war durchaus bereit, auf ihn zu schießen, um ihn zu verletzen. Das jedenfalls sagte sie später vor Gericht aus: „Sie überlegt: sie will nicht töten,“ schrieb der damals berühmte Journalist Paul Schlesinger (1878-1928) alias „Sling“ über die entsprechenden Ausführungen Flessas, „sondern nur verletzen. Sie sagt sich sogar: wenn ich auf die Beine schieße, verletze ich vielleicht die Schenkelschlagader. Aber ich – Krankenschwester – weiß, was ich dann zu tun habe.“

Sie wollte verletzen; und zwar den Mann, der sie verletzt hatte. Sie wollte sich rächen für das, was er ihr ihrer Meinung nach angetan hatte. Sie wollte, dass er aufhörte, sie zu verachten. Sie wollte, dass er sie und ihre Wünsche und Bedürfnisse endlich respektierte. Das, so erklärte sie später dem Richter, sei auch der Grund gewesen, weshalb sie die Waffe mit in das

Haus in der Wittelsbacher Allee genommen habe: Um Dr. Seitz Respekt einzuflößen.

Der Doktor und die Krankenschwester

Der Arzt und die Krankenschwester lernten sich im Januar 1923 kennen. Die damals 33-Jährige war sofort fasziniert von dem acht Jahre älteren, als lebensfroh und aufgeschlossen bekannten Mediziner. Mehr noch: Sie verliebte sich in ihn. Hals über Kopf. Mit Haut und Haar.

Und Dr. Seitz? Wie erging es ihm? Nun, die tiefempfundene Zuneigung, die ihm Wilhelmine Flessa entgegenbrachte, blieb ihm selbstverständlich nicht verborgen, aber er erwiderte sie nicht, zumal die schmächtige Frau nicht den von ihm favorisierten Typ darstellte. Dr. Seitz habe, so formulierte es ein Freund, „elegante Frauen“ geliebt. Davon war Schwester Wilhelmine meilenweit entfernt. Aus einfachen Verhältnissen stammend hatte sie seit frühester Jugend hart arbeiten müssen, um sich ihren Lebensunterhalt zu verdienen. Die jahrelange, schwere Arbeit als Krankenpflegerin war nicht spurlos an ihr vorübergegangen, sondern hatte ihren Körper und ihr Gesicht gezeichnet. Nein, eine elegante Frau war sie sicher nicht, eher ein „Arbeitspferd“, das seine Leistung erbringt, ohne besonders aufzufallen; so jedenfalls formulierte es Carl von Ossietzky (1889-1938) in seinem 1926 erschienenen Beitrag über den Mordfall Flessa.

Demzufolge wurde Schwester Wilhelmine bestenfalls als funktionierendes Rädchen im Getriebe wahrgenommen, aber keinesfalls als Frau mit Gefühlen und Bedürfnissen. Außenstehende jedenfalls hatten den Eindruck, als lebe sie nur für ihre Arbeit und gehe voll darin auf. Sie galt als gute, fleißige und zuverlässige Pflegerin, die tagein, tagaus schuftete, rackerte und „Nachtwachen bei Delirierenden“ hielt. In der wenigen, ihr verbleibenden Freizeit besuchte sie noch das

Frankfurter Frauenseminar, um sich zur Fürsorgerin weiterbilden zu lassen. Bewunderung erntete sie für dieses zusätzliche Engagement jedoch nicht. Sie habe, so meinte eine Kollegin abschätzig, nicht aus Interesse an der Sache weitergelernt, sondern nur, um ihr starkes Minderwertigkeitsgefühl zu kompensieren. Sich wertlos zu fühlen, dazu hatte sie nach Meinung mancher allen Grund. Wer war diese Person denn? Doch nichts weiter als eine Frau, die sich langsam, aber sicher zur alten Schachtel entwickelte, niemanden fürs Herz hatte, und darüber hinaus mehr oder weniger asozialen Familienverhältnissen entstammte. Der Vater, so hatte man gehört, sollte sogar Alkoholiker gewesen sein und die Mutter nervenleidend!

In dieses eintönige, von Arbeit geprägte Leben der zierlichen Krankenschwester brach plötzlich Dr. Seitz ein. Wilhelmine Flessa war beeindruckt von seiner Vitalität und seinem Charme. Ein wirklich bezaubernder Mann, der die Frauen liebte, und der sehr genau wusste, dass auch sie ihn liebten. Eben einer, der das „gewisse Etwas" besaß.

Bis zu dieser Begegnung hatte sich die Krankenschwester ganz offensichtlich nicht besonders für die Männerwelt interessiert, und anscheinend auch niemals ernsthaft daran gedacht, eine Familie zu gründen, obwohl dies doch bekanntlich die eigentliche Bestimmung der Frau darstellte. Was konnte es für ein weibliches Wesen Schöneres geben, als von einem Mann geheiratet zu werden, um mit ihm eine Familie zu gründen?

Wilhelmine Flessa schien diesen größten Wunsch aller Frauen bis 1923 anscheinend nicht verspürt zu haben; oder, was auch möglich war, sie hatte tatsächlich warten wollen, bis sie den Richtigen traf, also denjenigen, den sie aus tiefstem Herzen liebte. Wäre es anders gewesen, hätte sie doch sicher dem Werben des Mannes nachgegeben, der sie ein paar Jahre zuvor unbedingt hatte heiraten wollen. Sie sei, so erklärte der damals Verschmähte später dem Richter, weiland eine sehr hübsche, junge Frau gewesen, die sich im Kriegslazarett aufopfernd um ihn gekümmert habe. Da sei es um ihn geschehen gewesen, und er habe sein Herz an sie verloren. Doch das der Schwester sei ihm bedauerlicherweise nicht zugeflogen. Dabei habe er sie, so wurde behauptet, als einziger Mann auf diesem Planeten wirklich gern gehabt.

Da hatte sie nun endlich eine Chance bekommen, treusorgende Ehefrau und Mutter zu werden, aber sie ergriff sie nicht! Und dann, was wurde dann aus ihr? Das Urteil der Journalisten, die über ihren Fall berichteten, und auch das des Gerichts fiel eindeutig aus: Wilhelmine Flessa entwickelte sich zu einer unsympathischen „alternden Jungfer“ deren „Weibtum“ unerwacht und wunschlos blieb; mithin also zu einer Frau, an der die Zeit und die Männer gleichermaßen vorbeigerauscht waren.

Doch nach der Begegnung mit Dr. Seitz sollte das bis dahin unerwachte und wunschlose Weibtum der Wilhelmine Flessa plötzlich sehr lebendig werden!

Schwester Flessa und das Kind

Dazu gehörte auch das plötzlich aufkeimende Verlangen nach einem Kind. Und wer sollte der Vater dieses Kindes sein? Niemand anderer als Dr. Seitz!

Ganz sicher hätte sich die verliebte Krankenschwester gewünscht, zunächst Frau Doktor Seitz zu werden, um dann „sein“ Kind zu bekommen; aber dass ihr das nie gelingen würde, hatte sie eines schönen Tages begriffen, ja, begreifen müssen. Für diesen Mann kam nämlich nur eine standesgemäße Frau infrage; er, der Akademiker mit einem Faible für Kunst und Literatur, würde sich niemals dauerhaft an ein so kümmerliches „Proletarierwürmchen“ binden, wie es Schwester Flessa verkörperte! Gewiss, sie war fleißig und strebsam, aber doch einfach gestrickt. Schiller und Goethe waren nicht gerade ihre Lieblingsautoren. Naja, und dann noch ihre schäbige Herkunft: Versoffener Vater, nervenkranke Mutter und von beiden zu guter Letzt zur ebenfalls nur mäßig an ihr interessierten Großmutter abgeschoben! Wer wollte und sollte denn so eine heiraten? Bestenfalls einer aus der Unterschicht; aber ganz bestimmt kein gebildeter Herr von gesellschaftlichem Rang! Wenn sie wenigstens strahlendschön gewesen wäre, die Wilhelmine Flessa, dann hätte man sie eventuell in hübsche Kleider stecken können, wodurch ihre intellektuelle Schlichtheit und bescheidene Herkunft zumindest eine zeitlang wettgemacht worden wäre! Aber mit Schönheit konnte sie nicht auftrumpfen. Sie besaß weder eine besonders anmutige oder gar aufregende Figur noch ein apartes Antlitz. Sie war bestenfalls eine Durchschnittsfrau. So eine konnte sich doch „von" schreiben, wenn jemand wie Dr. Seitz sie überhaupt anguckte!

Es scheint, als habe der Arzt nicht nur seinen Freunden gegenüber verlauten lassen, dass er Wilhelmine Flessa eigentlich für ziemlich unansehnlich hielt; auch ihr gegenüber machte er wohl keinen Hehl daraus, dass er sie nicht sonderlich attraktiv fand und schon gar nicht der Meinung war, dass sie seiner gesellschaftlich entsprach. Aber: Warum gab er sich immer wieder mit ihr ab? Wieso ließ er es nicht mit einem kurzen Techtelmechtel bewenden? Was bot ihm die Frau, über die er so despektierlich sprach, dass er sich über drei Jahre hinweg immer wieder mit ihr traf? Was war das für eine Beziehung, die zwischen den beiden bestand? War es Liebe?

Für Wilhelmine Flessa ganz gewiss, für Dr. Seitz bestimmt nicht. Für ihn stellte die Krankenschwester nur eine der vielen Gespielinnen dar, mit denen er sich regelmäßig vergnügte. Bei der Wahl seiner Damen schien der Mediziner nicht sehr anspruchsvoll zu sein. Warum auch? Er wollte sich mit den Frauen amüsieren, mehr nicht. Also nahm er so ziemlich alle, die er kriegen konnte; hübsch oder hässlich, arm oder reich, elegant oder fade. Was spielte das schon für eine Rolle? Hauptsache, er bekam, was er wollte. Schließlich ging es um Spaß und nicht um Heirat! Bei der Auswahl einer Ehefrau musste man natürlich kritisch sein, keine Frage, aber bei einer vorübergehenden amourösen Beziehung? Da durfte man – optisch wie intellektuell – durchaus etwas mehr Großzügigkeit walten lassen, fand Dr. Seitz. Und das war auch der Grund, weshalb Wilhelmine Flessa bei ihm überhaupt zum Zuge kam. Mit Liebe hatte das Ganze nichts, aber auch gar nichts zu tun. Jedenfalls nicht bei Dr. Seitz.

Es scheint, als seien – zumindest anfangs – beide Seiten mit dieser (unausgewogenen) Situation zufrieden gewesen. Schwester Wilhelmine, „die mit 33 Jahren [noch immer] Unberührte", freute sich, dass der charmante Dr. Seitz sie beachtete und sich ihr zuwandte; und der Arzt konnte seiner Liste eine weitere Eroberung hinzufügen. Damit war die Angelegenheit für ihn im Prinzip ausgestanden; nicht jedoch für die Krankenschwester, denn für sie war er nicht nur ein flüchtiges Erlebnis, sondern ihre große Liebe.

Nachdem sie begriffen hatte, welchen geringen Stellenwert sie im Leben des Mediziners spielte und auch künftig spielen würde, zog sie sich zunächst gekränkt zurück. Sie mied den Kontakt zu ihm. Doch lange hielt sie es ohne ihn nicht aus. Sie besaß einfach nicht die Kraft, sich endgültig von ihm loszusagen. Immer wieder drängte er sich in ihre Träume, beherrschte ihre Fantasie. Sie war ihm verfallen, ja, geradezu hörig. Und irgendwann hielt sie es dann nicht mehr aus. Irgendwann erlahmte ihr Widerstandswille; siegte die Lust an ihm über ihre Unzufriedenheit mit der Behandlung, die er ihr hatte angedeihen lassen und immer wieder angedeihen ließ. Wenn sie in dieser begehrlichen Stimmung war, hielt sie nichts mehr in ihrer Wohnung. Dann musste sie los und ihn wiedersehen! Manchmal genügte es schon, hinter einem

Baum zu stehen und zuzuschauen, wie er nach Hause kam oder von dort fortging. Hauptsache, sie war in seiner Nähe.

Aber immer reichte ihr das nicht. Dann bestürmte sie ihn, verlangte nach Beachtung und Aufmerksamkeit! Und er? Wenn er sie doch so unansehnlich und gesellschaftlich unpassend fand, wieso schickte er sie dann nicht einfach weg? Wieso verbot er ihr nicht, ihm immer wieder aufzulauern? Weshalb ignorierte er ihre Nachstellungen nicht einfach oder wies sie brüsk zurück? Was veranlasste ihn dazu, sich wieder und wieder mit ihr zu treffen? Man weiß es nicht, kann es nur vermuten.

Auf jeden Fall muss auch bei Dr. Seitz einiges an Verrücktheit im Spiel gewesen sein, denn am Ende diskutierte er offensichtlich sogar ganz ernsthaft mit ihr über die fixe Idee, ein Kind mit ihr zu zeugen. Dr. Seitz, inzwischen – mehr oder weniger – heimlich mit der jungen Tochter einer Patientin verlobt, hielt den Gedanken zwar für ein wenig verrückt, zeigte sich aber nicht grundsätzlich abgeneigt, dieses durchaus unmoralische Angebot zu akzeptieren; erst recht, nachdem Wilhelmine Flessa ihm versichert hatte, dass ihm aus der Vaterschaft keine finanziellen Verpflichtungen entstünden. Sie werde sich allein um das Kind kümmern, erklärte sie. Dr. Seitz konsultierte daraufhin mehrere ihm bekannte Juristen, um sich zu erkundigen, ob es der Mutter tatsächlich möglich sei, im Namen des Kindes auf die ihm zustehenden Alimente zu verzichten, etwa durch die Unterzeichnung eines notariell beglaubigten Vertrags zwischen ihr, der Mutter, und ihm, dem Vater, der aber nur als Erzeuger in Erscheinung treten sollte.

Trotz der angeblichen Unansehnlichkeit der Krankenschwester zeigte sich der Doktor also bereit, so lange mit ihr zu verkehren, bis sie schwanger geworden war. Das kann man wahlweise als uneigennützig oder skrupellos bezeichnen. Vielleicht war das Kind auch als eine Art Abschiedsgabe gedacht, die zu „überreichen“ ihm ein mit ihm bekannter Staatsanwalt geraten hatte, nachdem er von Dr. Seitz darüber informiert worden war, dass Wilhelmine Flessa dem Doktor nachstellte und ein Kind von ihm wollte, ihm andererseits aber auch schon mit dem Tod gedroht hatte. Der Staatsanwalt meinte: Schmeißen Sie ihr etwas in den Rachen; dann gibt sie womöglich Ruhe und verschwindet aus Ihrem Leben. Andernfalls, so meinte er, bleibe nur die Möglichkeit, die Frau „wegen gemeingefährlicher Geisteskrankheit in ein Irrenhaus“ einzuweisen. Eine andere Möglichkeit, Schwester Flessa aus Dr. Seitz‘ Leben zu entfernen, sah der Jurist nicht.

Die kranke Schwester

Am Ende zeigte sich, dass es für den Arzt besser gewesen wäre, wenn sich – wie von dem Staatsanwalt in Erwägung gezogen – hinter Wilhelmine Flessa die Tore einer Psychiatrischen Anstalt zumindest für eine Weile geschlossen hätten. Es stellte sich nämlich heraus, dass die Frau – von den medizinischen Sachverständigen als „hysterische“ alte Jungfer apostrophiert – keineswegs nur „einen Mann“ brauchte, wie Dr. Seitz gemeint hatte, sondern vielmehr einen vernünftigen Seelendoktor, der sie von der krankhaften Fixierung auf diesen einen Mann befreite.

Doch der Gang zum Therapeuten war damals längst nicht so selbstverständlich wie heute. Wer einen solchen konsultierte, galt als verrückt, und das war ein Stigma, das der Betreffende nicht wieder los wurde. Für eine Krankenschwester, die eine Fortbildung zur Fürsorgerin absolvierte, bedeutete dies den beruflichen Tod und damit das Ende ihrer bürgerlichen Existenz. Wer sollte sie einstellen, wenn sie eines Tages aus der Nervenklinik entlassen würde? Welcher Patient hätte Lust, sich von einer Frau mit dieser Vergangenheit pflegen zu lassen? Wer begäbe sich schon freiwillig in die Hände einer Verrückten? Kein Mensch! Jedenfalls keiner, der seine fünf Sinne beisammen hatte. Und dann? Was würde dann aus Wilhelmine Flessa? Eine Frau, die auf die karge öffentliche Fürsorgeunterstützung angewiesen war; aber die reichte bei Weitem nicht zum Leben. Jedenfalls nicht zu einem vernünftigen; und zu einem würdevollen schon gar nicht.

Aber wahrscheinlich empfand sich die Schwester auch gar nicht als krank und hätte daher auch nicht um Hilfe nachgesucht. Stattdessen litt sie weiter an sich, ihrer unerwiderten, verzehrenden Liebe zu Dr. Seitz und ihrem unerfüllten Kinderwunsch. Doch irgendwann wurde es ihr zuviel. Sie hielt das Leiden nicht mehr aus; wollte etwas ändern; besorgte sich eine Schusswaffe. Die wollte sie dem Mann unter die Nase halten und ihm klarmachen, dass er sie nicht so behandeln konnte, wie er es tat. Er zerstörte ihr Leben; er zerstörte sie! Aber das würde sie nicht weiter zulassen. Sie würde sich wehren! Wenn er so weitermachte wie bisher, müsste er damit rechnen, dass sie sein Leben zerstörte; ihn zerstörte. Ja, vielleicht war es wirklich besser, ihn zu töten. Dann hätte alles Leiden ein Ende; jedenfalls das ihre. Er könnte sie nie mehr quälen. Ja, das war gut. Sehr gut. Diesen Gedanken musste sie im Hinterkopf behalten. Aber wenn er tot war: Konnte sie dann weiterleben? Nein, unmöglich. Sie würde sterben. So oder so. An gebrochenem Herzen oder unter den Händen des Henkers, denn Mord ahndete der Staat mit dem Tod. War es da nicht sinnvoller, ihr Ableben in die eigenen Hände zu nehmen? Ja, befand sie, so sollte es sein. Sie wollte sich das Leben nehmen. Aber nicht mit der Waffe. Nein, erschießen wollte sie sich auf keinen Fall. Sie würde durch Gift sterben. Also besorgte sie sich welches und hielt es bereit. Als Dr. Seitz tot vor ihr lag, und die Polizei sie abführen wollte, versuchte sie, das Gift zu nehmen. Doch es gelang ihr nicht. Stattdessen war sie gezwungen, weiterzuleben und den Prozess zu ertragen, der auf ihre Tat folgte.

Das Verfahren

Das im Frühjahr 1926 gegen die Angeklagte eingeleitete Verfahren war eine Tortur; nicht nur für Wilhelmine Flessa, sondern auch für alle übrigen Beteiligten, denn die Frau hatte eindeutig nicht alle Sinne beisammen. Statt die Fragen des Gerichts und der Staatsanwaltschaft zu beantworten oder – was ebenfalls möglich gewesen wäre – die Aussage zu verweigern, reagierte sie völlig unberechenbar. Mal schwieg sie beharrlich, dann wieder redete und redete sie; wie ein Wasserfall. Sie zu unterbrechen, erwies sich als schwierig, denn dann verfiel sie in hysterisches Gezeter. Wirre Worte strömten aus ihrem Mund, die darüber hinaus akustisch kaum zu verstehen waren. Schwester Wilhelmine sprach nämlich nicht, sondern stieß die Worte schwallartig und unartikuliert heraus. Es schien, als singe sie die Worte, doch der „Gesang“ war eintönig und unmelodisch und mündete oftmals in lautem Geschrei. Wenn sich die Angeklagte in diesem Zustand befand, konnte sie nichts und niemand beruhigen. Dann gab es nur zwei Möglichkeiten: Entweder man hoffte darauf, dass sie sich nach ein paar Minuten wieder fing und von selbst verstummte, was durchaus geschah, oder man musste sie abführen lassen.

Dieses eigenartige Betragen zeigte Wilhelmine Flessa nicht nur vor Gericht; schon gegenüber den vernehmenden Kriminalbeamten hatte sie sich entsprechend verhalten und diese damit zur Weißglut getrieben. Im Übrigen war es ihr nie in den Sinn gekommen, die Tat zu leugnen. Oh nein, darum ging es nicht. Doch stellte sich die Frage, ob sie ihren geliebten Dr. Seitz absichtlich erschossen hatte. War sie schon mit dem festen Vorsatz, ihn umzubringen, zu seiner Wohnung gefahren, oder hatte sich das Geschehen – quasi spontan – ergeben, weil im Moment der Aussprache die Unbeherrschtheit die Oberhand über Wilhelmine Flessas Persönlichkeit gewonnen hatte, wodurch sie zur Mörderin wurde?

Sowohl die Polizei als auch das Gericht gelangten 1926 zu der Erkenntnis, dass die Frau den Arzt mit Vorsatz erschossen hatte. Demzufolge war sie eine Mörderin. Und für Mörder gab es nur eine gerechte Strafe: den Tod. Hierzu verurteilte sie das Gericht. Als der Richterspruch erging, sprang die Angeklagte auf und schrie: „Alle Männer haben sich gegen mich verschworen!"

Das glaubte sie tatsächlich, und aus ihrer Sicht hatte sie auch allen Grund dazu, denn es war ein Mann gewesen, der sie ins Unglück gestürzt hatte, und es waren Männer, die hernach über sie und ihre Tat zu Gericht saßen: Männer, die Verständnis für das Verhalten des lustbejahenden, Frauen begehrenden und Frauen ausnutzenden Dr. Seitz bewiesen, aber die Befindlichkeiten der Frau Flessa ignorierten. Nach dem Dafürhalten der Männer hätte sie zufrieden und dankbar sein müssen, dass sie von dem Arzt überhaupt als Frau wahrgenommen worden war; Ansprüche durfte sie daraus nicht ableiten. Sie hatte devot und diskret zu sein; bereit, wenn er sie wollte; zurückhaltend, wenn er kein Interesse bekundete. Solches von ihr zu verlangen, empfand sie als himmelschreiend ungerecht. Diese Ungerechtigkeit, Ignoranz und Verachtung hatte sie schon damals, zu Lebzeiten des Dr. Seitz, in Rage versetzt; die Rage war zur Raserei verkommen, die sie – die psychisch Instabile – am Ende nicht mehr kontrollieren konnte. Deshalb hatte sie dem Arzt weiland nicht nur gedroht, sondern ihn schließlich erschossen. Gewiss, sie trug die Schuld am Tod des Mannes; aber moralisch fühlte sie sich nicht verantwortlich. Diese Verantwortung hatte Dr. Seitz zu übernehmen, und er wiederum stellvertretend für alle Männer, denn es war eine Männerwelt, in der die Krankenschwester lebte. Jawohl, die Männer bildeten eine verschworene Gemeinschaft; sie hielten zusammen und bestimmten – in ihrer Eigenschaft als Väter, Ehemänner oder Vorgesetzte – über das Leben der Frauen, und damit auch über das der Wilhelmine Flessa. Für sie war das die reinste Verschwörung; Männer gegen Frauen; alle Männer gegen Frau Flessa.

Nachdem das Gericht das Urteil verkündet hatte, versuchte Wilhelmine Flessa, sich der Macht der Männer durch Selbstmord zu entziehen. Doch auch der zweite Versuch, sich das Leben zu nehmen, misslang. Sie musste weiterleben, um auf den staatlich verordneten Tod zu warten.

Was Letzteres betraf, so hatte sie Glück im Unglück. Das Reichsgericht verwarf das Urteil wegen eines Formfehlers. An der Entscheidungsfindung hatte nämlich ein „Richter" teilgehabt, der hierzu nicht qualifiziert war. Folglich musste das Verfahren erneut aufgerollt werden. Es kam also im Sommer 1926 in Frankfurt am Main zu einem zweiten Prozess gegen Wilhelmine Flessa.

Auch dieses Mal verhielt sie sich ähnlich wie einige Monate zuvor. Sie gebärdete sich hysterisch, schrie, zeterte und „sang". Ihr eigenwilliges Verhalten bezeichneten die hinzugezogenen medizinisch-psychiatrischen Gutachter als Resultat einer schweren Psychopathie, also einer seelisch-charakterlichen Störung, die auch bei der Begehung der Tat eine wichtige Rolle gespielt habe. Frau Flessa sei demnach nicht vorsätzlich zur Mörderin geworden, habe also die Erschießung des Arztes nicht zuvor geplant; vielmehr sei sie in dem Moment, da sie Dr. Seitz gegenübergestanden habe, von einem Affekt – also einer starken Erregung des Gemüts – befallen worden. Prinzipiell leide die Krankenschwester unter einem chronischen Affekt. Das äußere sich in Fantastereien. Sie könne folglich Realität und Wunsch nicht unterscheiden, sondern lasse das wirkliche Leben in ihren Fantasien untergehen. In dem Moment, in dem sie den Schuss auf Dr. Seitz abgegeben habe, sei der chronische Affekt wahrscheinlich durch einen akuten Affekt abgelöst oder ergänzt worden. Demzufolge schoss sie auf den geliebten Mann, weil ihre Gefühle völlig verrücktspielten. Sie glaubte, ein Anrecht auf ihn zu haben, und als er abwehrend reagierte, also nicht so handelte, wie sie sich das gewünscht hatte, drehte sie durch und drückte ab.

Die Gutachten, kombiniert mit den Ausführungen von Wilhelmine Flessas Rechtsanwalt Prof. Dr. Hugo Sinzheimer (1875-1945), dem Dr. Anna Schultz, eine bekannte Sozialdemokratin und Stadtverordnete in Frankfurt am Main, zur Seite stand, überzeugten sowohl die Staatsanwaltschaft als auch das Gericht. Die Krankenschwester wurde daraufhin nicht mehr wegen Mordes, sondern „nur noch" wegen Totschlags verurteilt. Sieben Jahre sollte sie im Zuchthaus verbringen.

Epilog

Aber auch dieses Mal hatte Wilhelmine Flessa Glück im Unglück. Am 22. Februar 1930 meldete der „Sozialdemokratische Pressedienst" in Berlin, dass der preußische Justizminister gegenüber „der schwer erblich belastete[n] Psychopathin mit starker Phantasie" und fehlendem Wirklichkeitssinn Milde habe walten lassen. Sie sei, so stand es in der knapp gehaltenen Mitteilung zu lesen, „in der Weise begnadigt worden, dass am 1. Juli 1930 eine Unterbrechung ihrer Strafe" eintrete.

Wilhelmine Flessa konnte demnach das Zuchthaus verlassen. Sie war bis auf Weiteres frei; jedenfalls körperlich. Wie es um ihren Geist stand, ihre Fantasie, ihr Bedürfnis, geliebt zu werden und zu lieben, das weiß niemand, vielleicht nicht einmal sie selbst.

Leider ist mir auch nicht bekannt, was später aus Wilhelmine Flessa wurde. Ihren weiteren Lebensweg vermochte ich nicht nachzuvollziehen. Bleibt zu hoffen, dass sie nicht wieder vom richtigen Pfad abkam und anderen und sich Schaden zufügte. Was sie getan hatte, war unverzeihlich. Dr. Seitz mag kein besonders ehrenwerter Mann gewesen zu sein; ganz offensichtlich handelte es sich bei ihm um einen gnadenlosen „Womanizer“, einen Frauenhelden, der seine Bedürfnisse befriedigen wollte und auf sonst nichts Rücksicht nahm, schon gar nicht auf die Gefühle „seiner“ Frauen. Solchen Menschen geht man am besten aus dem Weg, wenn man nicht ähnlich gestrickt ist oder selbstquälerische Tendenzen besitzt. Wilhelmine Flessa war aber anscheinend außerstande, Dr. Seitz richtig einzuschätzen. Dies führte dazu, dass bei ihr gleich eine ganze Lawine unglücklicher Eigenschaften und Verhaltensweisen zutage trat. Durch das Betragen des Arztes waren diese bei der bis dahin relativ unauffälligen Krankenschwester anscheinend ausgelöst worden. Wilhelmine Flessa war fortan nicht mehr im Stande, ihre Emotionen zu kontrollieren, und Dr. Seitz ließ sie im Prinzip gewähren. Beide hatten die Gefahr, die von dem einen für den anderen ausging, gründlich unterschätzt. Den Arzt hatte dies das Leben gekostet; und die Schwester – zumindest zeitweise – die Freiheit und zweifellos den Verstand.

Kapitel 3:

Weshalb Karl Hopf den Kopf verlor

Karl Hopf saß in seiner Zelle und wartete auf den nächsten Tag. Am Morgen jenes Tages – es war der 23. März 1914 – sollte er hingerichtet werden. Um sieben Uhr morgens wollten sie ihm im Hof des Königlichen Strafgefängnisses Frankfurt-Preungesheim den Kopf abschlagen.

Athos

Das sei ein relativ schneller und vergleichsweise schmerzloser Tod, hatten die Wärter gesagt. Was für Idioten! Ausgerechnet ihm das erklären zu wollen! Ihm, dem Meister des Degens und des Säbels! Ihm, der Gott weiß wie oft in die Rolle des Musketiers Athos oder des schmucken Captain Charles Vernon geschlüpft war, um vor ausverkauften Häusern in Deutschland und der ganzen Welt seine Fechtkünste zu präsentieren! Sogar in London hatte er gastiert. Das war 1912 gewesen. Aber auch in seiner Geburtsstadt Frankfurt hatte ihm das Publikum zugejubelt, zum Beispiel bei seinen legendären Auftritten im schicken „Circus Schumann“ gegenüber dem Hauptbahnhof. Das war wirklich ein tolles Haus! Eine Varieté-Bühne vom Feinsten!

Voller Selbstzufriedenheit dachte er an seine dortigen Auftritte zurück. Wie hatten ihm die Leute zu Füßen gelegen, wenn er auf den schlanken Hals seiner aufregend schönen und blutjungen Assistentin einen Apfel gelegt und diesen mit einem Säbelhieb in zwei Teile geschlagen hatte! Ja, das war eine seiner Glanznummern gewesen! Die Süße hatte auf einem Stuhl Platz genommen und dann Oberkörper, Hals und Kopf so weit über die Lehne gebogen, bis eine gerade

Linie entstanden war. Etwa zwischen Rumpfbeginn und Adamsapfel hatte er dann den frischen Apfel gelegt und zugeschlagen! Was war in dieser Sekunde immer für ein Raunen und Staunen durch die Zuschauer gegangen! Und wie erleichtert hatten alle geklatscht, wenn das reizende Fräulein anschließend unbeschadet vom Stuhl gestiegen und aller Welt ihren unverletzten Schwanenhals vorgeführt hatte!

Und dann gab es da noch die Nummer mit dem Hammel. Er hatte das tote Vieh an den Hinterbeinen aufhängen lassen und dann mit einem einzigen Hieb halbiert! Das kostete Kraft, aber er war ein durchtrainierter Athlet und ein attraktiver Mann noch dazu. Den Frauen gefiel er, und die Männer bewunderten ihn für seine Fähigkeiten und seinen muskulösen Körper, denn im Gegensatz zu den meisten von ihnen hatte er keinen dicken Wanst und keine hängenden Wangen und trug auch keine Anzüge in Festzeltgröße. Aber, und das unterschied ihn ebenfalls von der Mehrheit der Männer im Publikum, er war arm wie eine Kirchenmaus. Naja, nicht wirklich arm, aber chronisch pleite.

Bei dem Gedanken an seine permanente Finanznot verebbte der Rausch sehr rasch, in den ihn die Erinnerung an seine Auftritte auf den großen und kleinen Bühnen der Welt versetzt hatte. Statt in die strahlenden Gesichter begeistert applaudierender Zuschauer schaute er in die Visagen missmutig dreinblickender Gefängnisbeamter, die zum einen die Aufgabe hatten, ihn zu bewachen, damit er sich nicht aus dem Staub machte, und zum anderen sollten sie verhindern, dass er dem Henker den Spaß verdarb, indem er sich womöglich durch Selbstentleibung dem staatlich angeordneten Kopfabschlagen entzog.

Letzteres hätte er übrigens sehr gern getan, aber nicht hier im Gefängnis, sondern schon viel früher. Wenn es nach ihm gegangen wäre, säße er nämlich überhaupt nicht in dieser grässlichen Zelle. Leider waren seine Häscher schneller gewesen als er. Ehe er Gelegenheit gehabt hatte, sein in der Westentasche mitgeführtes Notfläschchen mit Zyankali zu zücken und sich das tödliche Gift zuzuführen, befand er sich schon im Polizeigewahrsam. Das war wirklich Pech gewesen!

Hopf seufzte und zündete sich eine frische Zigarette an. Gedankenverloren folgte er mit den Augen dem kräuselnd aufsteigenden Rauch. Tut dem Teint nicht gut, die Raucherei,

Karl Hopf *Foto: Kriminalmuseum Frankfurt*

dachte er. Siehst schon ganz fahl aus und hast dicke Tränensäcke unter den Augen. Bist ein alter Mann geworden, war ihm durch den Kopf geschossen, als er am Morgen in den Rasierspiegel geschaut hatte. Alt und grau und faltig und aufgeschwemmt. Schrecklich. Na und, rief er sich zur Ordnung, was soll's? Morgen früh bist du sowieso tot. Und dem Henker ist es egal, ob du ein strammes Mannsbild bist oder ein alter Knabe. Tja, der Henker; hoffentlich verstand der sein Handwerk. Wenn der Kerl gut war, hatte er es in drei, vier Sekunden überstanden. Wenn nicht … Gar nicht dran denken, befahl sich Hopf, drückte die Zigarette aus und zündete sich gleich die nächste an.

Ein Mann aus gutem Hause

Dass er mal auf dem Schafott enden würde, hätte wohl niemand gedacht. Da gab es andere Aspiranten auf das Fallbeil. Meist Burschen, die schon von Kindesbeinen an geraubt und geprügelt hatten. Leute ohne Familie, ohne Chance auf einen ordentlichen Beruf; eben Gestalten, die aus der Gosse kamen und dort geblieben waren.

Der 1863 geborene Karl Ludwig Emanuel Hopf hingegen entstammte einer gutbürgerlichen Frankfurter Kaufmannsfamilie. In der Schule war er zwar keine Leuchte, schaffte aber doch einen mittleren Bildungsabschluss. Hernach absolvierte er den obligatorischen Militardienst. Dann aber war es mit dem bürgerlichen Leben vorbei. Er hatte keine Lust, das zu tun, was alle braven Buben taten: Nach der Ausbildung – er hatte übrigens Drogist gelernt – sofort ins Berufsleben eintreten, heiraten, Kinder in die Welt setzen, die kleinen Kanaillen großziehen, irgendwann in den Ruhestand gehen, sterben und auf dem Friedhof landen. Nein, danke! Der junge Hopf wollte sich dieses Schicksal nicht aufhalsen und schon gar nicht zu Hause versauern, sondern viel lieber die Welt sehen. Also packte er seine sieben Sachen und ließ Deutschland hinter sich.

Sein Weg führte ihn unter anderem nach Brüssel, London und Casablanca. Um Geld zu verdienen, arbeitete er in einem Engrosvertrieb für Drogen- und Chemikalien. Hopf mochte diese Arbeit, weil er sich sehr für Chemie und Pharmazie interessierte. Es war spannend, zu wissen, wie bestimmte Stoffe auf den menschlichen Körper wirkten.

Und dann hatte er diesbezüglich eine Art Selbstversuch starten müssen. Er bekam nämlich Malaria. Eine sehr unangenehme Krankheit, die man ohne Medikamente beim besten Willen nicht in den Griff kriegte. Also stopfte er sich notgedrungen so lange mit Pillen und Tropfen voll, bis er sich wieder einigermaßen gut fühlte. Zu den Medikamenten, die Hopf zur Bekämpfung der Malaria einnahm, gehörten auch die Fowler'schen Tropfen. Dabei handelte es sich um ein seit dem 18. Jahrhundert gebräuchliches Heilmittel, das aus Kaliumarsenit, einer Arsenverbindung, und Lavendelwasser bestand und fiebersenkend wirkte. Die Zusammensetzung und Wirkungsweise dieser Arznei sollte einige Jahre später noch einmal eine sehr wichtige Rolle in Hopfs Leben spielen!

Doch Fowler'sche Tropfen hin oder her: Mit dem Leben in den heißen Gefilden war es für ihn ab sofort vorbei. Für Hopf hieß es jetzt: Ab nach Hause, denn er hatte absolut keine Lust mehr auf die Myriaden umherschwirrender Insekten, die nur darauf warteten, die von ihnen mitgeschleppten Erreger in einem ahnungs- und wehrlosen Opfer abzuladen. Er hatte Malaria, und er würde diese Krankheit, die mit hohem Fieber einherging und ihn dazu zwang, tagelang das Bett zu hüten, sein ganzes Leben lang behalten. Immer wieder würde sie ausbrechen. Das war schon schlimm genug. Auf andere Infektionskrankheiten, wie zum Beispiel Ruhr oder Cholera, die in den von ihm frequentierten heißen

Regionen auch gerne auftraten, konnte er daher bestens verzichten. Schon deshalb, weil er seine Körperkräfte dringend brauchte, denn neben seiner Arbeit in dem Chemikalienhandel hatte er sich in den vergangenen Jahren intensiv dem Fechten gewidmet. Das war ein Sport, wie er ihn liebte. Man musste geschickt, gewandt und zugleich präzise sein, dabei kraftvoll, agil und elegant. Fechten besaß nichts Plumpes, Tölpelhaftes; wer focht, war ein Gentleman.

Aber auch Ehrenmänner müssen bedauerlicherweise essen, trinken und die Wohnung bezahlen. Da diese grundlegenden Bedürfnisse mit Fechten zunächst nicht gestillt werden konnten, musste sich Hopf nach seiner Rückkehr in die Heimat notgedrungen einem Brotberuf zuwenden. Aus diesem Grund eröffnete er 1894 in Wörsdorf bei Idstein ein Futtermittelgeschäft und begann, Hunde zu züchten.

Leider war er finanziell ein bisschen klamm gewesen, als er daheim eintraf. Hatte ja auch alles viel Geld gekostet: Die Bekämpfung der Malaria, die Fechtgeschichte und schließlich die Reise nach Deutschland. Um in eine neue Existenz zu investieren, reichten die paar Groschen in seiner Tasche nicht aus; und in eine bestehende Firma einzutreten, danach stand Hopf so gar nicht der Sinn. Nein, wirklich, das war nichts mehr für ihn.

Während sich der Häftling in seiner Todeszelle eine neue Zigarette anzündete, fiel ihm wieder ein, wie er sich damals, kurz nach seiner Rückkehr, mit seinem Vater zusammengesetzt und diesen gebeten hatte, ihm ein paar Mark für die Einrichtung des geplanten Geschäfts zu spendieren. Der Alte war der Idee des Sohnes, einen Futtermittelhandel zu eröffnen, nicht abgeneigt gewesen. Klang alles ganz plausibel, was der Junge da vortrug, hatte er gedacht. Deshalb zeigte er sich auch bereit, seinem Karl 14.000 Mark zu leihen und nicht mehr als vier Prozent Zinsen auf das geborgte Kapital zu verlangen.

Wie bitte? Hopf junior staunte nicht schlecht. Er hatte natürlich erwartet, dass der Vater ihm das Geld schenkte. Aber darauf ließ sich der Alte nicht ein. Hopf junior fand das schade; mindestens so schade wie den kurz darauf eingetretenen Tod des geliebten Herrn Hopf senior. Kaum, dass der gute Vater seinen nach langem Auslandsaufenthalt heimgekehrten Sohn Karl wieder in die Arme hatte schließen können, war er verstorben! Unter Tränen hatten ihn Familie und Freunde im April 1895 auf dem Frankfurter Hauptfriedhof beerdigt. Der arme Mann; ob es wohl das alte Blasenleiden gewesen war, das ihn umgebracht hatte? Oder sollte es doch das Arsen-Salz – also die im Gegensatz zu dem kaum giftigen Metall Arsen hochtoxische Arsenverbindung – gewesen sein, die ihn zu einem etwas schnelleren Übertritt vom Diesseits ins Jenseits „motiviert" hatte? Nun, wenn das der Fall war, so hatte das Väterchen leider selbst schuld! Wieso konnte er auch von dem bekanntlich stark arsenhaltigen Offenbacher Mineralwasser nicht die Finger lassen? Hatten ihn die Mutter und Karl nicht oft genug vor dem Zeug gewarnt? Musste er es denn unbedingt täglich und noch dazu literweise in sich hineinschütten?

Nein, er – Karl Hopf – hatte dem lieben Vater ganz gewiss kein Arsen verabreicht, wie der Richter boshafterweise vermutete. Es wäre ja auch perfide gewesen, den guten alten Mann, der ihm so selbstlos den Start in ein neues Leben ermöglicht hatte, durch die regelmäßige Beimischung von Arsen in Speisen oder Getränke langsam, aber sicher umzubringen. Wieso auch? Sein Geschäft lief doch bestens. Klappte alles wie am Schnürchen. Aber das Gericht hatte ihm nicht glauben wollen und darum sogar die Exhumierung des geliebten Toten angeordnet. Gut, dass das die Mutter nicht mehr erleben musste! Das wäre ein Drama gewesen! Zumal der Gerichtsmediziner, der sich sodann über den Leichnam hergemacht hatte, auch nicht mehr sagen konnte, als dass in den Überresten des Toten Spuren von Arsen gefunden worden waren, aber nichts abschließend darauf hindeutete, dass ihm der Sohn das Gift verabreicht hatte. Womöglich war es doch das Übermaß an Offenbacher Mineralwasser gewesen, das ihn umgebracht hatte?!

Ohne Maß und Ziel

Tja, dachte Karl, man muss eben darauf achten, dass man beim Genießen nicht über das Ziel hinausschießt. Wenn alles in einigermaßen überschaubaren Grenzen bleibt, kann nicht viel passieren. Dummerweise hatte er selbst diesen Wahlspruch irgendwann aus den Augen verloren. Er konnte sich beim besten Willen nicht daran erinnern, wie und wann das geschehen war.

Aber wie, bitte schön, sollte er sich auch konzentrieren können, wenn dieser grässliche Gefängnispfaffe unentwegt auf ihn einredete, den der Wächter vor einer Viertelstunde – sehr zu Hopfs Missfallen – in die Zelle gelassen hatte? Wer zum Teufel wollte dieses Salbadere hören? Der Todeskandidat Hopf ganz bestimmt nicht. Sollte er den Kerl aus der Zelle ekeln? Ein paar flotte Sprüche hätte er schon auf der Pfanne, um den Herrn Pfarrer aus der Fassung zu bringen. Doch dann beschloss er, den Kerl einfach reden zu lassen. In ein paar Minuten würde der Mensch schon merken, wie fruchtlos seine Bemühungen waren und sich rasch trollen.

Er hatte natürlich schon gehört, dass sie den zum Tode Verurteilten kurz vor Toresschluss noch die Geistlichkeit auf den Hals hetzten; egal, ob die Betroffenen das nun wollten oder nicht. Von wegen „schwöre dem Bösen ab“ und „kehre heim in den Schoß des Herrn“, denn „Gott liebt auch dich“. Gott? Also, der war ihm Zeit seines Lebens nun wirklich völlig egal gewesen. Und geliebt hatte er zunächst sich selbst und dann die Frauen; jedenfalls einen bestimmten Typus. Oh ja, die Schöße der Bösen und der Verdorbenen, die waren ihm stets ein besonderer Genuss gewesen! Und dem hatte er sich gerne und so oft wie möglich hingegeben. Jedenfalls oft genug, um sich in die Malaise zu bringen.

Aber schön war es trotzdem gewesen, befand Hopf, während er eine neue Zigarette aus der Packung fischte. Der Aschenbecher quoll schon über, und die Luft in seiner Zelle war stickig und verraucht. Verrucht statt verraucht wäre ihm eindeutig lieber gewesen, aber was sollte er diesbezüglich machen? Hopf lachte still in sich hinein, verzog aber nach außen hin keine Miene; übrigens sehr zur Enttäuschung des Geistlichen, der seine Mission daraufhin – wie von Hopf erhofft – tatsächlich aufgab und die Zelle verließ.

Der Gefangene schaute ihm nach. Wenn du wüsstest, woran ich eben gedacht habe; dann bekämst du knallrote Ohren und die preußischen Justizbeamten gleich mit! Vor Gericht haben die Herren Richter jedenfalls peinlich berührt die Öffentlichkeit ausgesperrt, als mein leicht extravagantes Sexualleben zur Sprache kam. Ja, es stimmt, die normale Hausmannskost hat mir nie gelangt. Ich habe sie konsumiert, aber mich nie satt gefühlt. Ich mochte es heißer, schärfer, brutaler. Ich liebte Ruten, Peitschen, Rohrstöcke, Drahtschachteln, Bänder, Masken, Frauenkleider, Damenunterwäsche und Spielzeug jeglicher Art. Nur ausgefallen musste es sein. Billig war das nicht. Die Damen, die ich mir für diese Vergnügungen kommen ließ, haben mich ordentlich zur Kasse gebeten. Aber was sollte ich machen? Ich brauchte das; und am liebsten mit mehreren Frauen gleichzeitig. Das Ganze haben wir dann im Bild festgehalten, damit ich – wenn ich allein war – darauf zurückgreifen konnte.

Im Übrigen hat es mich auch nicht sonderlich gestört, dass die Gänse von gegenüber immer auf der Lauer lagen, wenn ich meinen Damenbesuch bekam. Die albernen Gören dachten wahrscheinlich, ich hätte nicht bemerkt, wie sie mit ihren Nasen an den Fensterscheiben klebten, wenn meine Maiden Einzug hielten. Wenn mir die Spannerei unangenehm gewesen wäre, hätte ich den großen Spalt, der in dem heruntergelassenen Rollladen klaffte, ganz bestimmt blickdicht verschlossen. Aber es war mir ja nicht unangenehm. Jedenfalls nicht über die Maßen.

Bei dem Gedanken lächelte er wieder still in sich hinein. Wahrscheinlich wären die Eltern der Nachbarsmädchen auf der Stelle tot umgefallen, wenn sie gewusst hätten, mit was für unzüchtigen Beobachtungen sich ihre Nachkommenschaft die Zeit vertrieb.

Er selbst hatte nie ein Interesse an eigener Brut gehabt und daraus auch nie einen Hehl gemacht. Er wollte kein Familienleben, sondern ein freies und unabhängiges Dasein. Er fand es schon anstrengend und kostspielig genug, sich um sich selbst zu kümmern. Trotzdem hatten zwei Frauen versucht, ihm ein Balg unterzuheben.

Die erste war seine Haushälterin gewesen. Als er damals nach Wörsdorf zog, hatte er die Frau eingestellt. Sie sollte sich um seine Wohnung, seine Wäsche und sein leibliches Wohl kümmern, während er sein Futtermittelgeschäft mit angeschlossenem Chemikalienhandel betrieb. Naja, irgendwann im Laufe der Zeit waren sich Arbeitgeber und Bedienstete näher gekommen, und dann bekam die Frau plötzlich ein Kind.

Klar wollte sie geheiratet werden. Das steckte ja wohl in allen Frauen. Alle miteinander suchten sie einen Mann, der sie heiratete, damit sie bis an ihr Lebensende versorgt waren. Und damit sie dieses Ziel rasch erreichten, wurden die Damen nach ein paar Monaten Bekanntschaft mit dem ahnungslosen Mann dann ganz plötzlich schwanger. Motto: Jetzt musst du mich nehmen, ob du willst oder nicht! Aber nicht mit ihm, bitte schön, nicht mit Karl Hopf! Selbstverständlich hatte er die Frau nicht geheiratet. Die besaß doch keinen Groschen und hätte ihn am Ende ein Vermögen gekostet! Nein, wirklich nicht. Und durch das Kind ließ er sich sowieso nicht erpressen. Das Knäblein, die Mutter hatte es passenderweise nach dem Vater benannt, also Karl, war im Übrigen auch nicht alt geworden. Leider, leider starb der kleine Karl Richter schon ein knappes Jahr nach seiner Geburt, nämlich im April 1896, an einem schlimmen – naja, sagen wir mal: Zahngeschwür.

Natürlich konnte er, der Vater, nichts dafür, dass das Bübchen nicht lange leben durfte; obwohl ihm der Richter versucht hatte, genau dies zu unterstellen. Und wieso? Nur weil man Arsen in dem toten kleinen Körper gefunden hatte. Na und? Alles andere wäre auch verwunderlich gewesen, denn er hatte dem Jungen tatsächlich Arsen verabreicht; aber selbstverständlich erst nach dessen Ableben, und auch nur, um den Verwesungsprozess hinauszuzögern und die Ausbreitung des ekelerregenden Fäulnisgeruchs, der Leichen gemeinhin anhaftet, zu verhindern!

So ähnlich war es auch bei dem zweiten Kind abgelaufen. Die kleine Elsa, Tochter aus seiner am 28. März 1904 geschlossenen Ehe mit Christine Schneider, genannt Didi, hatte das Jahr 1906 bedauerlicherweise nicht überlebt. Aber doch nicht etwa, weil Papa Hopf dem fünf Wochen alten Säugling eine tödliche Arsenverbindung injiziert hatte! Wie konnte man sowas überhaupt nur denken!? Dass das Kind an irgendeiner Krankheit gelitten hatte, stritt ja niemand ab. Schließlich waren auf seiner Haut seltsame schwarze und rote Flecken aufgetaucht. Aber woher die kamen? Nicht einmal die eilig herbeizitierten Ärzte hatten die Symptome zuordnen können. Vielleicht steckte die Hebamme dahinter? Hopf jedenfalls hatte unmittelbar nach Elsas Tod den Verdacht geäußert, dass das Kind während des Geburtsvorgangs infiziert worden war.

Die Hebamme war ihm gleich so schmierig und schmutzig vorgekommen. Er hätte das Weibsstück überhaupt nicht erst in sein Haus lassen sollen! Seit Jahrzehnten – seit den Erkenntnissen des Ignaz Semmelweis! – wusste man doch, wie gefährlich mangelnde Hygiene bei der Geburt vor allem für den Säugling sein konnte! Die armen kleinen Würmchen hatten doch noch gar nicht genügend Kraft, um sich gegen krankmachende Erreger zur Wehr zu setzen! Garantiert hatte diese schmuddelige Person sich vor der Entbindung nicht die Hände gewaschen, und dann alle möglichen Bakterien, die darauf herumwimmelten, an sein kleines hilfloses Töchterchen weitergegeben! Wer konnte schon wissen, wen oder was die Frau angegrapscht hatte, bevor sie in sein Haus gekommen war!? Vielleicht Leute mit ekelerregenden und ansteckenden Krankheiten oder gar irgendwelche verlausten und verdreckten Viecher. Er, Hopf, hätte die Hebamme dazu anhalten müssen, sich zunächst einmal gründlich die Hände zu schrubben, ehe er sie zu seiner Frau ließ. Aber es war halt so dringend gewesen, und er wollte ja auch nicht unhöflich sein. Außerdem hatte er gehofft, dass die Hebamme wusste, was sie tat. Schließlich war das Entbinden für sie eine Alltäglichkeit. Und man konnte außerdem nicht jedem misstrauen. Aber bitte, nun sah man doch mal wieder, wohin es führte, wenn man so dumm war und an das Gute im Menschen glaubte! Er, Hopf, hatte jedenfalls teuer für sein Vertrauen in die Hebamme und ihre Kenntnisse und Fähigkeiten bezahlen mussen.

Hopf, der Häftling, sog den Rauch seiner Zigarette tief in die Lunge, um hernach Rauchkringel in die Luft zu blasen. Tja, dachte er, als er den sich verflüchtigenden Kringeln nachblickte, eigentlich hatte er seine Rolle als leidender Vater ganz hervorragend gespielt. Kaum, dass das Kindchen gestorben war, hatte er gejammert und seinen Kopf gegen die Wand geschlagen. Wenn das keine überzeugenden Gesten der Verzweiflung waren?

Nur einmal hatte er sich allerdings zu einem Zornesausbruch in Bezug auf den Umgang mit Elsa hinreißen lassen.

Nein, besonders geschickt war das nicht gewesen, das musste er zugeben, aber mit einem Mal hatte er die ganzen Menschen, die um das Kinderbett herumstanden und dem Sterben des kleinen Mädchens zusahen, nicht mehr ertragen können. Es war ihm alles irgendwie zu viel gewesen. Er hatte die Kontrolle verloren und der Nachbarin, die dem Säugling unbedingt einen Umschlag machen wollte, um dem Kind das Atmen zu erleichtern, die Kleine aus den Armen gerissen und in ihr Bett zurückgeworfen. Mein Gott, es war doch sowieso aus und vorbei. Der blöde Umschlag würde auch nichts mehr nützen. Kapierten die Weiber das denn nicht? Das Kind starb; und es sollte auch sterben, und bitte lieber jetzt als in einer halben Stunde! Er wollte es los sein! Ja, das war dumm gewesen. Ein Beweis für seine Rohheit; aber keiner dafür, dass er dem Kind Arsen verabreicht hatte. Da konnte der Richter glauben, was er wollte. Solange der keine hieb- und stichfesten Beweise zu erbringen vermochte, hatte Hopf in dieser Sache als unschuldig zu gelten.

Immerhin ein Teilsieg. Alles, wirklich alles, was sich in seinem Leben bisher abgespielt hatte, konnten eben auch die eifrigsten Justizbediensteten nicht ans Tageslicht bringen. Ein paar Geheimnisse nahm er folglich mit ins Grab. Dazu gehörte auch das der kleinen Elsa. Das fand Hopf eigentlich ganz erfreulich.

Not macht erfinderisch

Ziemlich unerfreulich hatte sich im Laufe der Jahre allerdings seine finanzielle Situation entwickelt. Um es genauer zu sagen: Von Jahr zu Jahr geriet er schlimmer in die Miesen. Vom Vater konnte er leider nichts mehr borgen, denn der Gute hatte ja bereits das Zeitliche gesegnet. Blieb noch die Mutter, deren Liebling er immer gewesen war. Sie hatte ein gutes Herz und bedauerte ihren Buben sehr, weil der ja so schwer an seiner Krankheit, der Malaria, zu tragen hatte. Aber irgendwann wollte auch sie dem Sohn nichts mehr geben. Das war etwa zehn Jahre nach dem Tod des Vaters gewesen, also zu der Zeit, da Karl die unangenehme Pflicht gehabt hatte, einen Offenbarungseid leisten zu müssen und daher ganz besonders knapp bei Kasse war.

Es machte ihn wütend, dass die alte Frau kein Geld mehr herausrücken wollte. Herrgott, er brauchte es doch so dringend, um seine zahllosen Gläubiger zu befriedigen! Aber nein, die Frau Mama weigerte sich, ihm auch nur einen Groschen zu überlassen. Er sei ungeraten, schalt sie ihn, und drohte ihm an, ihn zugunsten seines älteren Bruders zu enterben. Er, der Karl, solle nur das bekommen, was ihm nach Recht und Gesetz zustehe, nämlich den Pflichtteil.

Bei aller Liebe: Das konnte und wollte sich Hopf nicht bieten lassen. Erstens ärgerte er sich über diese Zurücksetzung, und zweitens war es ihm unmöglich, auch nur auf eine Mark zu verzichten; schon deshalb, weil er in der letzten Zeit als Sicherheit für die an allen Ecken und Enden zusammengebettelten Darlehen die bevorstehende mütterliche Erbschaft angegeben hatte. An die 20.000 Mark erwartete er. Ein stattliches Sümmchen. Nur leider würde bei ihm selbst nicht allzu viel davon hängenbleiben. Alles, oder zumindest fast alles, flösse in die Taschen seiner Kreditgeber.

Bei dem Gedanken an das schöne Geld musste Hopf einmal mehr seufzen. Wie gewonnen, so zerronnen, dachte er. Und dann bestellte der Häftling sich bei seinen Gefängniswärtern Brot und Wurst als Henkersmahlzeit. Von den vielen Zigaretten war ihm schon ganz blümerant geworden. Es konnte also nicht schaden, einen Happen zu essen. Mit wohlgefülltem Bauch dachte es sich auch besser nach, fand er.

Während er kaute und schluckte, erinnerte er sich an seine damals 78 Jahre alte Mutter. Kurz bevor sie dahinschied, hatte er sich – konkret im Oktober 1911 – bei einem

Geldverleiher noch einmal fünf- oder sechstausend Mark geborgt, um wenigstens die drängendsten Schulden abzufedern und noch ein paar Groschen für seine speziellen Hobbys in der Tasche zu haben. Es gehe der Frau sehr schlecht, hatte er gegenüber dem Mann behauptet. Sie werde nicht mehr lange leben. Und tatsächlich war das liebe alte Mütterchen am 6. November 1911 verschieden! Sehr traurig. Aber das kam eben davon, wenn man an der Arsenverbindung naschte, die als Stärkungsmittel für den Hund gedacht war! Von dem Zeug bekam der Mensch nun einmal Kopfschmerzen, Durchfall und Erbrechen; dem Tier hingegen nützte es, weil es ein essenzielles – also lebenswichtiges – Spurenelement darstellte. Das hätte er der Frau Mama sagen können. Aber alte Leute waren halt manchmal etwas verwirrt und nicht mehr so aufnahmefähig. Da konnte es schon zu Verwechslungen oder Missverständnissen kommen, die dann bedauerlicherweise tödlich endeten.

Infolge ihres plötzlichen und unerwarteten Ablebens hatte sie nicht einmal mehr die Gelegenheit gehabt, das angekündigte Testament zu machen. Schade für sie, und erst recht für seinen Bruder, dem nun nicht, wie angedacht, der Großteil des Geldes zufließen konnte. Statt dessen gelang es Hopf sogar, den Bruder übers Ohr zu hauen und sich selbst über die Hälfte der zu vererbenden Summe in die Tasche zu stecken. Von den 40.000 Mark, die das Erbe ausmachte, befanden sich alsbald 27.000 Mark in Karl Hopfs Besitz.

Aber nicht sehr lang. Wie er befürchtet hatte, schmolz die Summe rasch dahin, und er war gezwungen, sich über eine neue Einnahmequelle Gedanken zu machen. Zwar trat er noch immer als Athos oder Captain Vernon auf, doch die Gelder aus den Gagen rannen ihm ebenso schnell durch die Finger wie die geliehene oder die ererbte Penunze. Also, was sollte er tun, um seine Finanzen aufzubessern, ohne sich dafür verbiegen zu müssen? Er hatte nämlich keineswegs die

Absicht, mehr zu arbeiten oder riskantere Nummern einzustudieren, um höhere Einnahmen erzielen zu können. Im Gegenteil, er überlegte, wie er auch ohne Auftritte reich werden und gut leben konnte. Man wurde ja schließlich nicht jünger! Und er ging auf die fünfzig zu! Da war es an der Zeit, sich das Leben etwas bequemer zu machen.

Und so kam es, dass sich Hopf gegen Ende des Jahres 1911 entschied, noch einmal – zum jetzt dritten Mal – zu heiraten, eine hohe Lebensversicherung auf die Gemahlin abzuschließen, um sie dann langsam, aber sicher umzubringen. Wie man Leute einigermaßen unauffällig vom Leben zum Tode beförderte, das wusste er ziemlich gut.

Sein Wissen speiste sich aus einer jahrzehntelangen Beschäftigung mit Giften. Die Basis hierfür hatte er sich selbstverständlich im Zuge seiner Betätigung als Drogist – als solcher hatte er unter anderem eine „Giftprüfung" ablegen müssen – und Mitarbeiter einer Chemikaliengroßhandlung erworben. Darüber hinaus war er stets darum bemüht gewesen, sich auf eigene Faust weiterzubilden. Aus diesem Grund hatte er sich im Laufe der Jahre verschiedene Bücher besorgt, die sich wissenschaftlich mit Toxikologie und Bakteriologie beschäftigten, darunter Standardwerke wie „Mercks Index: Die Beobachtungen über den Verkehr mit Giften, Geheimmitteln und Arzneimitteln" oder „Lehrbuch der speziellen bakteriologischen Diagnostik". Des Weiteren hatte er sich ein ziemlich gut ausgestattetes, privates Laboratorium eingerichtet, in dem er munter mit Giften und Bakterienkulturen experimentierte. In seinem Besitz befanden sich zum Beispiel größere Mengen an Arsen und Zyankali, Strychnin, Chloroform, Digitalis, Morphium und Opium, außerdem Cholera- und Typhusbakterien. Letztere bestellte er unter dem Absender „Karl Hopf, Frankfurt am Main, Bakteriologisches Laboratorium" regelmäßig bei einem in Wien ansässigen Institut.

Jetzt musste nur noch die richtige Frau zum Umbringen gefunden werden. Sie brauchte nicht reich zu sein. Es war auch viel zu umständlich, nach einer wohlhabenden Witwe oder einer gut betuchten alten Jungfer zu suchen, die Lust hatte, ihn zu heiraten. Erstens waren diese Weibsbilder unendlich misstrauisch, weil sie immer Angst hatten, ein Bewerber wolle sie nur wegen ihres Vermögens ehelichen; und zweitens hätte er zunächst einen Haufen Geld in die Beziehung investieren müssen, um das Zutrauen der werten Dame zu gewinnen. Reiche Frauen wollten nämlich umgarnt und beschenkt und nobel ausgeführt werden. Aber bitte von welchem Geld? Ganz sicher nicht von den drei Groschen, die sich in der Regel in Karl Hopfs Börse befanden.

Nein, nein, er schwor auf eine andere Taktik, nämlich die Heirat mit einem arglosen Geschöpf, das dumm und vertrauensselig genug war, sich alsbald nach der Eheschließung vom Leben zum Tode befördern zu lassen. Zweimal hatte er dieses Verfahren bereits angewandt oder zumindest versucht, es anzuwenden. Das erste Mal, bei der Josefa, war es wirklich prima gelaufen! Die Gute war planmäßig verstorben, und Hopf konnte abkassieren. Beim zweiten Mal hatte die Sache dann aber dummerweise nicht geklappt. Die blöde Kuh Didi – ihres Zeichen Mutter der kleinen Elsa – war einfach nicht gestorben; jedenfalls nicht in der Phase, in der er noch mit ihr verheiratet gewesen war. Erst später sprang sie über die Klinge. Aber zu dem Zeitpunkt hatte er nichts mehr davon, obwohl es garantiert seine Tuberkel-Bazillen gewesen waren, die die Tuberkulose ausgelöst hatten, an der sie dann schließlich abkratzte! Dass Didi erst nach der Scheidung von ihm gestorben war und nicht schon, wie angestrebt, während der Ehe, das bedeutete, dass in Bezug auf diese Frau alle seine Bemühungen und Investitionen in Versicherungen, Gifte und Bakterienkulturen umsonst gewesen waren! Ungeheuerlich! So eine Pleite durfte sich auf keinen Fall wiederholen!

Dieses Mal musste er ganz gründlich planen und sehr strukturiert vorgehen, um endlich den großen Coup zu landen.

Der große Coup

Das Opfer, das ihm diesen großen Coup bescheren sollte, war auch recht bald ausgeguckt. Es handelte sich dabei um die österreichische Staatsbürgerin Wally Siewiec. Die Endzwanzigerin fand den Mann, der seit einiger Zeit in der Bülowstraße 13 in Frankfurt am Main lebte, wo er ein Dreizimmerapartment im ersten Stock bewohnte und einen zusätzlichen Raum im Erdgeschoß als Laboratorium nutzte, recht attraktiv und darüber hinaus interessant. Gewiss, er war nicht mehr der Jüngste – schon weit über vierzig –, aber doch noch stattlich und straff und stets elegant gekleidet. Ohne dunklen Anzug, englische Mütze und modisches Köfferchen verließ er selten das Haus. Außerdem war er weltgewandt, weitgereist und ein erfolgreicher sowie berühmter Artist. Und so ein toller Mann interessierte sich ausgerechnet für sie! Was hatte sie doch für ein Glück! Das wollte sie auf keinen Fall wieder aus der Hand geben. Deshalb willigte sie auch ohne langes Zögern ein, als Karl schon nach kurzer Bekanntschaft um ihre Hand anhielt. Die Verlobung fand am 31. Januar 1912 – Wallys Geburtstag – und die anschließende Hochzeit am 9. April 1912 in London statt, wo Hopf gerade ein Gastspiel als Degenkünstler Athos gab.

Ach ja, die Wally, dachte der Gefangene und rieb sich instinktiv das Genick. Dieses junge Ding mit den großen, dunklen Augen, der ein bisschen zu knollig geratenen Nase und den vollen Lippen. Wäre es ihm gelungen, sie rechtzeitig unter die Erde zu kriegen, läge er jetzt mit den Taschen voller Geld unter Palmen und ließe sich von schnuckeligen Mädchen verwöhnen! Achtzigtausend Mark hätte ihm Wallys Tod eingebracht. Ein hübsches Sümmchen. Nach Abzug der

Schulden wäre noch genug übrig geblieben, um es sich so richtig gut gehen zu lassen.

Aber leider hatten ihm diese dämlichen Ärzte dazwischengefunkt; der, den er immer kommen ließ, der nette, aber arg- und ahnungslose Dr. Rosenbaum, war krank gewesen, deshalb hatte ein anderer Mediziner, ein Kerl namens Dr. Krämer, die Wally untersucht und gleich ins Krankenhaus eingewiesen. Zum Glück für seine Frau – und zum Pech für Hopf – war der neue Arzt nicht so blauäugig gewesen wie sein Kollege; im Gegensatz zu dem naiven und wenig beschlagenen Dr. Rosenbaum hatte der Neue nämlich nicht an ein simples, vorübergehendes Unwohlsein geglaubt, sondern eine ernstzunehmende Erkrankung – vielleicht sogar eine Vergiftung – hinter den von Wally Hopf geschilderten Symptomen vermutet. So etwas musste selbstverständlich in einem Krankenhaus untersucht und schleunigst behandelt werden.

Und damit hatte das Verhängnis seinen Lauf genommen. In dem Hospital, dem Diakonissen-Krankenhaus in der Eschersheimer Landstraße in Frankfurt, in das Frau Hopf eingeliefert worden war, versah nämlich ein gewisser Sanitätsrat Dr. Rödiger seinen Dienst. Nachdem diesem zu Ohren gekommen war, wie die Frau hieß, die sein Kollege Krämer mit Verdacht auf Vergiftung eingewiesen hatte, klingelten bei ihm alle Alarmglocken. Rödiger kannte nämlich Didi, Hopfs zweite Ehefrau, sowie deren Kranken- und Leidensgeschichte, und die jener Frau Hopf, die aktuell in seinem Hospital behandelt wurde, wies doch eine höchst verdächtige Ähnlichkeit mit dem Fall seiner Bekannten auf!

Nur zu gerne hätte der Doktor sich mit Didi in Verbindung gesetzt, um letzte Zweifel auszuräumen, oder sie zu bitten, sich für eventuelle polizeiliche Ermittlungen gegen ihren Ex-Mann bereit zu halten, doch leider war Christine „Didi“ Seeger, seit 1909 geschiedene Hopf, bereits im Jahr

1911 verstorben, und zwar an Lungentuberkulose, die sie aller Wahrscheinlichkeit nach der „Behandlung" durch ihren früheren Ehemann verdankte. Das jedenfalls hatten Didis Eltern immer behauptet. Bis zur Hochzeit mit diesem windigen Degen-Künstler war ihre Tochter nämlich stets gesund gewesen, und urplötzlich fiel sie von einer schweren Krankheit in die nächste. Das konnte doch wohl kein Zufall sein! Und dann noch diese seltsame Lungentuberkulose! Wo sollte sie die denn her haben, wenn nicht von Hopf, der sich ständig in seinem Laboratorium einschloss, um geheimnisvolle Mixturen anzurühren, mit der er die arme Didi dann traktierte. Bestimmt hatte er irgendwas in seinen Töpfen und Tiegeln gehabt, was Tuberkulose auslösen konnte. Dem Hopf trauten Didis Eltern so ziemlich alles zu; vor allem das Schlechte.

Das war natürlich auch Dr. Rödiger zu Ohren gekommen, und er hielt den Verdacht, den Didis Eltern gegen ihren früheren Schwiegersohn hegten, für durchaus realistisch. Deshalb zeigte er sich wildentschlossen, dem Treiben dieses offenbar gemeingefährlichen Herrn Hopf endlich ein Ende zu setzen. Zwar hatte es – im September 1906 – schon einmal jemand gewagt, Hopf wegen Vergiftung anzuzeigen, doch leider war die Untersuchung, die die Wiesbadener Staatsanwaltschaft seinerzeit in dieser Sache eingeleitet hatte, im Sande verlaufen. Nicht zuletzt dank der Aussage des behandelnden Hausarztes. Nein, nein, hatte der in Niederhöchstadt – Hopfs damaligem Wohnort – praktizierende Mediziner weiland auf Befragen erklärt, ein Giftmord sei ganz und gar ausgeschlossen. Gewiss, der Hopf sei ein seltsamer Geselle, vielleicht sogar ein gefährlicher Mensch, von dem man sich grundsätzlich besser fernhalte, aber ein Giftmörder sei er deshalb noch lange nicht. An dieser Behauptung war bis auf weiteres nicht zu rütteln, denn es gab keine konkreten Beweise gegen Hopf, nur Vermutungen. Und wer es wagte, diese öffentlich zu äußern, den überzog Hopf sogleich mit Anzeigen. Bedienstete, Verwandte, Nachbarn, Pressevertreter – sie alle bekamen den Zorn und die Rache des Karl Hopf zu spüren, wenn sie es wagten, ihre Überzeugungen hinsichtlich der seltsamen Erkrankungen kundzutun, die beide Ehefrauen Hopfs so plötzlich befallen hatten. Und über das Ableben der ersten Gattin, also der Josefa, und des Töchterchens aus zweiter Ehe, der kleinen Elsa, durfte erst recht niemand öffentlich spekulieren. Wenn es doch jemand wagte, hatte der gleich den Hopf und seinen Rechtsanwalt im Nacken sitzen. Und der Herr Anwalt zögerte nicht, jeden „Spekulierer" unverzüglich vor Gericht zu zerren!

Also hielten die Leute einfach den Mund und tippten sich heimlich an den Kopf, wenn Hopf mal wieder überall herumerzählte, dass seine erste Ehefrau Josefa, geborene Henel, mit der zusammen er nach der am 31. Juli 1899 erfolgten Hochzeit von Wörsdorf nach Niederhöchstadt gezogen war, an einem schlimmen Darmgeschwür verstorben sei. Jaja, erklärte er, Anfang Oktober 1902 habe seine liebe Frau plötzlich über Beschwerden im Magen- und Darmtrakt zu klagen begonnen, sich häufig erbrochen sowie unter Durchfällen und unerklärlichem Fieber gelitten. Er und der behandelnde Arzt hätten zunächst auf einen harmlosen Katarrh getippt, aber als sich nach einiger Zeit keine Besserung eingestellt habe, seien sie davon ausgegangen, dass es etwas Schlimmeres sein müsse, nämlich ein Zwölffingerdarmgeschwür. Hopf habe daraufhin beschlossen, der Erkrankung mit Arseniktropfen zu Leibe zu rücken. Der Arzt, dem bekannt war, dass Hopf medizinische Kenntnisse und ein eigenes Laboratorium besaß, sei mit der Therapie im Großen und Ganzen einverstanden gewesen. Dummerweise hätten die durch den Arzt und ihn, den heilkundigen Ehemann, verabreichten Medikamente die Patientin nicht wieder gesunden lassen. Zu seiner großen Trauer sei sie dann am 28. November 1902 an dem aufgebrochenen Zwölffingerdarmgeschwür gestorben.

Und das Geld für die zufälligerweise zwei Monate vor Josefas Tod abgeschlossene Lebensversicherung in Höhe von 20.000 Mark war hernach in die Taschen des gramversunkenen Ehemanns geflossen! Ein Schelm, wer dabei Böses dachte! Niederhöchstadt musste in der damaligen Zeit folglich ein wahrer Schelmenhaufen gewesen sein, denn bis auf den seltsam gestrickten Arzt, der ihn offenbar für einen ehrbaren Menschen hielt, dachten alle nur das Schlechteste von Karl Hopf.

Aber aus den genannten Gründen sagte kein Niederhöchstädter auch nur einen Ton gegen den Kerl; schon gleich gar nicht, wenn der auf die Gründe für die seltsame Erkrankung seiner zweiten Ehefrau, der lieben Didi, zu sprechen kam. Die von verschiedenen Tageszeitungen, zum Beispiel dem „Taunusboten“, dem „Höchster Kreisblatt“ oder dem „Wiesbadener Tageblatt“ aufgegriffene Geschichte von der versuchten Vergiftung der Christine Hopf durch ihren Mann, hatte den jeweiligen Redakteuren einen Haufen juristischen Ärger eingebracht und sie darüber hinaus eine Menge Strafgeld gekostet.

Man hatte ja keine Beweise in der Hand, sondern konnte lediglich Vermutungen aussprechen, wie sie beispielsweise von Didis Eltern gehegt wurden, oder Beobachtungen wiedergeben, wie jene, die eine Bedienstete Hopfs gemacht hatte. Die Frau erzählte, dass sie gesehen habe, wie von ihrem Arbeitgeber ein weißes Pulver in den für seine Gemahlin bestimmten Tee gerührt worden sei. Dabei habe es sich gewiss um Gift gehandelt, meinte die Frau, doch Hopf behauptete, es sei ein spezielles Heilmittel aus seiner Hausapotheke gewesen, das seiner Liebsten wieder auf die Beine helfen sollte. Und selbst die, also Didi, Hopfs Ehefrau, war mit einer Strafanzeige ihres Mannes wegen Meineids konfrontiert worden. Und zwar deshalb, weil sie energisch bestritten hatte, in einem Frankfurter Restaurant verdorbenes Hirn gegessen zu haben, das nach den Behauptungen ihres Mannes dafür verantwortlich zeichnete, dass sie kurz darauf so schwer krank geworden war. Zunächst litt sie unter Erbrechen und Durchfall, dann bekam sie einen Abszess am Bein und später Lungentuberkulose, die nicht geheilt werden konnte, sondern dazu führte, dass sie 1911 starb.

Was könne er dafür, fragte Hopf, wenn sich seine Frau beim Essen vergiftet habe und dadurch wahrscheinlich mit Tuberkulose infiziert worden sei? Allein der Umstand, dass er in seinem Laboratorium mit dem Myobacterium tuberculosis, also den sogenannten Tuberkel-Bazillen, zu Forschungszwecken gearbeitet habe, mache ihn doch nicht zum Täter! Es sei doch allgemein bekannt, dass man sich mit Tuberkulose anstecken könne, wenn man Speisen zu sich nehme, die man zuvor nicht anständig durchgegart habe. Scheinbar sei genau das in jenem Frankfurter Restaurant geschehen, in dem seine Frau damals das Hirn-Gericht zu sich genommen habe. Die Schuld an der Erkrankung seiner Frau treffe folglich den Inhaber des Lokals sowie dessen schludriges Küchenpersonal, aber ganz sicher nicht ihn, Karl Hopf, denn er wisse sehr genau um die Gefahr, die von den Tuberkel-Bazillen ausgehe. Man möge bitte nicht außer Acht lassen, dass er durchaus vorzeigbare wissenschaftliche Leistungen erbracht habe. Zum Beispiel seien von ihm – der jahrelang als Hundezüchter reüssiert habe – nutzbringende Mittel gegen Räude und Staupe bei Hunden entwickelt worden! Einer wie er gehe doch verantwortungsbewusst mit Bakterien und Giften um. Keinesfalls setze er sie zuungunsten irgendeiner Kreatur ein. Ihm gehe es doch vielmehr um das Wohlergehen von Mensch und Tier!

Mit dieser Argumentation hatte Hopf 1906, als sich das Drama um Didi zutrug, seinen Kopf aus der Schlinge ziehen können. Noch heute, als Häftling in der Todeszelle, war er stolz auf sein damaliges Vorgehen. Er hatte es den Leuten seinerzeit unmöglich gemacht, ihn zu überführen, und auch im letzten Prozess hatten sie ihm den versuchten Mord an Didi nicht nachweisen können. Weniger stolz war er jedoch darauf, dass Didi trotz seiner „Behandlung“ einfach nicht ins Gras gebissen hatte. Das bedeutete für ihn eine Mindereinnahme von 30.000 Mark! Für lebendige Ehefrauen zahlten nämlich selbst die besten Gesellschaften keine Lebensversicherungen aus!

Wenn Didis zweiter Ehemann, ein Kaufmann namens Heinrich Seeger, die Prämien für die von ihm, Karl Hopf, weiland abgeschlossene Versicherung brav weiterbezahlt hatte, war 1911, dem Todesjahr Didis, ein warmer Geldregen auf den Burschen heruntergeprasselt! Dann hatte der Kerl von ihm und seiner Idee am Ende noch profitiert! Das war wirklich zum Haareraufen!

Hopf wird geschnappt

Dass der Vertretungsarzt Dr. Krämer die Wally, also Hopfs Gattin Nummer drei, im Frühjahr 1913 wegen der von ihm diagnostizierten Vergiftungssymptome in ein Krankenhaus eingewiesen hatte, war schon blöd genug gewesen. Dass in dem Laden dann aber auch noch ein Mann arbeitete, der Didis Fall kannte, machte die Sache nicht gerade besser. Doch dem Ganzen die Krone aufgesetzt hatte dann Wallys Behauptung, dass er – der liebende Gatte – ihr nach dem Leben trachte. Diese Verkettung höchst unglücklicher Umstände führte schließlich dazu, dass Polizei und Staatsanwaltschaft neuerlich in Sachen Hopf aktiv wurden. Dieses Mal verliefen die Ermittlungen gegen den zu einem reichlich erfolglosen Fechtlehrer herabgesunkenen ehemaligen Degenkünstler aber nicht im Sande. Vielmehr brachten sie ihn auf die Anklagebank und am Ende aufs Schafott.

Als kurz nach der Einlieferung Wallys in das Diakonissen-Hospital die Handschellen um Hopfs Gelenke klickten, war er völlig überrascht. Er hatte einfach nicht damit gerechnet, dass man ihm auf die Schliche kommen würde, denn er war sich stets schlau und unbesiegbar vorgekommen. Umso schmerzlicher hatte ihn die Erkenntnis getroffen, dass er das nicht war. Das setzte ihm zu, und zwar so sehr, dass er schlagartig in sich zusammenbrach und jeglichen Widerstand aufgab. Aus dem stolzen und eleganten Hopf wurde binnen weniger Tage eine traurige, an Händen und Füßen gefesselte Figur in derber, um den Körper schlotternder Häftlingskleidung, die so erschöpft und ausgelaugt war, dass sie alles zugab, was die Polizei in Sachen Wally hören wollte, um nur endlich Ruhe zu haben!

Ja, verdammt, das stimmte. Ja, verdammt, er hatte sie nur deshalb geheiratet, um sie alsbald zu beerben. Ja, verdammt, er würde diese Aussage dem werten Herrn Polizisten auch schriftlich geben; aber dann bitte müsste es vorbei sein. Dann wollte er erst einmal seine Ruhe haben und sich ausschlafen. Er war nämlich total erschöpft von dem stundenlangen Verhör in diesem miefigen Büro und wollte endlich hier raus. Er konnte auch die Visagen der Kerle nicht mehr sehen, die ihn mit den ewig gleichen Fragen traktierten oder versuchten, ihm das Wort im Mund herumzudrehen. Das konnte keiner aushalten. Jedenfalls kein Karl Hopf. Nachdem er also entnervt zugegeben hatte, dass er der Wally nur zu gerne den Hals umgedreht hätte, drückte ihm der leitende Kriminalbeamte mit selbstzufriedener Miene ein Papier mit der Niederschrift seines Geständnisses in die Hand, reichte ihm einen Stift und freute sich wie ein Schneekönig, als Hopf unterzeichnete. Danach ließ er den Delinquenten in seine Zelle im Polizeipräsidium zurücktransportieren. Für heute war es genug; das fand außer Hopf auch der Kriminalbeamte.

Wally

Das erste, was Wally Hopf nach der Unterzeichnung des Geständnisses durch ihren Gatten tat, war, die Scheidung einzureichen. Nein, mit so einem schrecklichen Menschen wollte sie keine Sekunde länger als nötig verbunden sein. Als dann im Januar 1914 der Prozess gegen Karl Hopf vor dem

Wally Siewiec *Foto: Kriminalmuseum Frankfurt*

Frankfurter Schwurgericht begann, war Wally Siewiec schon nicht mehr seine Ehefrau.

Flott, flott, die Wally, dachte der Todeskandidat Hopf und orderte bei seinen Wärtern eine Portion Kaffee. Wenn er den „Fall Wally" nochmal in allen Einzelheiten rekapitulieren wollte, um sich vor Augen zu führen, was dafür verantwortlich zeichnete, dass ihm die schönen 80.000 Mark durch die Lappen gegangen waren, die die Lebensversicherung im Fall ihres Dahinscheidens berappt hätte, musste er hellwach sein. Der Kaffee würde ihm dabei helfen.

Wie hatte er die Frau eigentlich kennengelernt? Ach ja, über die Zeitung. Er hatte ein Inserat aufgegeben, das von ihrer in Glashütten im Taunus lebenden Schwester entdeckt worden war. Die sorgte sich ganz offensichtlich um die Zukunft ihres Schwesterleins. Hatte wohl Angst, dass die Gute keinen Mann mehr abbekäme. Aber dann war ihr Hopfs Anzeige ins Auge gefallen, und nach der Lektüre keimte in ihr die Hoffnung auf, dass es für die liebe Wally doch noch nicht zu spät sein würde. Auch für sie könnte sich vielleicht noch ein Mann erwärmen, und noch dazu einer, der in gesicherten Verhältnissen lebte, also das war, was man gemeinhin als wohlsituiert bezeichnete. Daraufhin trat Wallys Schwester in Aktion. Sie sorgte dafür, dass die beiden Heiratswilligen einander trafen. Wally verschwieg sie allerdings, woher sie Hopf kannte. Sie wollte nicht, dass die Schwester erfuhr, dass sie sogar die Zeitungen durchforstet hatte, um einen Mann für sie zu finden. Wally mit jemandem bekannt zu machen, den sie irgendwie und irgendwo kennengelernt hatte, hielt sie nicht für anstößig; aber sie mit einem im Prinzip Wildfremden zu verkuppeln, hatte schon ein „Geschmäckle" und war darüber hinaus nicht ganz ungefährlich. Man wusste ja nie, mit wem man es wirklich zu tun hatte. Möglicherweise wäre Wally nie zu einem Zusammentreffen mit Hopf bereit gewesen, wenn sie geahnt hätte, dass der flotte Fechtlehrer und ihre Schwester sich gar nicht kannten.

Wäre besser für sie gewesen, zu Hause zu bleiben und den Kuppelversuchen ihrer Schwester zu widerstehen, dachte Hopf. Hätte der guten Wally einen Haufen Probleme erspart; und mir vielleicht auch. Verdrossen griff er nach dem Becher, trank einen Schluck von dem dünnen Kaffee, den die Wärter ihm gebracht hatten, und zündete sich eine neue Zigarette an.

Anfangs, so überlegte Hopf weiter, war es noch recht gut gelaufen zwischen der Wally und ihm. Damit meinte er natürlich nicht ihre eheliche Beziehung, sondern die Bereitschaft seiner Frau, sich seinen Wünschen zu fügen. Er hatte die Sache, wie er fand, auch ziemlich geschickt aufgezogen. Bevor sie beide nach London gereist waren, um zu heiraten, hatte er ihr sein Testament gezeigt. Darin war festgehalten, dass sie im Falle seines Ablebens sein – angeblich nicht unbeträchtliches – Vermögen erben sollte.

Von dieser Maßnahme war Wally natürlich beeindruckt gewesen. Sie freute sich, dass ihr zukünftiger Mann schon nach so kurzer Zeit der Bekanntschaft dermaßen in sie vernarrt war, dass er ihr alles, was er besaß, hinterlassen wollte, wenn er starb. Natürlich hoffte sie, dass das so schnell nicht geschah, denn sie wünschte sich nichts sehnlicher, als mit Hopf den Rest ihres Lebens zu verbringen. Hopf wünschte sich das auch, und er versprach, ihr bis ans Ende ihrer Tage – die er schon zu zählen begann – ein fürsorglicher Ehemann zu sein.

Tatsächlich gab er sich alle Mühe, gut für sie zu sorgen. Sie musste sich zu Hause um fast nichts kümmern. Hopf nahm ihr so gut wie alles ab, selbst die Einkäufe. Es schien, als trüge er sie auf Händen. Insofern fühlte sie sich wohl und geborgen und sah keinen Grund, ihrem Mann zu misstrauen. Zwar fand sie es zunächst ein bisschen eigenartig, dass sie keines ihrer Möbelstücke mit in die eheliche Wohnung bringen, sondern alles verkaufen sollte. Aber Hopfs Erklärung überzeugte sie, am Ende doch das zu tun, was er wollte. Seine Wohnung sei perfekt eingerichtet, meinte er. Wally werde sich dort pudelwohl fühlen. Wozu die heimische Gemütlichkeit durch lästige Umräumarbeiten stören?

Lohnt sich für dich nicht mehr, mein Mädchen, dachte Hopf. Die paar Monate, die dir noch bleiben, kannst du auch mit meinen Möbeln verbringen. Ich werde doch meine kostbare Zeit nicht damit verbringen, deinen Plunder jetzt ein- und demnächst wieder auszuräumen. In dem Moment, Süße, da du deine Unterschrift unter den Lebensversicherungsvertrag setzt, ist dein Schicksal besiegelt. Aber ich sorge dafür, dass du das nicht bemerkst. Ich lulle dich ein, bis du deinen letzten Schnaufer tust und deine Augen schließt. Vertrau mir, Mädchen, diese Situation wird bald eintreten. Angst vor Alter und Gebrechlichkeit brauchst du nicht zu haben!

Und wirklich, ihm war gelungen, was er sich vorgenommen hatte. Die Wally war ihm nämlich tatsächlich auf den Leim gegangen. Sie vertraute ihm blind. Deshalb fand sie es auch nicht bedenklich, dass er eine Lebensversicherung auf Gegenseitigkeit abgeschlossen hatte. Wenn einem der beiden Partner etwas zustieß, sollte dem anderen die Versicherungssumme ausgezahlt werden. Wally fragte zwar, wieso Hopf nicht nur sein eigenes Leben versicherte, sondern auch das ihre – denn er verdiente ja im Gegensatz zu ihr genügend Geld, um im Fall ihres Ablebens nicht unversorgt dazustehen –, aber auch dies konnte der Ehemann leicht erklären. Der Abschluss einer Versicherung auf Gegenseitigkeit sei preislich günstiger gewesen, meinte er, deshalb habe er das Angebot angenommen.

Aber dann hatte die Frau plötzlich zu zicken begonnen. Hopf erinnerte sich, dass es mit der Unterschrift unter den Feuerbestattungsschein losgegangen war. Wieso sie eine solche Verfügung unterschreiben solle, hatte sie wissen wollen.

Mein Gott, Mädchen, dachte Hopf damals, stell dich doch nicht so an. Ich möchte doch bloß sicherstellen, dass nach deinem Ableben niemand mehr herausfinden kann, woran du zugrunde gegangen bist. Nach der Sache mit der Josefa und der Didi hat es ja ein paar Leute gegeben, die mir am Zeug flicken wollten. Ich hoffe nicht, dass so etwas nach deinem Tod auch geschieht, aber sicher sein kann ich nicht. Deshalb ist es mir lieber, ich sorge für die Verbrennung deines Körpers, denn mit deinem Fleisch gehen auch sämtliche Spuren in Rauch auf, die darauf hinweisen, dass du umgebracht worden bist.

Laut sagte er, dass es doch nichts Schlimmes sei, verbrannt zu werden. Seine Mutter habe man auch kremiert, und er selbst strebe ebenfalls eine Feuerbestattung an. Da sei es doch nur folgerichtig, wenn auch sie als Ehefrau die gleiche Bestattungsart wähle. Er wolle einfach nur für Einheitlichkeit sorgen. Aber mit diesem Ansinnen hatte er bei Wally auf Granit gebissen. In diesem Fall ließ sie sich nicht erweichen und von keinem noch so klugen Argument überzeugen. Es möge ja sein, dass das Verbranntwerden in seiner Familie Usus sei, in der ihren hingegen nicht. Deshalb lehnte sie Karls Wunsch ab und weigerte sich, jemals wieder darüber zu reden.

Hopf hatte sich damals mächtig geärgert. Doch alles Ärgern half nichts: Diesbezüglich musste er klein beigeben.

Das nächste Mal pampig geworden war Wally Ende Juni 1912. Als sie von einem Besuch bei ihrer Schwester in Glashütten nach Hause zurückkehrte, stellte sie fest, dass Karl die Zeit ihrer Abwesenheit offensichtlich dazu genutzt hatte, sich mit fremden Frauen zu amüsieren. Jedenfalls standen benutzte Gläser herum, und außerdem entdeckte sie Teile einer Rute, also eines von Hopf favorisierten Sex-Spielzeugs, sowie ein rotseidenes Band, das sie nicht kannte, und das auch nicht aus ihrem Besitz stammte.

Ja, das war wirklich dusselig gewesen, sinnierte Hopf. Er hätte darauf achten müssen, dass alles aufgeräumt war, als Wally zurückkam. Den Ärger hätte er wirklich vermeiden können. Aber sie auch! Mit welchem Recht hatte sie sich ein paar Tage später – er war gerade nicht zu Hause – daran gemacht, seinen Schreibtisch zu öffnen?! Sie wusste ganz genau, dass er nicht wollte, dass sie sich an diesem Möbelstück zu schaffen machte. Hier lagerten seine privaten Korrespondenzen und alle wichtigen Papiere. Nichts davon war für die neugierigen Augen einer Ehefrau bestimmt! Aber Wally hatte die Finger nicht bei sich behalten können. Glaubte wohl, dort die Anschrift der Gespielin zu finden, die ihm die Zeit während ihrer Abwesenheit versüßt hatte. Ach je, Wally-Mädchen, als ob es bloß eine gewesen wäre! Du hattest ja keine Ahnung! Naja, aber gefunden hast du blöderweise doch einiges; zwar nicht unbedingt die Adresse einer heimlichen Freundin, dafür aber Dinge aus meiner Vergangenheit, die dich einen feuchten Kehricht angingen!

Tatsächlich stieß Wally auf einen Umschlag, indem sich Unterlagen befanden, die bewiesen, dass Hopf bereits zweimal verheiratet gewesen war. Ihr gegenüber hatte er behauptet, dass die Hochzeit mit ihr erst seine zweite Ehe darstellte. Das war ja wohl unglaublich. Doch wenn sie gemeint hatte, dass sie jetzt schon über das Schlimmste informiert war, sollte sie in den folgenden Minuten eines Besseren belehrt werden. Außer den Hinweisen auf die zwei Ehen, die Hopf geführt hatte, entdeckte sie obszöne Bilder, haufenweise Liebesbriefe und Schreiben, aus denen hervorging, dass es mit den Finanzen ihres Ehemanns seit geraumer Zeit nicht mehr zum Besten stand.

Als Hopf in der Nacht nach Hause kam, hätte sie sich am liebsten auf ihn gestürzt und ihn sofort zur Rede gestellt. Am Ende entschied sie dann aber, doch lieber bis zum Morgen zu warten. Es hatte keinen Sinn, mehr oder weniger übermüdet miteinander zu diskutieren und zu streiten. Da kam nichts bei heraus. Also geduldete sie sich, bis sie morgens gemeinsam am Frühstückstisch saßen. Dann aber startete sie ein gnadenloses Verhör.

Hopf erinnerte sich nur zu gut an den Ausbruch, den Wally gehabt hatte. Das Gezeter und Gekeife war schließlich in ein hysterisches Heulen übergegangen. Tränenüberströmt hatte sie ihm eine Weile gegenüber gesessen, dann war sie aufgesprungen, um sich nebenan ein Taschentuch zu besorgen. Er hatte gehofft, dass sie durch das Hin- und Herlaufen ein bisschen abgelenkt wurde und sich wieder beruhigte, aber mit dieser Einschätzung lag er völlig falsch. Nachdem Wally wieder am Tisch Platz genommen hatte, griff sie nach der mit Tee gefüllten Tasse, trank einen Schluck und verlor dann restlos die Contenance. Er sah, wie sich ihr Mund zu einer Fratze verzerrte, ihre Hände steif wurden und ihre Beine den Dienst versagten. Er habe ihr etwas in den Tee getan, während sie nebenan gewesen sei, presste sie hervor.

Was für ein dummes Huhn! Natürlich hätte er gute Lust gehabt, ihr irgendwas einzuflößen, damit dieses widerliche Geheule und Gekreische aufhörte, aber er war doch nicht so dumm, das direkt nach oder während eines Streits zu tun. Selbst der dämlichste Polizist würde mit Hilfe der Nachbarn herausfinden, dass es zwischen den Eheleuten Streit gegeben hatte und überlegen, ob eine plötzliche Vergiftung der Ehefrau nicht damit zusammenhängen könnte. Und schon hätte er den schönsten Ärger am Hals. Nein, nein, darauf war er nun wirklich nicht scharf. Aber ihm wurde klar, dass er nicht mehr allzu lange warten durfte. Wally musste weg, ehe sie ihn mit ihrem Gerede von Vergiftung in echte Bedrängnis bringen konnte. Naja, und davon abgesehen hatte er sowieso keine Lust mehr, die teure Versicherungsprämie, die sich jährlich auf immerhin 4.170 Mark belief und demnächst wieder fällig wurde, noch lange weiter zu bezahlen. Wally, dachte er bei sich, deine letzten Tage brechen an. Genieß jetzt mal den Cognac, den ich dir auf deinen Wunsch hin bringe, denn allzu oft wirst du keine Gelegenheit mehr haben, dieses feine Getränk zu dir zu nehmen.

Danach schleppte er Wally ins Schlafzimmer, damit sie den vom ihm als Nervenschock diagnostizierten hysterischen Anfall samt der Lähmungserscheinungen im Bett auskurieren konnte.

Wally glaubte übrigens keine Sekunde daran, dass ihr erbärmlicher Zustand an diesem Juli-Tag ein Ausfluss nervlicher Überbelastung gewesen war. Sie zeigte sich fest davon überzeugt, dass Hopf ihr irgendwas in den Tee getan hatte, um sie zu vergiften. Genügend Zeug stand ihm dafür ja zur Verfügung. Sie wusste zwar nicht im Detail, was ihr Mann in seinem Laboratorium hortete, aber dass dazu auch Gift gehörte, war ihr durchaus bekannt. Deshalb füllte sie den Tee, den sie an diesem Morgen getrunken hatte, in ein Fläschchen um und übergab es einem Chemiker zur Untersuchung. Der stellte fest, dass es sich bei der Flüssigkeit tatsächlich um reinen Tee handelte. Spuren irgendwelcher Gifte waren nicht nachzuweisen.

Als sei ich ein Tölpel, dachte Hopf, der natürlich in der Zwischenzeit nicht untätig geblieben war. In seinem Laboratorium hatte er sich eifrig mit seinen Bakterienkulturen beschäftigt. Vor allem der Typhuserreger interessierte ihn sehr. Zu seinem Verdruss musste er jedoch feststellen, dass diese Bakterien nicht die von ihm gewünschte Virulenz aufwiesen. Das bedeutete, dass sie nicht in der Lage waren, einen Organismus in dem von Hopf erwarteten Maß zu infizieren, also krank werden zu lassen. Was für eine ärgerliche Situation! Hopf wandte sich daraufhin am 25. Juli 1912 entrüstet an seinen Lieferanten, das Kral'sche Institut in Wien, und orderte zwei neue, virulentere Typhuskulturen.

Cholera, Typhus und Arsen

Eine knappe Woche später, nämlich am 31. Juli 1912, probierte er die Wirkung seiner inzwischen frisch gelieferten Typhusbakterien dann am lebenden Objekt aus. An diesem Tag mischte er die Erreger unter eine Portion Hackfleisch, die hernach von seiner Frau und drei Bediensteten des Hauses verspeist wurde.

Mit kindlicher Freude wartete er auf den Tag, an dem die Bakterien Wirkung zeigen würden. Hoffentlich funktioniert es, dachte er. Bitte, lass sie alle krank werden, und allen voran die Wally! Und tatsächlich. Eine gute Woche nach der Verabreichung der Bakterien fühlten sich die vier Damen elend. Hopf hätte am liebsten in die Hände geklatscht, als Wally die ersten typischen Typhus-Symptome zeigte, nämlich Abgeschlagenheit, Kopf- und Gliederschmerzen sowie einen zackenförmigen Anstieg der Körpertemperatur, sprich Fieberschübe, die dafür sorgten, dass es ihr abwechselnd heiß und kalt wurde, sie also unter Hitzewallungen und Schüttelfrost litt. Voller Glück maß er in regelmäßigen Abständen ihre Temperatur und legte eine Fieberkurve an, um den Verlauf der Krankheit optimal verfolgen und seine mörderische „Therapie“ danach ausrichten zu können. Zunächst verlief alles so, wie Hopf sich das erhofft hatte. Wally litt unter anhaltend hoher Temperatur, fühlte sich schrecklich schlecht und litt darüber hinaus unter geschwollenen Gliedern. Kurz und gut: Es war ein elender Zustand, in dem sie sich befand. Immer wieder drängte sie darauf, ins Krankenhaus eingeliefert zu werden, doch Hopf winkte ab. Das kriegen wir schon wieder hin, versicherte er ihr, und da Wally alleine viel zu schwach und zu kraftlos war, um sich gegen die Anordnungen ihres Mannes zur Wehr zu setzen, blieb ihr nichts anderes übrig, als sich in ihr Schicksal zu fügen und zu Hause im Bett zu bleiben.

Nach einer Weile ging es ihr dann auch tatsächlich besser. Hopf hatte offensichtlich recht behalten. Es war ihm anscheinend gelungen, die Erkrankung auch ohne professionelle medizinische Hilfe in den Griff zu bekommen. Während Wally ihm für seine Mühen und seine wochenlange Fürsorge dankte, die er ihr hatte angedeihen lassen, ärgerte Hopf selbst sich grün und blau. Wieso waren keine Darmblutungen aufgetreten, wieso kein Darmdurchbruch, keine Lungenentzündung und kein Leberversagen, das doch so oft in der dritten Phase der Krankheit die Patienten dahinraffte? Woran hatte es gelegen? Waren die Kulturen mal wieder zu schwach, oder verfügte Wally über das, was man gemeinhin als Pferdekonstitution bezeichnete? Was auch immer daran schuld sein mochte, dass diese Frau noch lebte: Das musste ein Ende haben! Und wenn es mit den Typhusbakterien nicht zu erreichen war, dann eben mit den Cholera-Erregern! Aber auch die erwiesen sich als nicht virulent genug, um Wally endgültig den Garaus zu machen. Die Gute bekam zwar grässlichen Durchfall und musste sich dauernd erbrechen, aber sie starb nicht, verflucht nochmal!

Zornbebend schrieb er deshalb an seinen Lieferanten: „Selbst bei Menschen wirkte die letzte und vorletzte Kultur nicht!“ Man möge ihm nun endlich frische Cholera-Kulturen liefern! Eigentlich hätten nach diesem Schreiben in Wien alle Alarmglocken klingeln müssen, doch nichts geschah. Später behaupteten die Mitarbeiter des Instituts, man habe nicht „Menschen“ gelesen, sondern „Meerschweinchen“; ein Missverständnis also. Andernfalls hätte man doch keinesfalls weiterhin an Hopf geliefert!

Der suchte noch immer nach einem Weg, um Wally zu vergiften. Typhus und Cholera hatte sie überlebt; na schön, aber gegen alle Gifte konnte sich ihr inzwischen doch massiv geschwächter Körper wohl kaum zur Wehr setzen. Irgendwas musste toxisch genug sein, um sie ins Jenseits zu befördern. Nun, dachte er sich, wie wäre es denn eigentlich mit Arsen? Mit dem Zeug hatte er doch in der Vergangenheit recht gute Erfahrungen gemacht. Gewiss, damals war er mit Ruhe und Zeit an die Sache herangegangen. Er wollte bei seinen Opfern weiland keinesfalls eine akute Arsenvergiftung hervorrufen, sondern eine chronische, die schleichend zum Tode führte. Das war besser, weil die Ärzteschaft in diesem Fall Schwierigkeiten hatte, eine direkte Verbindung zwischen einer genossenen Speise oder einem Getränk und den Krankheitssymptomen herzustellen. Man würde kaum auf die Idee kommen, Lebensmittel auf Gift untersuchen zu lassen, wenn kein Hinweis auf eine akute Intoxikation vorlag.

In Bezug auf Wally aber wollte und musste er anders vorgehen als in der Vergangenheit, denn seine finanzielle Situation spitzte sich dramatisch zu. Zeit für eine schleichende Vergiftung stand folglich nicht mehr zur Verfügung. Da aber die liebe Wally schon die ganze Zeit kränkelnd gewesen war, würden die Ärzte – jedenfalls nicht die, die er üblicherweise konsultierte – garantiert keinen Verdacht schöpfen, wenn sich ihr Zustand mal wieder verschlechterte. Wichtig war nur, dass keiner auf die Idee kam, die gute Frau ins Krankenhaus einzuweisen, denn dort könnten die Medizinmänner womöglich misstrauisch werden und ihn dank ihrer raffinierten neuen Analyseverfahren als Giftmischer überführen.

Hopf erinnerte sich, wie er nach einigem Grübeln auf eine wirklich schlaue Idee gekommen war. Um Wally unbemerkt eine richtig ordentliche Portion Arsen verpassen zu können, bot es sich an, eine Fowler'sche Lösung herzustellen, die – wie ihm aus eigener Erfahrung bestens bekannt war – fiebersenkend wirkte. Und da die arme Wally ja immer so schlimme Fieberschübe hatte, konnte es doch wohl nicht schaden, wenn er, der heilkundige Hopf, versuchte, ihrem schweren Leiden mit diesem bewährten Mittel zu Leibe zu rücken?! Man musste schließlich alles versuchen, damit die Gute wieder zu Kräften und auf die Beine kam!

Ja, das war der Gedanke schlechthin! Er würde sofort in sein Laboratorium im Erdgeschoß eilen, das Kaliumarsenit – ein unscheinbares weißes Pülverchen – hervorholen und es mit einem ordentlichen Schuss Lavendelwasser vermischen. Lavendel übertünchte nicht nur den widerlich-bitteren Geschmack des Kaliumarsenits, sondern galt darüber hinaus selbst als Heilmittel, das bei Unruhezuständen, nervösen Magen- und Darmbeschwerden sowie niedrigem Blutdruck eingesetzt wurde.

Na bitte, das passte doch perfekt! Wally hatte Fieber, litt unter Erbrechen und Durchfall; und wer so schwer krank war, und vor allem noch so lange, dessen Blutdruck befand sich naturgemäß im tiefsten Keller. Da konnte eine Portion Lavendelwasser, eingerührt in prickelnden, den Kreislauf anregenden Sekt, nur hilfreich sein! Und wenn das Lavendelwasser noch eine Prise des Fiebersenkers Kaliumarsenit enthielt, musste die Wally doch ganz schnell wieder gesund werden!

Es sei denn, Hopf hätte aus Versehen – was ja vorkommen konnte – ein ganz kleines bisschen zu viel Kaliumarsenit erwischt. Ach, das wäre natürlich schrecklich! Die arme Frau bekäme dann kurz nach dem Genuss des mit den Fowler'schen Tropfen versetzten Sekts Bauchkrämpfe; außerdem würde ihr übel, sie müsste sich wahrscheinlich erbrechen und litte unter heftigem Durchfall. Gegebenenfalls – also, wenn es nach Hopfs Vorstellungen richtig gut liefe – bekäme sie eine Atemlähmung und stürbe. Tja, dumm gelaufen, für die Wally. Sollte dann jemand auf die Idee kommen, ihren Leichnam näher zu untersuchen und dabei auf Arsenrückstände stoßen, war das insofern nicht tragisch, als sie ja tatsächlich Arsen zu sich genommen hatte, und zwar freiwillig und in Form eines anerkannten Heilmittels.

An einem Tag Mitte Februar 1913 drückte Hopf seiner Frau dann ein Glas Sekt in die Hand. Es roch und schmeckte seltsam, fand Wally. Irgendwie parfümiert; nach Lavendel. Trotzdem trank sie den Sekt aus. Eine Viertelstunde später wurde ihr schrecklich schlecht. Sie musste sich übergeben, hatte Durchfälle und das Gefühl, als werde sie blind. Auch Herzbeschwerden stellten sich ein; aber leider nicht der Tod. Daraufhin startete Hopf am 23. Februar 1913 einen neuen Versuch. Wally, die sich inzwischen wieder etwas besser fühlte, nahm etwas Schlagsahne zu sich, woraufhin es ihr erneut schrecklich schlecht ging. Ähnlich verhielt es sich am 15. März 1913. Damals behauptete er, ihr vom Arzt verschriebene Tropfen gegen ihre fast schon chronische Übelkeit verabreichen zu wollen. In Wirklichkeit gab er ihr Digitalis, in der Hoffnung, dass sie einen Herzanfall bekomme und versterbe. Zu Wallys großem Glück überlebte sie aber auch diesen Anschlag; und zu Karl Hopfs Pech tauchte, statt des bewährten Dr. Rosenbaum, der ob des schlechten Zustands der Frau Hopf eigentlich herbeitelefoniert worden war, sein Vertreter Dr. Krämer auf. Im Gegensatz zum Ehemann hielt der die Frau keineswegs für hysterisch, sondern für schwer krank; und damit hatte er recht.

Nachdem Wally ins Krankenhaus eingeliefert worden war, sah Hopf seine Chancen, die Lebensversicherung für seine Frau zu kassieren, zwar schwinden, aber völlig hoffnungslos war die Sache noch nicht. Er beschloss, den mitleidenden und fürsorglichen Ehemann zu geben. Zweimal täglich kam er sie besuchen und brachte ihr Geschenke mit, zum Beispiel Blumen, die er zuvor mit den feinsten ihm zur Verfügung stehenden Bakterien besprüht hatte. Immer schön die Nase hineinhalten, liebste Wally, und tief einatmen, hatte er ihr zugeflüstert und insgeheim gedacht: Irgendwann musst du doch abkratzen; du kannst doch nicht das ewige Leben haben!

Nein, hatte sie auch nicht, dafür besaß sie aber anscheinend die sieben Leben, die man gemeinhin einer Katze nachsagte. Eines musste Karl Hopf „seiner“ Wally im Nachhinein zugestehen: Ihr Körper hatte anscheinend besser funktioniert als sein Verstand und seine toxikologische Handwerkskunst. Ihr Organismus – kombiniert mit ihrem Überlebenswillen – hatte allen raffinierten Schachzügen, die von ihm im Laufe ihrer Ehe entwickelt worden waren, erfolgreich Paroli geboten. Leider, so stellte er fest, als er die allerletzte Zigarette seines Lebens entzündete, war er nicht annähernd so listig und kunstfertig gewesen, wie er sich das immer eingebildet hatte.

Gleiches konnte man aber auch von den Herren von der Justiz sagen, denn denen und ihren Helfershelfern von der Polizei war es schließlich nicht gelungen, seine sämtlichen Schandtaten aufzudecken. Sie ahnten zwar, was er so alles auf dem Kerbholz hatte, doch zu beweisen vermochten sie es nicht, außer der Sache mit der Josefa. Als sie ihn vor Gericht mit der Geschichte von der Wally stundenlang wie verrückt traktiert hatten – wie weiland schon dieser grässliche Kriminalbeamte, dem gegenüber er ja dann auch geständig gewesen war –, fühlte er sich müde und erschöpft und ausgelaugt und wollte eigentlich bloß noch seine Ruhe. Und diese schwache Stunde verstand der fiese Richter auszunutzen. Ganz überraschend überfiel er den müden Angeklagten mit der Frage, ob er denn weiterhin leugnen wolle, seine erste Ehefrau mit Arsen umgebracht zu haben; die rechtsmedizinischen Gutachter hätten doch genügend Beweise dafür gefunden. Naja, und da ihm, Hopf, in diesem Moment alles irgendwie egal gewesen war, hatte er einfach „nein“ gesagt. Nein, er wolle nicht bestreiten, die Josefa mit Arsen um die Ecke gebracht zu haben. Mit anderen Worten: Ja, ich war’s.

Und damit hatte er, verflucht noch mal, sein Todesurteil unterzeichnet. So ein Mist, dachte er, ein verdammt hoher Preis für einen Moment der Schwachheit! Wäre er standhaft geblieben und hätte geleugnet, dann müsste er in den nächsten Minuten nicht in Richtung Schafott wandern, denn auf versuchten Mord, wie er ihn in Zusammenhang mit der Wally gestanden hatte, stand „bloß“ Zuchthaus und damit das Leben.

Mit einer Mischung aus Kopfschütteln über die eigene Schwachheit und Stolz auf die Verbrechen, die ihm nicht nachgewiesen werden konnten, rauchte er seine Zigarette fertig.

Hopfs Ende

Kaum, dass er die Kippe ausgedrückt hatte, kamen sie, um ihn zu holen. Es war Zeit für den Henker. Der verstand übrigens sein Handwerk. Für 7.00 Uhr war die Hinrichtung avisiert; um 7.04 Uhr erklärte man Hopf für tot. Hopf verlor seinen Kopf folglich ohne Zwischenfall. Die Kunde von der Meisterleistung des Henkers machte in der Region schnell die Runde, nicht zuletzt dank des folgenden Aushangs:

„Bekanntmachung.
Der Kaufmann und Fechtlehrer Karl Hopf, geboren am 26. März 1863 in Frankfurt a/Main, ist durch rechtskräftiges Urteil des Schwurgerichts zu Frankfurt a/Main am 17. Januar 1914 wegen Mordes, begangen zu Niederhöchstadt i/Taunus an seiner ersten Ehefrau Josefa geb. Henel, zum Tode verurteilt worden.
Das Urteil ist heute früh im Hofe des Königlichen Strafgefängnisses Frankfurt a/Main-Preungesheim durch Enthauptung des Hopf vollstreckt worden.
Frankfurt a/Main, den 23. März 1914.
der Erste Staatsanwalt.
von Reden
Geheimer Justizrat.“

Mit dieser, auf rotes Glanzpapier gedruckten Nachricht wurden unmittelbar nach der Hinrichtung die Bürger Frankfurts und Niederhöchstadts über das Ableben Hopfs informiert. Die Trauer über sein Hinscheiden dürfte sich in Grenzen gehalten haben, denn das, was er getan hatte, war ganz und gar ungeheuerlich!

Erwartungsgemäß weinte auch Hopfs Ehefrau Wally, die inzwischen in Dresden lebte, dem Toten keine Träne nach. Es war demnach nicht verwunderlich, dass sie sich nicht bereit zeigte, seinen Leichnam auf ihre Kosten bestatten zu lassen. Sollte ausgerechnet sie diesem hinterhältigen Menschen, der nichts lieber gesehen hätte, als sie auf dem Friedhof, ein Grab kaufen, dieses liebevoll bepflanzen und auch noch mit einem schön geschliffenen Grabstein krönen? Nein, das war wirklich das Letzte, wonach ihr der Sinn stand! Und da es auch niemand anderen gab, der bereit war, Hopfs letzte Ruhestätte zu finanzieren, wurde der Tote kurzerhand nach Marburg überführt und den Vertretern der dortigen Universität übergeben.

Indem angehende Ärzte jede Faser seines Körpers sezieren, präparieren und somit gründlich studieren konnten, trug Hopf dazu bei, den medizinischen Fortschritt zu befördern, also Krankheiten möglichst frühzeitig zu erkennen und zu bekämpfen. Seiner persönlichen Intention, nämlich Menschen erst krank zu machen, um sie dann unauffällig ums Leben zu bringen, stand diese neue Funktion zwar diametral entgegen, doch konnte er sich ob dieses Widerspruchs nicht einmal im sprichwörtlichen Sinne im Grabe umdrehen: Er besaß ja keins. Und wenn die Universität ihm nach einigen Jahren, die sein Körper im Dienst der Wissenschaft stand, nicht doch noch eine – wenn auch bescheidene – anonyme Ruhestätte spendiert hat, dann befinden sich die sterblichen Überreste des Mörders Karl Hopf womöglich noch heute in Marburgs wissenschaftlicher Sammlung.

Kapitel 4:

Der Mordfall Hermann Schäfer Die Entdeckung der Leiche

Bericht des Streckenläufers Arthur Prassler, 39 Jahre alt, geboren in Oberlibbach, wohnhaft in Frankfurt am Main (Protokoll vom 17. Juli 1933):

„Ich heiße Arthur Prassler und arbeite als Streckenläufer bei der Frankfurter Bahnmeisterei VIII/Luisa. Zu meinen Aufgaben gehört es, die Gleise, das Gleisbett und die Schienen zu kontrollieren, die in den Zuständigkeitsbereich der Bahnmeisterei VIII fallen. Nur wenn alles in Ordnung ist, dürfen die Züge die Strecke passieren. Ist etwas kaputt, muss ich das gleich melden. Es könnte ja etwas Gefährliches sein; etwas, das den Zug zum Entgleisen bringt. Das wäre natürlich eine Katastrophe. Deshalb muss ich immer gut Acht geben; auch auf die Signalbeleuchtung. Für die bin ich nämlich ebenfalls verantwortlich. Morgens, wenn es hell wird, mache ich sie aus, und abends, wenn es dunkel wird, mache ich sie an.

Am Montag, dem 17. Juli 1933, also heute, war ich zur Frühschicht eingeteilt. Ich sollte die Strecke der Main-Neckar-Bahn überprüfen, und zwar im Bereich zwischen Neu-Isenburg und dem Bahnhof Luisa. Das sind so in etwa dreieinhalb Kilometer.

Gegen zwanzig nach sieben kam ich in die Nähe der Isenburger Schneisenbrücke. Die liegt ungefähr zwei Kilometer von Neu-Isenburg entfernt. Bis dahin war alles prima gewesen. Ich hatte nichts gefunden, was beanstandet werden musste. Und dann entdeckte ich bei Bahnkilometer 5,1 – fast genau gegenüber dem Markierungsstein – eine lederne Aktentasche mit aufgeklapptem Deckel. Ich war ziemlich neugierig, was wohl drin sein mochte. Aber dann fiel mir auf, dass die Signalbeleuchtung im nahegelegenen Lampenkasten noch brannte, und ich beschloss, erst meiner Pflicht Genüge zu tun und dann einen Blick in die Tasche zu werfen.

Ich ging also auf den Lampenkasten zu, der ein kleines Stückchen hinter der Brücke steht. Ehe ich den Brückenbogen passierte, bemerkte ich noch die Zahnbürste. Die lag im Gestrüpp an der Böschung. Ich dachte mir noch, na, wer wirft denn eine Zahnbürste von der Brücke oder aus einem Zugfenster, und ging dann kopfschüttelnd weiter.

Ein paar Meter weiter – ich hatte inzwischen die andere Seite der Brücke erreicht – traf mich dann schier der Schlag.

Im Entwässerungsgraben neben den Gleisen lag die Leiche Hermann Schäfers *Foto: Hans-Peter Zibell*

Da lag nämlich einer! Ein Mann! Ich bin sofort auf ihn zugerannt, weil ich nachschauen wollte, ob der vielleicht noch lebt. Aber der war tot; nichts mehr zu machen. Mit Toten kenne ich mich aus. Im Krieg habe ich genügend Tote gesehen. Kein schöner Anblick. Wirklich nicht.

Wenigstens war der Tote, der da im Entwässerungsgraben zwischen dem Gleiskörper und der Böschung lag, nicht verstümmelt. Damit meine ich, dass an dem noch alle Gliedmaßen dran waren. Im Krieg war das ja oftmals nicht mehr der Fall. Da lag hier eine Hand, dort ein Fuß, ein paar Meter weiter der Kopf und in der Mitte ein zerfetzter Torso. Schrecklich. Und überall dieser Matsch, die vielen Ratten und der ewige Gestank. Nach Tod, Verwesung und ungewaschenen Männern. Das ist es, was ich an der Westfront erlebt habe. Keine schöne Zeit. Kein schöner Ort. Nicht zum Leben und nicht zum Sterben.

Aber was rede ich da. Ich wollte doch von dem toten Mann von vorhin erzählen. Also, der lag im Entwässerungsgraben, den Kopf in Richtung Frankfurt, die Füße in Richtung Neu-Isenburg. Der Tote war vollständig angezogen. Er trug ein dunkles Jackett und darunter ein weißes Hemd, das ihm allerdings bis zum Bauchnabel hochgerutscht war. Um den Hals trug er eine Fliege und am Handgelenk eine rechteckige Herrenuhr. Die Beine – das linke war angewinkelt, das rechte ausgestreckt – steckten in ordentlichen langen Hosen. Der Mann sah gepflegt aus. Das war kein Landstreicher oder sowas. Deshalb dachte ich im ersten Moment auch, dass der vielleicht aus dem fahrenden Zug gestürzt ist. Das kommt immer mal wieder vor. Die Leute verwechseln die Türen, und dann reißt sie der Sog plötzlich nach draußen, und schon liegen sie auf den Gleisen!

Aber der war eindeutig nicht verunglückt. Und selbst umbringen hatte der sich auch nicht wollen. Ganz im Gegenteil: Der war von jemandem umgebracht worden! Erschossen hatten sie den! Überall war Blut. Das stammte nicht nur vom Sturz. Das habe ich gleich gesehen. Ich war ja lange genug im Krieg. Da hatte ich genügend Zeit, die verschiedensten Todesarten zu studieren. Einer, den ein Bajonett durchbohrt hat, sieht halt anders aus, als einer, der von Gewehr- oder Pistolenkugeln durchsiebt worden ist. Und der Mann, der da neben der Isenburger Schneisenbrücke lag, der hatte eindeutig als Kugelfang gedient. Im Kopf und im Bauch fanden sich mehrere Einschusslöcher.

Ich war natürlich entsetzt, habe alles stehen und liegen gelassen und bin wie die Feuerwehr zum nächsten Streckentelefon gerannt. Habe die Kollegen am Bahnhof Luisa angeläutet und ihnen gesagt, dass sie ganz schnell die Polizei rufen sollen, weil an der Isenburger Schneisenbrücke ein Toter liegt. Der Kollege hat dann wissen wollen, ob es sich um ein Unfallopfer oder einen Selbstmörder handelt. Mit sowas haben wir auch manchmal zu tun. Ich persönlich noch nicht, zum Glück, aber geben tut es das. Leute, die unglücklich sind, werfen sich vor den Zug. Da kann der Lokführer nichts mehr machen. Selbst wenn er eine Vollbremsung hinlegt, schafft er es nicht mehr rechtzeitig, zum Stehen zu kommen. Bis der Zug hält, ist der Betreffende tot. Meistens findet man bloß noch Überreste. Fleischklumpen eben, keinen vollständigen Menschen mehr. Das ist nicht schön, überhaupt nicht schön. Ich bin froh, dass mir das noch nicht passiert ist. Der Anblick würde mich bloß wieder an den Krieg erinnern. Die Bilder von damals – ich werde sie einfach nicht mehr los. Die tauchen immer wieder auf."

Auszug aus dem Polizeibericht, niedergeschrieben am 17. Juli 1933 von Polizeimeister Alfred Streck vom 6. Polizeirevier:

„Um 7.33 Uhr erfolgte die telefonische Benachrichtigung durch die Bahnmeisterei Luisa. Daraufhin rückte ich mit den Kollegen Barth, Mannheimer und Wiltgen in Richtung Isenburger Schneisenbrücke aus. Ungefähr zwanzig Minuten später trafen wir vor Ort ein. Zunächst stellten wir fest, dass die von dem Streckenläufer Prassler im Entwässerungsgraben der Main-Neckar-Bahn aufgefundene männliche Person tatsächlich tot war.

Sodann ermittelten wir die Identität des Toten. Wie wir anhand der Papiere und Dokumente, die die Person mit sich geführt hatte, feststellen konnten, handelte es sich um den am 24. September 1896 zu Frankfurt am Main geborenen und dort, in der Eschersheimer Landstraße 5, auch wohnhaften Diplom-Handelslehrer Karl Wilhelm – genannt Hermann – Schäfer. Der Mann war verheiratet und Vater zweier Söhne.

In den Taschen seiner Kleidungsstücke entdeckten wir, außer seiner mit Ausweisen und Familienfotografien versehenen Brieftasche, ein Portemonnaie, das 20 Reichsmark und 22 Pfennige enthielt. Des Weiteren fanden wir Gegenstände, die aus dem persönlichen Besitz des Opfers stammen. Es handelt sich dabei um Wäschestücke und Utensilien zur Körperpflege. Diese Dinge befanden sich in jener Ledertasche, die der Streckenläufer Prassler entdeckte, bevor er auf die Leiche stieß. Mit an Sicherheit grenzender Wahrscheinlichkeit war der Tote auch der Eigentümer der im Gebüsch aufgefundenen Zahnbürste. Es scheint, als sei sie aus der Tasche gefallen, als sich deren Deckel aus unbekanntem Grund öffnete.

Nach der Feststellung der Personalien begannen wir mit der Ermittlung der vorläufigen Todesursache. Der Leichnam wies mehrere Verletzungen auf, die als Schussverletzungen identifiziert wurden. Wir gingen daher davon aus, dass Schäfer weder das Opfer eines Unfalls geworden war, noch dass er versucht hatte, sich das Leben zu nehmen. Es war vielmehr anzunehmen, dass Fremdverschulden vorlag. Für diesbezügliche Ermittlungen ist die Schutzpolizei jedoch nicht zuständig. Deshalb haben wir gegen 8.30 Uhr die Mordkommission Frankfurt am Main verständigt."

Vermerk der Kriminalpolizei Frankfurt am Main bezüglich der Auswertung der Spuren auf der Isenburger Schneisenbrücke, erstellt am 17. Juli 1933:

„Um die Vermutung der Kollegen von der Schutzpolizei, dass es sich im Fall Schäfer um Mord handeln könnte, zu überprüfen, untersuchten speziell geschulte Beamte der Kriminalpolizei Frankfurt am Main den Bereich rund um die Isenburger Schneisenbrücke auf Fußspuren oder niedergetrampeltes Laubwerk. Da selbiges nicht entdeckt werden konnte, stand zu vermuten, dass Schäfer nicht auf diesem Weg in den Entwässerungsgraben neben dem Gleisbett gelangt war. Statt dessen wurden auf dem Kopfsteinpflaster der Isenburger Schneisenbrücke einschlägige Spuren entdeckt, die darauf schließen ließen, dass der Mann über das Brückengeländer gestürzt wurde.

Beweise: Etwa in Höhe des Fundorts der Leiche befanden sich deutlich erkennbare Blutspuren an dem eisernen Brückengeländer. Hier kam es offensichtlich zu einem Kontakt zwischen dem blutenden Mann und der Brüstung. Darüber hinaus ließen sich auf dem Pflaster, bestehend aus Katzenköpfen, weitere größere und kleinere Blutflecken ausmachen. Die Flecken waren im Bereich zwischen dem in Richtung Frankfurt (Niederrad) gelegenen Brückenkopf und der Brückenmitte massiert vertreten. Des Weiteren konnten Fußspuren gesichert werden. Diese entstanden zum Teil durch das Hineintreten in eine Blutlache. Das führte dazu, dass sich Blut an den Schuhsohlen festsetzte, welches dann bei den anschließenden Schritten an das Pflaster abgegeben wurde. Bei den Schuhen, die mit dem Blut in Berührung kamen, handelte es sich eindeutig um solche mit genagelten Sohlen. Üblich sind solche Sohlen bei Stiefeln, wie sie in militärischen Kreisen oder auch bei SA und SS getragen werden. (Handschriftliche Anmerkung: Diesen Satz nicht in die Reinschrift des Protokolls übernehmen! Namenszug unleserlich.)

Entdeckt wurden auf dem Pflaster im Übrigen blutige Schleifspuren. Dies lässt darauf schließen, dass das Opfer zumindest phasenweise nicht selbst gegangen, sondern über das Pflaster in Richtung Brückengeländer geschleift worden ist. Diejenigen, die den Mann schleppten oder zerrten, trugen die bereits erwähnten Nagelsohlen. Das Opfer selbst war nicht mit nagelbeschlagenem Schuhwerk bekleidet.

Wahrscheinlich war Schäfer bereits zu dem Zeitpunkt, da er die Brüstung erreichte, schwer verletzt. Die Lage der Blutspuren weist darauf hin, dass er bereits einige Meter vor der Brüstung, nämlich zwischen Brückenkopf und Brückenmitte, von Pistolenschüssen getroffen worden war. Andernfalls hätte sich das Blut vorwiegend im Bereich der Sturzstelle befunden. Bei den Schüssen, die auf den Mann abgegeben wurden, handelte es sich um solche, die aus einer Waffe mit dem Kaliber 7,65 Millimeter stammten. Entsprechende Patronenhülsen konnten sichergestellt werden. Da bei Schäfer keine Waffe entdeckt wurde, ist davon auszugehen, dass die Pistole, aus der die Schüsse abgegeben worden sind, aus dem Besitz des oder der Täter stammt.

Die Vielzahl der Fußabdrücke auf dem Pflaster der Isenburger Schneisenbrücke lässt allerdings den Schluss zu, dass es sich um mehrere Täter gehandelt hat. Wieviele davon jedoch auf Schäfer geschossen haben, lässt sich zum gegenwärtigen Zeitpunkt der Ermittlungen nicht sagen. Der Bericht des Obduzenten steht noch aus.

Unklar ist darüber hinaus auch, ob Schäfer von den Tätern über das Geländer gestoßen wurde, oder ob er aufgrund seiner Verletzungen den Halt verlor, über die Brüstung kippte und 10 ½ Meter in die Tiefe stürzte.

Schäfers Leiche lag etwa in Höhe der Kanaldeckel
Foto: Hans-Peter Zibell

Feststellung: Karl Wilhelm „Hermann" Schäfer wurde mutmaßlich Opfer eines Mordes. Raub als Motiv kann definitiv ausgeschlossen werden."

Zusammenfassung des Obduktionsberichts. Erstellt von Dr. Friedhelm König, Gerichtsmedizinisches Institut, Frankfurt am Main. Datum: 19. Juli 1933:

„Karl Wilhelm (Hermann) Schäfer, geboren am 24. September 1896 in Frankfurt am Main, wohnhaft ebenda, Eschersheimer Landstraße 5, wurde von insgesamt 5 Geschossen des Kalibers 7,65 Millimeter getroffen. Bei 3 Schüssen handelte es sich um sogenannte Weichteilschüsse, die nicht tödlich waren. 1 Schuss traf Schäfer in den Kopf, ein weiterer in den Bauch. Hieraus resultierten folgende Verletzungen: Durchbohrung des Herzens, der Hauptschlagader und des Rückenmarks. Darüber hinaus waren mehrere Schädelfrakturen nachweisbar. Die Schüsse in Kopf und Bauch hatten tödliche Verletzungen herbeigeführt. Unklar ist jedoch, ob Schäfer bereits vor dem Sturz von der Brücke tot war oder erst im Bereich des Bahnkörpers starb. Vermutete Todeszeit: Montag, 17. Juli 1933, 3 Uhr morgens."

Befragung des Zeugen Erwin Klein, 57 Jahre, invalide, wohnhaft in Frankfurt am Main. Datum: 18. Juli 1933:

„Jaja, ich war in der Nacht von Sonntag auf Montag, also vom 16. auf den 17. Juli 1933, in meiner Laube. Wieso wollen Sie das denn wissen? Ich hab doch nix Verbotenes gemacht. Nur in meiner Hütte übernachtet. Ich hab da nämlich so'n kleines Gärtchen. Ganz in der Nähe vom Stadtwald. Richtig idyllisch gelegen. Ich bin da gerne. Und ich bleib auch schon mal über Nacht, wenn ich ein paar Schoppen zu viel getrunken hab. Manchmal geh ich auch dahin, wenn mir meine Frau auf den Senkel geht. Die kann richtig nerven. Dann geht es den ganzen Tag so: Erwin, mach mal dies, und mach mal das, und ein bisschen flott, wenn ich bitten darf; und wenn ich es dann gemacht hab, ist es doch wieder falsch. Wie man's macht, ist es verkehrt. Na, und dann gibt's meist Gekreische. Wenn das los geht, sag ich Ihnen, dann pack ich meinen Krempel und hau ab in meine Laube. Da hab ich wenigstens meine Ruh.

Nee, gehört hab ich in der Nacht nix. Bis auf den Regen. Hab abends ein paar Bierchen gekippt und dann den Regentropfen zugehört, wie sie auf das Laubendach gefallen sind. Und darüber bin ich dann eingeschlafen. Das war so beruhigend, wissen Sie, und wenn man dann eh schon ein bisschen müde ist, dämmert man ganz schnell weg. Ich hab geschlafen wie'n Toter.

Ach, es hat in der Nacht einen echten Toten gegeben? Na, sagen Sie bloß! Ja, wo denn? Auf der Isenburger Schneisenbrücke? Ja, klar, die ist nicht weit weg von meiner Laube.

Aber ich hab trotzdem nix gehört. War auch ziemlich hinüber von dem Bier und dem Schnaps und so. Und vorher hatte ich noch einen Bembel Apfelwein in der Wirtschaft am Ziegelhüttenweg leer gemacht. Also, ich war ganz gut bedient.

Nee, arbeiten tu ich nicht mehr. Deshalb macht das auch nix, wenn ich ein bisschen später aufsteh. Kümmert keinen. Ja, ich hab früher bei der Bahn gearbeitet. Im Ausbesserungswerk, wissen Sie. Aber dann haben sie mich rausgeschmissen. Weil ich in der Partei war, und die Roten, die damals in Preußen die Macht hatten, denen passte das nicht. Bahnarbeiter und Nazi zugleich, das ging nicht. Also bin ich geflogen. Klar, als der Hitler dann an die Macht kam, wollten die mich wieder haben. Kein Wunder, ich war ja auch ein richtig guter Arbeiter. Hab immer gewühlt und gemacht und getan; aber man wird ja leider nicht jünger. Überall zwickt's und zwackt's. Ich hätt ja gern wieder geschafft, aber die Knochen machen nicht mehr mit. Tja, und jetzt bin ich halt invalide. Aufgerieben von der schweren Arbeit bei der Bahn und für die Partei. Das haben die Nazis kapiert. Die wissen, was ein deutscher Arbeiter wert ist, und wenn er krank wird, so wie ich, na, dann kriegt er die Rente, die er verdient hat. Ich bin total zufrieden. Der Hitler, das ist ein guter Mann. Der guckt nach seinen Leuten. Ohne solche Kerle wie mich wäre der ja auch nie an die Macht gekommen, deshalb ist das ganz in Ordnung, dass wir was von dem zurückkriegen.

Die Irmtrud? Wie kommt die denn dazu, sowas zu sagen?

Uff, also jetzt hören Sie mir mal ganz genau zu, junger Mann: Die Irmtrud, das ist ein Flittchen. Die macht's mit jedem und lügt, dass sich die Balken biegen. Wieso die das in diesem Fall machen sollte? Na, das ist doch logisch! Die will Kohle von mir! Erpressung ist das! Ich sollte die Nutte anzeigen! So eine Verleumderin!

Geld? Nee, viel Geld habe ich nicht. Nur meine Invalidenrente, naja, und das, was meine Frau verdient. Die geht putzen. Bei so einem reichen Fatzke. Ich könnte schwören, dass das ein Jud ist.

Wie? Weshalb mich die Irmtrud erpressen sollte, wenn ich gar kein Geld hab? Was, ich sage nicht die Wahrheit? Also, junger Freund, jetzt schlägt es aber dreizehn! Sowas muss ich mir von Ihnen nicht sagen lassen! Ich, als alter Sturmmann! Ich hab Deutschland … Hm? Die Irmtrud sagt, sie wär die ganze Nacht bei mir gewesen, und dann wären wir von Schüssen aufgewacht? Also, ich kann mich beim besten Willen nicht erinnern. Ach, und vor die Türe gegangen und geguckt hätt ich auch? Na, die fantasiert ja ganz schön was zusammen, die feine Dame! Aber der werd ich noch zeigen, was ’ne Harke ist!

Lügen? Aber ich lüge doch nicht! Was, Sie sperren mich ein, bis mir wieder einfällt, was ich am Sonntag und Montag gemacht hab? Na, hören Sie mal! Wie soll ich das meiner Frau erklären? Nee, lassen Sie mal, stecken Sie mal die Knastschlüssel wieder weg. Ich denk doch nochmal nach. Vielleicht fällt mir ja plötzlich ein, wie das mit der Nacht von Sonntag auf Montag so war.

Also, ich war nicht allein in der Laube in dieser Nacht. Ich hab schon seit Längerem was mit der Irmtrud laufen. Eine rattenscharfe Nummer, die Frau, ich sag’s Ihnen. Aber wenn meine Gattin das erfährt, dann gibt’s die Keule. Die versteht in dieser Hinsicht gar keinen Spaß. Ich war schon mal im Krankenhaus, weil sie mich mit der Pfanne durch die Wohnung gekloppt hat. Grün und blau war ich am ganzen Körper; sogar im Gesicht. Ich hab denen auf der Arbeit erzählt, ich wär die Treppe runtergefallen. Also, meine Frau hat gesagt, wenn sie mich nochmal mit der Irmtrud, der Schlampe, erwischt, sticht sie mich ab. Und ich sage Ihnen, das macht die. Die hat nämlich echt Temperament! Deshalb darf es auf gar keinen Fall herauskommen, dass ich die Nacht von Sonntag auf Montag mit der Irmtrud zusammen in der Laube war.

Also, wir haben erst ein bisschen was getrunken und uns dann ein wenig miteinander vergnügt. Irgendwann gegen Mitternacht sind wir dann eingeschlafen. Plötzlich knallt's. Nicht nur einmal, sondern mehrfach. Wie oft, das kann ich beim besten Willen nicht sagen, aber bestimmt drei oder vier Mal. Vielleicht auch mehr. Keine Ahnung. Ich war ja auch verpennt und etwas beduselt. Auf jeden Fall war mir sofort klar, das sind Schüsse! Die Irmtrud hat sich schier ins Hemd gemacht. Die dachte, meine Alte hat sich irgendwo 'nen Schießprügel besorgt und ist jetzt unterwegs, um uns den Garaus zu machen.

Ich sag noch, Mädchen, bleib mal ruhig. Das ist nicht die Olle. Die knallt nicht einfach irgendwo herum. Wenn schon, dann stürmt die die Laube und bläst uns direkt und kommentarlos die Birne vom Hals. Kurz und schmerzlos.

Aber die Irmtrud hat das irgendwie nicht glauben wollen. Jedenfalls ist sie mir so lange auf den Wecker gegangen, bis ich mir das Hemd übergezogen hab und draußen nachgucken gegangen bin. Ich hab aber nix gesehen. Nur einen Automotor gehört. Nee, weiter nachgeguckt hab ich nicht. Ich wollt ja bloß sicherstellen, dass uns die Knallerei nix angeht. Ich latsch doch nicht halbnackt durch die Nacht, zumal es sackrabendunkel war. Und geregnet hat es auch, jedenfalls etwas. Naja, und wohin, bitte schön, hätt ich denn gehen sollen? Ich wusst doch gar nicht, wo die Schüsse herkamen. Und als ich draußen stand, war ja auch schon wieder alles ruhig, wenn man von dem Automotor mal absieht.

Nee, Herr Kommissar, ich schwör Ihnen, das ist die Wahrheit. Echt. Ich hab' die Schüsse gehört, und am nächsten Tag hat mir der Ebi, dem die Äppelwoi-Wirtschaft da am Ziegelhüttenweg gehört, erzählt, dass sie an der Isenburger Schneisenbrücke einen umgebracht haben. Naja, und dann konnt ich mir an den fünf Fingern abzählen, wem die Schüsse in der Nacht gegolten hatten. Aber gesagt hab ich nix. Aus Angst vor meiner Frau. Ehrlich, die macht mich kalt. Deshalb muss das, was ich Ihnen eben erzählt hab, unbedingt unter uns bleiben."

Aussage des Schrankenwärters Ernst Förster, 39 Jahre alt, Dienstort: Posten 41, Königsbrunnenweg, Frankfurt am Main (17. Juli 1933):

„Ich bin Mitarbeiter der Reichbahnmeisterei VIIa und hatte in der Nacht vom 16. auf den 17. Juli 1933 Dienst am Posten 41, Königsbrunnenweg, Frankfurt am Main. In den frühen Morgenstunden des 17. Juli, es muss nach 2.00 Uhr gewesen sein, hörte ich plötzlich fünf Schüsse. Woher sie kamen, konnte ich nicht feststellen.

Wenige Minuten, nachdem die Schüsse gefallen waren, überquerte ein Auto den von mir zu sichernden Bahnübergang am Königsbrunnenweg. Der Personenwagen kam aus

Der frühere Bahnübergang am Königsbrunnenweg

Foto: Hans-Peter Zibell

dem für Kraftfahrzeuge normalerweise gesperrten Stadtwaldgebiet und fuhr in Richtung Sachsenhausen. Ich wunderte mich über den Vorfall und überlegte, ob es eine Verbindung zwischen den Insassen des Autos und den Schüssen gab.

Kurz darauf tauchte das stark verschmutzte Fahrzeug plötzlich erneut auf, kam dieses Mal aber aus der Richtung, in die ich es zuerst hatte fahren sehen, also aus der Richtung Sachsenhausen, und machte nun Anstalten, dahin zurückzufahren, woher es gekommen war, nämlich in den Stadtwald hinein. Daraufhin verfestigte sich bei mir die Überzeugung, dass die Leute, die in dem Wagen saßen, irgendetwas mit den Schüssen zu tun haben mussten.

Kurz bevor das Fahrzeug den Bahnübergang Königsbrunnenweg erreichte, ließ ich schnell die Schranke herunter. Ich wollte den Wagen und seine Insassen ein bisschen genauer unter die Lupe nehmen. Anscheinend hatte der Fahrer gemerkt, dass ich den Übergang ziemlich rasch gesperrt hatte und vermutete jetzt, dass das geschehen war, um ihn zu ärgern. Aus diesem Grund hupte er wütend und anhaltend, aber ich ließ mich nicht beirren. Infolgedessen blieb den Insassen des Fahrzeugs nichts anderes übrig, als zu warten, bis der nächste Zug den Übergang passiert hatte. Erst danach konnte das Auto seine Fahrt in Richtung Stadtwald fortsetzen.

Aufgrund der Tatsache, dass in jener Nacht relativ schlechtes Wetter herrschte – es war regnerisch und außerdem sehr dunkel –, konnte ich nicht erkennen, mit wievielen Personen der Wagen besetzt war. Es müssen aber mindestens zwei gewesen sein. Drei wären ebenfalls möglich. Genau vermag ich das nicht anzugeben, denn ich wollte auch nicht direkt in das Wageninnere spähen, um einen möglichen Konflikt mit den Insassen zu vermeiden. Aber es gelang mir, mir unbemerkt das Kennzeichen des Fahrzeugs zu notieren. Es

Ehemaliges Bahnwärterhaus Posten Nr. 6 Foto: Hans-Peter Zibell

lautete: VS 86 66. Um welches Fabrikat es sich bei dem Wagen handelte, vermag ich leider nicht anzugeben. Ich kann nur sagen, dass es eine dunkle Limousine war."

Aussage des Schrankenwärters Ludwig Klinger, 48 Jahre alt, wohnhaft Frankfurt am Main (19. Juli 1933):

„Ich habe in der Nacht vom 16. auf den 17. Juli 1933 im Bahnwärterhäuschen Nr. 6 nahe der Bürgerlichen Schießstände meinen Dienst versehen. Mitten in der Nacht hörte ich plötzlich lautes Geschrei und Schüsse. Ich konnte mir nicht erklären, was sich in dem Moment zutrug und vermochte auch nicht genau zu sagen, woher der Lärm kam. Deshalb war es mir nicht möglich, Alarm zu schlagen.

Am nächsten Tag erzählte ich ein paar Kollegen, was ich gehört hatte. Die sagten, dass sie genau wüssten, was passiert wäre. SS-Männer hätten den Schäfer, diesen Verräter, abgemurkst. Angeführt worden wäre die Mordbande angeblich von dem Neu-Isenburger NSDAP-Ortsgruppenführer Franz Fischer.

Näheres hierzu kann ich nicht sagen. Ich war ja nicht dabei und habe mit den angeschuldigten Herren auch nicht gesprochen."

*Das Opfer: (Dr.) Karl Wilhelm – genannt Hermann – Schäfer (*24.09.1896 + 17.07.1933). Ergebnis der Ermittlungen zu K.W. Schäfer von Kriminalinspektor Rudolf Vogel, vorgelegt dem Leiter der 1. Kriminalinspektion Frankfurt am Main, Carl-Leopold Graumann, am 17. Juli 1933:*

„(Dr.) Karl Wilhelm Schäfer, genannt Hermann, zeichnete für das Bekanntwerden der „Boxheimer Dokumente" im Jahr 1931 verantwortlich. Dabei handelte es sich um einen Plan, der angewendet werden sollte, wenn das Deutsche Reich von einem Volksaufstand erschüttert würde.

Der Verfasser des Plans, Dr. Werner Best, hatte damals allerdings behauptet, er habe bei der Abfassung des Textes allein die Niederschlagung einer kommunistischen Revolte im Sinn gehabt. Er sei nämlich im Laufe des Jahres 1931 zu dem Schluss gekommen, dass ein Aufstand der Kommunisten bevorstehe. Da diese – zumindest in absehbarer Zeit – keine legale Möglichkeit zur Übernahme der Regierungsmacht in Deutschland bekommen würden, hätten die Mitglieder der KPD und ihre in Moskau sitzenden Anführer beschlossen, auf gewaltsame Weise die Macht in Deutschland an sich zu reißen und eine bolschewistische Diktatur nach sowjetischem Vorbild einzurichten.

Für ihn, Dr. Best, sei es selbstverständlich gewesen, diese drohende Gefahr von Volk und Vaterland abzuwenden. Niemals, so versicherte er, habe er im Sinn gehabt, seinen Plan gegen Menschen mit einer anderen als der kommunistischen Überzeugung zur Anwendung zu bringen. Es sei folglich nicht darum gegangen, eine nationalsozialistische Revolution vom Zaun zu brechen und diejenigen, die nicht für die NSDAP wären, brutal niederzuknüppeln, sondern einzig und allein um den Schutz von Volk und Reich vor den Bolschewisten. Ihm andere Motive zu unterstellen, sei Verleumdung.

Bei der Durchsicht der Maßnahmen, die Dr. Best weiland vorgeschlagen hatte, um den angeblich drohenden kommunistischen Aufstand niederzuschlagen, fiel allerdings auf, dass niemals daran gedacht wurde, reguläre Truppen, wie zum Beispiel Polizei oder Reichswehr, einzusetzen. Vielmehr sollten ausschließlich Mitglieder nationalsozialistischer Organisationen den Kampf gegen die kommunistischen Umstürzler aufnehmen. Selbstverständlich wurde später behauptet, dass man sich vor allem deshalb auf Nationalsozialisten als Kombattanten konzentriert habe, weil es der NSDAP zum damaligen Zeitpunkt unmöglich gewesen wäre, auf staatliche Kräfte Einfluss zu nehmen. Man habe daher mit dem definitiv zur Verfügung stehenden Potenzial planen müssen. Des Weiteren sei man davon ausgegangen, dass die Bevölkerung die herausragenden Leistungen der Nationalsozialisten bei der Bekämpfung der Bolschewisten honoriere und daher wünsche, Vertreter der NSDAP mit den höchsten Ämtern im Staat zu betrauen. Es sei doch wohl nachvollziehbar, dass gerade die politische Kraft, die es geschafft habe, das Volk von einem schwerwiegenden Übel zu befreien, von diesem für ihre mutige und entschlossene Vorgehensweise belohnt werde. Man habe seitens der NSDAP jedenfalls nicht angenommen, dass die Vertreter des Parlamentarismus und der Demokratie diese Leistung vollbringen könnten und wollten. Die Verantwortlichen des Weimarer Staates seien bekanntlich allesamt zu schwach und viel zu inkonsequent gegenüber den gefährlichen und machtgierigen Kommunisten, die nach der Errichtung einer bolschewistischen Weltherrschaft strebten. Einzig die NSDAP sei willens und in der Lage, diesen Bestrebungen wirkungsvoll entgegenzutreten.

Und so sahen die in den „Boxheimer Dokumenten" niedergelegten Maßnahmen zur Bekämpfung des politischen

Gegners und zur Sicherung der Macht der NSDAP unter anderem aus (Auswahl von R. Vogel):

- Das Recht zur Durchsetzung von Ruhe und Ordnung oblag in erster Linie der SA. Die Sturm-Abteilung wurde somit zum Exekutivorgan der NSDAP, die ihrerseits die Funktion der Legislativen inne hatte.
- Wer sich weigerte, der Anordnung eines Sturmmanns – unabhängig von dessen Dienstgrad – zu gehorchen, musste damit rechnen, mit dem Tod bestraft zu werden.
- Schusswaffen zu besitzen, sollte der Bevölkerung generell untersagt sein. Wer eine solche Waffe besaß, hatte die Pflicht, diese bei der SA abzuliefern. Derjenige, der dieser Order nicht nachkam, musste damit rechnen, von der SA auf der Stelle erschossen zu werden.
- Bediensteten des öffentlichen Dienstes war es untersagt, ihre Arbeit niederzulegen. Wer sich nach der Übernahme der Regierungsgewalt durch die NSDAP weigerte, die ihm zugewiesenen Aufgaben zu erfüllen oder sich gar an Sabotageakten beteiligte, wurde mit dem Tode bestraft.
- Generell wurde derjenige, der sich weigerte, die Notverordnungen der neuen (nationalsozialistischen) Führung des Reichs zu befolgen, mit der Todesstrafe belegt.

Seine politischen Ziele sowie die zu deren Erreichung und Untermauerung nach seinem Dafürhalten notwendigen Maßnahmen hatte Dr. Best, im Zivilberuf Gerichtsassessor in Darmstadt, seinen Parteifreunden am 5. August 1931 auf dem nahe Bürstadt gelegenen Gut „Boxheimer Hof“ vorgetragen. Diese zeigten sich höchst beeindruckt.

Überzeugt von sich und seiner Ausarbeitung sowie beflügelt durch das Lob der Parteigenossen übersandte Dr. Best seine Vorschläge einige Zeit später an die im „Braunen Haus“ in München ansässige Reichsleitung der NSDAP. Dort stieß der Maßnahmenkatalog aber offensichtlich nicht auf die erwartete Zustimmung. Möglicherweise erfolgte überhaupt keine – schriftliche – Reaktion auf den eingegangenen Text. Es hieß, dass die Schrift bei sämtlichen Verantwortlichen in der Reichsleitung auf Ablehnung gestoßen sei und bei Hitler ganz besonders. Schließlich hatte der „Führer“ am 25. September 1930 vor dem Reichsgericht erklärt, dass die NSDAP zwar unbedingt danach strebe, die Macht im Staat zu übernehmen, dies aber keinesfalls mit Gewalt oder unter Missachtung des Rechts zu tun beabsichtige. Hitler hatte sich demnach auf ein legales Vorgehen im Kampf um die Macht im Reich festgelegt. Der Text Bests konterkarierte dieses öffentlich gegebene Versprechen. Deshalb war Hitler an dieser Ausarbeitung nicht interessiert. Um gar nicht erst in den Verdacht zu geraten, von Bests Putsch-Plänen gewusst und sie womöglich heimlich gut geheißen zu haben, wurde beschlossen, die Vorschläge aus Darmstadt zu ignorieren. Dazu gehörte unter anderem der Verzicht, sie zu archivieren. Man konnte nie wissen, was den staatlichen Behörden plötzlich einfiel. Wenn sie nämlich im Fall einer (spontanen) Durchsuchung der Räumlichkeiten der Partei auf ein dermaßen belastendes Schreiben gestoßen wären, hätte das die NSDAP in erhebliche Schwierigkeiten bringen können.

Dr. Best blieb natürlich nichts anderes übrig, als die Entscheidung aus München zu akzeptieren. Die „Boxheimer Dokumente“ gerieten in Vergessenheit, bis Hermann Schäfer sie wieder ans Tageslicht holte.

Das geschah, weil die beiden Männer in Streit gerieten. Der promovierte Jurist Werner Best, der für seine Partei als Leiter der Rechtsabteilung in der Gauleitung des NSDAP-Gaues Hessen-Darmstadt tätig war, fand unter anderem heraus, dass der angeblich an einer kleinen amerikanischen Universität erworbene Doktortitel, den sein Parteifreund Schäfer führte, erschwindelt war. Darüber hinaus hatte der Mann verschiedene Vorstrafen nicht angegeben.

Dr. Best zeigte sich dieserhalb ausgesprochen ungehalten; aber die Affäre uferte erst aus, nachdem der falsche Doktor Schäfer – zusammen mit dem echten Doktor Best – im Zuge der am 15. November 1931 durchgeführten Landtagswahlen in das Darmstädter Parlament eingezogen war. Dr. Best, der den Vorsitz der nationalsozialistischen Landtagsfraktion übernehmen sollte, hielt es für bedenklich, dass ein Mann wie Schäfer als Abgeordneter für die NSDAP wirkte. Wenn herauskam, dass er ein Lügner und Betrüger war, musste damit gerechnet werden, dass die Zustimmung der Bevölkerung zur Politik der Nationalsozialisten sank. Um dies zu vermeiden, legte ihm Dr. Best – nach Rücksprache mit dem für den Gau Hessen-Darmstadt damals zuständigen Gauleiter Karl Lenz – nahe, das eben erworbene Mandat aufzugeben. Doch Schäfer dachte gar nicht daran, sondern wies das Ansinnen brüsk zurück.

Statt dessen ließ er Dr. Best wissen, dass nicht er das schwarze Schaf im Kreis der NSDAP-Landtagsfraktion sei, sondern der künftige Herr Fraktionsvorsitzende selbst. Der möge sich doch bitte daran erinnern, dass er vor noch nicht allzu langer Zeit ein Pamphlet verfasst habe, durch das der Legalitätseid des „Führers“ ad absurdum geführt worden sei. Wenn er, Dr. Best, ihn, Schäfer, nicht zufriedenlasse, sehe er sich gezwungen, die sogenannten „Boxheimer Dokumente“ öffentlich zu machen. Dann habe Best den Salat. Das bedeute richtig Ärger, und zwar sowohl für den Fraktionsvorsitzenden selbst als auch für die Partei, die sich zu jenem Zeitpunkt darum bemühte, eine Koalition mit der katholischen Zentrumspartei ins Leben zu rufen. Wäre die zustande gekommen, hätte es eine Regierung von NSDAP und Zentrum im Volksstaat Hessen geben können. Schäfer legte Best dar, dass in dem Moment, da publik werde, mit welchen (brutalen) Methoden der nationalsozialistische Verhandlungsführer zu operieren bereit war, um die Macht der NSDAP gegebenenfalls auch ohne parlamentarische Mehrheit zu sichern, die Koalitionsverhandlung geplatzt und Dr. Best politisch tot sei. Schließlich könne niemand so naiv sein und glauben, dass sich die „Boxheimer Dokumente“ wirklich nur auf einen „kommunistischen Aufstand“ bezögen.

Dr. Best war außer sich vor Empörung und ordnete eine – wahrscheinlich von SA-Männern durchgeführte – Hausdurchsuchung bei Schäfer an. Die brachte jedoch nicht den erwarteten Erfolg. Zwar konnten einige Materialien sichergestellt werden, aber anscheinend nicht der Text der „Boxheimer Dokumente“. Trotzdem wollte Dr. Best nicht nachgeben. Es widerstrebte ihm, sich von Schäfer erpressen zu lassen, zumal er sich mächtiger glaubte als sein Parteigenosse. Zunächst schien das auch der Fall zu sein, denn es gelang ihm, den Mann zum Verzicht auf sein Abgeordnetenmandat zu zwingen. Politisch tot war jetzt nur einer, nämlich Hermann Schäfer. Das jedenfalls glaubte Dr. Best, bis Ende November 1931 die „Boxheimer Dokumente“ öffentlich wurden.

Schäfer hatte demnach Wort gehalten. Weil er inzwischen mit dem Nationalsozialismus gebrochen hatte, fiel es ihm nicht schwer, Dr. Best – und mit ihm die gesamte hessische NSDAP – öffentlich zu desavouieren. Die Konsequenzen waren schmerzlich für die Nationalsozialisten, denn die vorsichtig angedachte Kooperation mit der Zentrumspartei platzte daraufhin am 10. Dezember 1931. Ihr Vorsitzender, Fritz Bockius, lehnte es ab, mit einer Partei zu koalieren, die eine gewaltsame Machtübernahme nicht für ausgeschlossen hielt.

Aber auch Dr. Best bekam gewaltigen Ärger. Er wurde vom Dienst suspendiert und musste nun sehen, wie er sich und seine Familie ernährte. Von den kärglichen Diäten, die ein

Landtagsabgeordneter bezog, war dies jedenfalls kaum möglich. Glücklicherweise ließ Hitler ihn nicht fallen. Obwohl durch das Bekanntwerden der „Boxheimer Dokumente" die erhoffte Regierungsübernahme in Hessen in weite Ferne gerückt war, durfte Dr. Best sowohl in der NSDAP als auch in der SS, der er inzwischen beigetreten war, verbleiben. Die NSDAP stellte für ihn auch den Rettungsanker dar, denn seinem nun folgenden Engagement für die Partei verdankte er seine spätere Karriere, die ihn im Sommer 1933 zum Landespolizeipräsidenten von Hessen aufsteigen ließ.

Ein gegen ihn wegen des Inhalts der „Boxheimer Dokumente" amtlicherseits eingeleitetes Verfahren wegen Hochverrats wurde am 12. Oktober 1932 vom Vierten Strafsenat des Reichsgerichts eingestellt. Die Richter kamen zu dem Schluss, dass sich Bests Pläne tatsächlich nicht gegen die legale deutsche Regierung, sondern ausschließlich gegen potenzielle kommunistische Revolutionäre gerichtet hätten. Von Hochverrat könne daher keine Rede sein."

Unveröffentlichte, handschriftliche Notiz im persönlichen Kalender des Frankfurter Polizeipräsidenten, Bernhard van Oosten, vom 17./18. Juli 1933:

„17. Juli 1933 abends: Anruf vom hessischen Landespolizeipräsidenten Dr. Best. Will noch in der Nacht mit dem Zug von Berlin, wo er sich gegenwärtig zu dienstlichen Gesprächen mit Vertretern des Reichsinnenministeriums aufhält, nach Frankfurt fahren. Wünscht dringend Gespräch mit mir.

18. Juli 1933: Um 6.00 Uhr früh – unmittelbar nach Bests Ankunft in Frankfurt – Zusammentreffen zwischen Landespolizeipräsidenten und mir. Sehr intensive Erkundigung nach Mordfall Schäfer und Stand der Ermittlungen. Behauptete, er habe reges persönliches Interesse am Fall, weil Schäfer ihm seit Langem bekannt sei. Mann mit vielen Feinden. Sei daher nicht erstaunt über Mord. Habe damit gerechnet. Fühle sich

insofern dienstlich für die Sache verantwortlich, als Schäfer vor seinem Tod zeitweilig in seinem Kompetenzbereich, nämlich in Hessen, inhaftiert gewesen sei. Kannte erstaunlich viele Details bezüglich letzter Festnahme Schäfers und dessen Haftentlassung in frühen Morgenstunden des 17. Juli. Ungewöhnlich für einen Landespolizeichef. Bestand darauf, dass ihm alle neuen Erkenntnisse unverzüglich mitgeteilt werden. Irritation meinerseits, denn Mord auf preußischem Territorium erfolgt, daher Zuständigkeit preußischer Polizei, nicht hessischer. Best entgegnete auf Einwand meinerseits, er wolle mir Ermittlungen im außerpreußischen Bereich erleichtern. Seltsam. Werde Eindruck nicht los, dass Best mehr über Mordfall Schäfer weiß, als er zugibt. Womöglich selbst darin verwickelt? Wenn ja, dann größte Vorsicht geboten. Best sehr einflussreich."

Auszug aus dem Tagebuch von Margot Schäfer, Schwägerin des Hermann Schäfer, wohnhaft in Frankfurt am Main (niedergeschrieben im Sommer 1933):

„Juni/Juli 1933: Am 7. Juni tauchte Hermanns Frau, die Meta, bei uns auf. Total verheult und aufgelöst, die Gute. Ich konnte kaum verstehen, was sie sagte, weil sie unentwegt geschluchzt hat. Frieder, mein Mann, meinte, ich solle ihr doch erst einmal einen Schnaps holen, dann ginge es ihr sicher gleich wieder besser. Also habe ich ihr ein Kirschwasser eingeschenkt, aber sie wollte nichts davon trinken. Naja, habe ich es halt getrunken. Man soll ja nichts umkommen lassen.

In der Zwischenzeit hatte sich meine Schwägerin auch wieder so weit gefasst, dass sie uns erzählen konnte, was eigentlich vorgefallen war. Sie sagte, dass der Hermann vor ein paar Tagen einen Schrieb von der Polizei bekommen habe. Darin stand, dass er sich am 7. Juni im Polizeipräsidium hier in Frankfurt melden muss. Worum es ging, wusste der Hermann nicht, oder er hat seiner Frau nichts gesagt. Wer weiß? Jedenfalls ist er am 7. brav aufs Präsidium gedackelt, und das war's dann für ihn. Sie haben ihn nicht mehr rausgelassen, sondern direkt eingesperrt.

Als er alleweil nicht wiederkam, und es spät und später wurde, ist die Meta misstrauisch geworden. Sie ging zu Oskar. Das ist der Besitzer von der Wirtschaft im Nachbarhaus. Der hat ein Telefon. Von dort aus rief sie dann auf dem Polizeipräsidium an und erkundigte sich nach Hermanns Verbleib. Aber die im Polizeipräsidium behaupteten, dass sie nicht wüssten, wo der Hermann wäre. In Frankfurt sei er jedenfalls nicht mehr. Später stellte sich dann heraus, dass sie den Hermann nach Darmstadt verlegt hatten.

Wieso er eigentlich einsaß, habe ich nie wirklich herausgefunden. Vielleicht wegen dem falschen Doktortitel oder den Gaunereien, die er sich immer mal wieder hat zuschulden kommen lassen. So ganz astrein war der Hermann nie. Der Frieder hat die Meta damals gewarnt. Sie solle sich gut überlegen, ob sie den Hallodri wirklich heiraten wolle, aber sie ließ sich nicht abbringen. Naja, des Menschen Wille ist sein Himmelreich.

Der Frieder denkt übrigens, dass sie den Hermann wegen der „Boxheimer Dokumente“ eingesperrt haben. Deshalb wurde der auch kurz nach seiner Festnahme von Frankfurt nach Darmstadt verlegt. In Preußen hat der hessische Landespolizeipräsident ja schließlich nichts zu sagen, wohl aber in Darmstadt, der Hauptstadt von Hessen. Der Verfasser der „Boxheimer Dokumente“, der Dr. Best, der jetzt hessischer Polizeichef ist, wollte sich am Hermann rächen, meint der Frieder. Deshalb hatte er dafür gesorgt, dass der Hermann zur Polizei musste. Auf ein Revier in Darmstadt wäre der nie freiwillig gefahren, aber vor den preußischen Beamten hatte er ja keine Angst. Als die ihn einbestellt haben, ging er natürlich hin. Der ahnte ja nicht, dass das ein Komplott war, das die da gegen ihn geschmiedet hatten!

Der Hermann geht also ahnungslos in Frankfurt auf das Präsidium, wird da – schwupp! – verhaftet und ganz schnell nach Hessen überstellt. Das riecht doch förmlich nach Hinterhalt, sagt der Frieder.

So gegen Ende Juni ist die Meta dann übrigens nach Darmstadt gefahren; mit Frieder im Schlepptau. Sie wollten herausfinden, wie es dem Hermann geht und wissen, wie lange er noch im Gefängnis bleiben muss. Ich meine, das war nur berechtigt, denn der Mann hat ja schließlich eine Familie zu versorgen. Meta und die zwei Jungs können schlecht allein von Luft und Liebe leben. Man muss wissen, woran man ist.

In Darmstadt trafen sie sich mit dem Leiter des dortigen Staatspolizeiamts, einem Herrn Schneider. Lieber noch wäre es ihnen gewesen, wenn sie mit Dr. Best hätten sprechen können, aber der ließ ausrichten, er sei anderweitig beschäftigt. Das hatte Frieder sich sowieso schon gedacht. Der hohe Herr gibt sich doch nicht mit dem niederen Volk ab; schon gleich gar nicht, wenn sie vom Stamme der Schäfers sind. Folglich waren Meta und Frieder froh, dass sie wenigstens mit diesem Herrn Schneider sprechen konnten. Den hatte sein Chef aber gründlich eingenordet. Nein, hieß es, Besuchserlaubnis für Hermann gäbe es nicht. Das habe Dr. Best untersagt. Es tue ihm leid. Naja, das konnte Frieder nun glauben oder auch nicht. Jedenfalls war klar, dass es keinen Sinn hatte, länger auf diesen Herrn Schneider einzureden. Also packte er die Meta am Arm und zog sie vom Stuhl. Die wollte natürlich nicht, weil sie dachte, sie schaffe es noch, den Herrn Schneider herumzukriegen. Aber der Frieder hat nicht nachgegeben. Da ist sie dann doch mit ihm gegangen.

Was machen wir jetzt, hat die Meta wissen wollen. Pass mal auf, hat der Frieder gesagt, wir gehen jetzt einfach von einem Büro zum nächsten. Vielleicht treffen wir irgendwo auf einen Beamten, der nicht weiß, dass von höchster Stelle angeordnet worden ist, dass der Hermann keinen Besuch bekommen darf. Wir tun so, als wären wir gerade angekommen und hätten gar nicht mit diesem Herrn Schneider gesprochen.

Das Tolle an der Sache war übrigens, dass der Trick geklappt hat. Einer der Beamten erlaubte, dass Meta und Hermann sich für ein paar Minuten sprachen. Die Meta war anschließend total glücklich und ist dem Frieder um den Hals gefallen. Ich war auch ziemlich stolz auf meinen Frieder, als ich später von seiner Idee gehört hatte. Er ist schon ein pfiffiger Kerl. Hat was im Kopf. Jedenfalls mehr als sein Bruder.

Den haben sie übrigens ein paar Tage später freigelassen. Zwei Männer, die keine Uniform trugen, holten ihn eines abends vom Untersuchungsgefängnis Darmstadt ab und brachten ihn zu einem hellen, viersitzigen BMW. Schick und ganz neu sei der Wagen gewesen, hat der Hermann erzählt. Ein Zivilfahrzeug, kein Polizeiauto. Man sei eingestiegen und in Richtung Frankfurt gefahren.

An die beiden Burschen konnte der Hermann sich noch erinnern. Das waren die gleichen, die ihn damals von Frankfurt nach Darmstadt gebracht hatten.

Unterwegs, man war noch in Darmstadt, aber irgendwo am Ortsausgang, hielt das Auto plötzlich an. Für Hermann kam der Stopp ziemlich unvermittelt, und er bekam es ein bisschen mit der Angst zu tun. Was hatte das zu bedeuten, dass sie hier anhielten? Einer der Männer stieg aus und ging in ein Haus hinein, das da ganz abgelegen und einsam im Feld stand. Hermann klopfte das Herz bis zum Hals. Aber als der andere Mann, der am Steuer saß, zu ihm sagte, sein Kollege wolle nur seiner Freundin Bescheid geben, dass er heute abend wegen einer wichtigen dienstlichen Angelegenheit nicht zu ihr kommen könne, beruhigte er sich ein wenig.

Naja, ein paar Minuten später ging die Fahrt dann auch weiter, über Langen in Hessen, Sprendlingen und Neu-Isenburg in Richtung Frankfurt. Hermann hat versucht, mit dem, der sich für den Abend bei seiner Bekannten abgemeldet hatte, ein bisschen zu unterhalten. Hat ihm Fotos von seinen Jungs gezeigt, die er immer mit sich herumschleppt. Aber die Unterhaltung blieb ziemlich einsilbig. Der Beifahrer hat nicht viel gesprochen und sich auch nicht besonders für Hermanns Familie interessiert.

Im Frankfurt angekommen steuerte der Fahrer den Wagen über die Darmstädter Landstraße in Richtung Sachsenhäuser Warte. Etwa in Höhe der Schiller-Schneise, die in den Frankfurter Stadtwald hineinführt, hielt er zum zweiten Mal während dieser Fahrt an. Der Hermann bekam wieder Herzklopfen wie verrückt und hörte sein Blut in den Ohren rauschen. Draußen gab es nämlich nichts außer Bäumen und Sträuchern. Kein Mensch, kein Haus, kein gar nichts, nur Wald, Wild und Einsamkeit. Wenn die mir hier den Kragen umdrehen, dachte der Hermann, merkt das nicht einmal jemand. Ich bin ganz allein mit den Burschen. Niemand kann mich hören oder sehen und mir helfen.

In dem Moment drehte sich der Beifahrer zu Hermann, der auf dem Rücksitz saß, um und sagte in ganz amtlichem Tonfall, dass es dem Hermann aufs Strengste verboten sei, jemals wieder einen Fuß auf hessisches Territorium zu setzen! Um Hessen habe er gefälligst einen großen Bogen zu machen! Was für ein Schwachsinn, dachte der Hermann in diesem Moment. Der tut gerade so, als hätte ich mich vor drei Wochen freiwillig nach Darmstadt begeben! Ich wollte doch da nicht hin! Die haben mich doch abgeholt und dahin gefahren! Am liebsten hätte er das dem Kerl auch gesagt, aber er dachte, dass das vielleicht Ärger geben könnte. Mal besser den Mund halten und nichts und niemanden provozieren.

So, jetzt wisse er Bescheid, meinte der Beifahrer schließlich und befahl dem Hermann, auszusteigen. Er selbst stieg auch aus. Der Fahrer wendete das Auto. Der Hermann dachte, dass der Beifahrer gleich wieder einsteige. War ja alles für die Rückfahrt bereit. Wahrscheinlich wollte der Knilch nur sichergehen, dass der Hermann auch wirklich in Richtung Frankfurt abzog. Als ob der auf die Idee gekommen wäre, freiwillig in Richtung Darmstadt zu latschen!

Denkste, der Beifahrer stieg nicht gleich wieder ins Auto ein, sondern ging mit dem Hermann zusammen los. Sie marschierten die Schiller-Schneise in östlicher Richtung entlang und trafen dann auf den Hainerbrückschlagweg. Da angekommen, bemerkte der Hermann, wie sein Begleiter in die Tasche griff. Mensch, dachte der Hermann, der holt jetzt garantiert seine Kanone raus und erschießt mich! Und wirklich! Mit einem Mal hatte der Kerl eine Pistole in der Hand, fuchtelte damit herum und schrie: „So, Schäfer, jetzt lauf!"

Hermann lief aber nicht; jedenfalls nicht in die Richtung, die er nach Meinung seines Begleiters hätte nehmen sollen. Das heißt, er rannte nicht geradeaus den Hainerbrückschlagweg entlang, der in den zum Friedhof nahe der Sachsenhäuser Warte führenden Hainerweg mündete, sondern flüchtete sich mit einem Hechtsprung ins Unterholz. Hier, zwischen Bäumen, Sträuchern und Dornen, fühlte er sich allemal sicherer als auf dem Hainerbrückschlagweg, wo sein Rücken wahrscheinlich eine optimale Zielscheibe dargestellt hätte. Als er Schüsse hörte, beglückwünschte er sich zu seiner Entscheidung, nicht gelaufen, sondern gesprungen zu sein. In dem Moment, in dem er gelandet war, fielen die Schüsse. Der Hermann blieb einfach liegen, wo er war. Der hat nicht einmal bemerkt, wie sich Dornen in seine Haut bohrten. Hauptsache nicht weiter auffallen. Liegen bleiben. Wenn er nicht aufstand oder irgendwelchen Lärm verursachte, der seine Lage verriet, würde ihn der Kerl mit der Pistole vielleicht nicht entdecken. Hoffentlich hatte der keine Lust, durch Unterholz und Dornengestrüpp zu kriechen!

Und tatsächlich: Der Mann trat den Rückzug an. Wollte sich wohl nicht die Kleider ruinieren. Hermann hörte, wie er davon ging, blieb aber trotzdem noch eine ganze Weile liegen. Entsprechend spät und in ziemlich desolatem Zustand tauchte er dann zu Hause auf. Die Meta war natürlich geschockt und wusste gar nicht, ob sie weinen oder lachen sollte. Auf jeden Fall war sie froh, dass sie ihren Hermann wieder hatte.

Besonders lang währte das Glück der beiden aber nicht. Ein paar Tage später wurde der Hermann schon wieder von Polizisten einkassiert und zur Vernehmung gebracht. Am Wiesenhüttenplatz hatten sie ihn geschnappt. Aber nach einigen Stunden war er wieder frei. Trotzdem hatten wir alle das Gefühl, dass der Hermann keinen unbeobachteten Schritt tun konnte. Irgendwo schwirrten immer Polizisten herum.

Der Frieder hat mal gesagt, der Hermann solle sein Köfferchen packen und auswandern. Wenn er hier bliebe, gehe es ihm früher oder später so richtig an den Kragen. Aber ehe der Hermann überhaupt dazu kam, sich nach einem Land umzusehen, in das er gehen könnte, saß er schon wieder im Gefängnis.

Am 10. Juli klingelte es gegen halb drei an der Wohnungstür. Der Hermann hat aufgemacht und gleich gewusst, mit wem er es zu tun hat. Das war nämlich der Mann, der neulich in der Schäfer-Schneise hinter ihm hergeschossen hatte. Na toll, dachte der Hermann. Was will der denn jetzt schon wieder? Ehe der Hermann etwas sagen konnte, hielt ihm der ungebetene Gast auch schon seinen Dienstausweis unter die Nase, erklärte, dass er Polizist sei, und den Hermann zu einem Verhör nach Darmstadt bringen müsse. Schon wieder nach Darmstadt! Dabei sollte er doch nie wieder hessisches Territorium betreten!

Meta kam aus der Küche, weil sie wissen wollte, wer da an der Tür war. Der Hermann nahm sie bei den Schultern und sagte, er solle noch einmal zu einem kurzen Verhör nach

Darmstadt. Es werde nicht lange dauern. Bald sei er wieder zu Hause. Sie solle sich bitte, bitte keine Sorgen machen. Aber als er das sagte, war er kalkweiß im Gesicht und seine Lippen zitterten. Von wegen, keine Sorgen machen! Die Meta war sofort krank vor Sorge! Kam gleich wieder zu uns gelaufen, nachdem der Polizist den Hermann zu dem Auto gebracht hatte, das vor der Tür geparkt war. Am Steuer saß, das konnte sie recht gut erkennen, ein uniformierter Polizist. Der Wagen selbst war aber kein Polizeiauto; jedenfalls keins mit Blaulicht und Aufschrift.

Wir haben in den nächsten Tagen nichts vom Hermann gehört. Wir wussten also nicht, was mit ihm los war. Alsbald nach Hause, so wie er es versprochen hatte, war er jedenfalls nicht gekommen. Frieder ahnte schon, dass er demnächst wieder nach Darmstadt fahren musste.

Und so kam es dann auch. Nachdem es der Frieder geschafft hatte, für die Meta eine Besuchserlaubnis zu erwirken, begleitete er sie am 15. Juli nach Darmstadt ins Polizeipräsidium. Der Hermann saß da in einer Arrestzelle und sah ganz schrecklich aus. Der Frieder durfte nicht zu ihm, nur die Meta, und die war nach dem Besuch vollkommen am Ende mit den Nerven.

Eine gute halbe Stunde hat sie mit dem Hermann sprechen können. Natürlich nicht allein. Ein Beamter saß daneben. Das war aber kein gewöhnlicher Polizist in Uniform, sondern einer im feinen Zwirn, mit Pomade im Haar und schicker, randloser Brille. Der hörte genau zu, was der Hermann erzählte. Deshalb konnte der gar nicht offen und ehrlich berichten. Wenn er gesagt hätte, wieso sein Anzug voller Dreck war, weshalb er so merkwürdige Schmutzstreifen auf der Jacke und so hässliche Schwellungen und Schürfwunden im Gesicht hatte, wäre das Gespräch sofort beendet gewesen. Deshalb mussten Meta und Hermann über Banalitäten reden. Meta erzählte von den Kindern, und

Hermann sagte, dass er in den letzten Tagen zu seiner politischen Haltung in seiner Jugendzeit vernommen worden sei.

Am Ende hat der Hermann die Meta ganz kurz umarmt. Der Beamte ist natürlich so schnell wie möglich dazwischengesprungen, denn körperliche Berührungen zwischen Gefangenen und Besuchern sind selbstverständlich streng verboten. Aber, das muss man sagen, der Kerl war nicht schnell genug. Der Hermann hat es nämlich geschafft, der Meta heimlich einen Zettel zuzustecken, auf dem er festgehalten hatte, was ihm in den letzten Tagen passiert war.

Der Beamte bemerkte nichts davon. Sonst hätte er die Meta garantiert filzen lassen, als sie anschließend, mit dem Frieder zusammen, in seinem Büro saß. Sie wollte nämlich wissen, wann der Hermann wieder nach Hause durfte.

Der Beamte sagte, dass das sehr bald der Fall sein werde. Darüber war die Meta richtig froh. Und dann versprach er ihr noch, dass er dafür sorgen werde, dass der Hermann nicht wieder abends, sondern unter tags zur Entlassung komme. Man setze ihn in Frankfurt an einer Straßenbahnhaltestelle ab. Von da aus könne er dann bequem und sicher nach Hause fahren. Auf keinen Fall müssten Meta und Hermann befürchten, dass noch einmal ein Polizist die Contenance verlieren und auf den Freigelassenen schießen werde. Nach diesem Gespräch drückte Meta dem Beamten dankbar die Hand. Der Mann schien ihr vertrauenswürdig. Frieder hingegen wusste nicht so recht, ob er ihm glauben sollte oder nicht. Aber der Frieder ist auch von Natur aus misstrauisch. Der prüft immer alles nach und will alles schwarz auf weiß haben, ehe er was glaubt.

Die beiden haben dann das Polizeipräsidium verlassen. Als sie draußen waren, hat die Meta dem Frieder Hermanns Zettel gezeigt. Sie haben ihn aufgefaltet und gelesen, und danach sind bei der Meta die Tränen in Strömen geflossen.

Übrigens hat die Meta an diesem 15. Juli 1933 ihren Hermann das letzte Mal lebend gesehen.“

Kassiber von Hermann Schäfer; geschrieben im Juli 1933:

„In Darmstadt erst zum „Braunen Haus“ in der Rheinstraße gekommen. Von Nazis gezwungen, mich jedem Anwesenden so vorzustellen: „Ich bin der ehemalige Kreisleiter Schäfer aus Offenbach, der als ehemaliger nationalsozialistischer Landtagsabgeordneter einen Verrat begangen hat.“ Danach verprügelt worden. Von allen, die da waren. Faustschläge, Schläge mit Gegenständen, Stockhiebe auf Brust und Rücken. Treppe hinuntergestürzt. Schreckliche Schmerzen. Kein Arzt. Später Überführung ins Polizeipräsidium. Da blutig und dreckig jedem als „Verräter der Boxheimer Dokumente“ vorgestellt. Rasende Kopfschmerzen. Kann kaum aus den Augen schauen. Alles tut weh. Kanaille Best rächt sich bitter an mir. Ruht nicht, ehe ich tot bin. Liebe Dich und die Jungs. H.“

Vernehmung des Polizeibeamten Bernward Brandt durch Kriminalinspektor Rudolf Vogel, durchgeführt am 17. Juli 1933:

„Erwin Schweim und ich versahen in der Nacht vom 16. auf den 17. Juli 1933 unseren Dienst im Polizeigefängnis Darmstadt. In den frühen Morgenstunden des 17. Juli 1933, es dürfte zwischen 1.00 und 2.00 Uhr gewesen sein, erschienen drei Herren in unserem Büro und verlangten die Freilassung des Gefangenen Hermann Schäfer.

Nein, bekannt waren mir die Männer nicht; bis auf einen. Der ist Kriminalbeamter, aber wie er heißt, ist mir nicht bekannt. Ich hatte auch noch nie dienstlich mit ihm zu tun. Nur eben in dieser Nacht. Da hielt er mir kurz seinen Ausweis vor die Nase. Ich stellte fest, dass das ein amtliches Dokument war; und – wie gesagt – ich kannte den Mann ja auch vom Sehen, insofern schaute ich nicht weiter drauf. Das haben die Kriminalbeamten sowieso nicht sehr gerne, wenn einer von uns Uniformierten länger auf den vorgezeigten Ausweis guckt. Dann gibt es schnell Ärger. Deshalb bin ich da vorsichtig. Wenn ich sehe, aha, Polizeipapiere, dann ist das für mich in Ordnung.

Also, der Mann, den ich früher schon einmal gesehen habe, tauchte in Begleitung von zwei mir völlig fremden Herren auf. Die taten ziemlich wichtig. Ich hatte den Eindruck, dass der Kripomann denen untergeordnet war, aber wirklich wissen tue ich das nicht. Ich dachte halt, dass das so sei, weil es immer die beiden waren, die das große Wort führten, und am Ende wiesen sie den Kriminalisten noch an, das Sistierungsbuch auszufüllen. Also hatten die doch was zu sagen.

Ich war ziemlich überrascht, als ich erfuhr, dass der Gefangene Schäfer freigelassen werden sollte; jedenfalls um diese Uhrzeit. Das habe ich dem einen Fremden auch gesagt. Das war so ein junger, ziemlich arroganter Mensch. Ich schätze ihn auf höchstens Mitte zwanzig. Jedenfalls hat er mich angeschaut, als wolle er mich gleich fressen und dann geantwortet, ich solle gefälligst meine Befehle erfüllen und nicht mit ihm über diese diskutieren. Sein Begleiter, ungefähr ebenso alt wie der, der mich so barsch angefahren hatte, erklärte mir, es habe alles seine Richtigkeit. Die Entlassung des Gefangenen erfolge auf Befehl des Herrn Landespolizeipräsidenten Dr. Best. Der wolle, dass Schäfer noch in dieser Nacht nach Preußen abgeschoben werde.

Was sollte ich daraufhin sagen? Ich warf noch einen Blick in Richtung des mutmaßlichen Kripobeamten, aber der hat keinen Ton gesagt. Naja, dachte ich, wird wohl stimmen. Wer traut sich denn, zu behaupten, der Landespolizeipräsident habe eine Aktion angeordnet, wenn der das gar nicht getan hat? Das konnte ich mir beim besten Willen nicht vorstellen. Also bin ich zu Schäfer gegangen und habe ihm gesagt, dass er sich fertig machen solle, weil er gleich entlassen werde.

Im Büro hat mein Kollege Schweim dem Gefangenen dann in Gegenwart der beiden jungen Männer seine persönlichen Sachen übergeben, die ihm bei seiner Einlieferung weggenommen worden waren. Schäfer musste unterzeichnen, dass er alles vollständig zurückerhalten hat. Und weil das auch so war, hat er klaglos unterschrieben.

In der Zwischenzeit sprach ich mit dem Kriminalbeamten und bat ihn, den Eintrag ins Sistierungsbuch vorzunehmen. Er schrieb wortwörtlich hinein, dass Schäfer auf Weisung des Herrn Landespolizeipräsidenten entlassen worden sei. Ich habe es genau gesehen, weil ich direkt hinter ihm stand. Nein, seine Unterschrift konnte ich nicht entziffern. Das war ein einziges Gekrakel, aber das ist ja bei vielen Leuten der Fall.

Danach sind die vier Herren weggegangen. Ich habe ihnen ein bisschen neugierig hinterher geguckt und gesehen, wie sie in einen Wagen eingestiegen sind, der vor der Wache stand. Nein, das Kennzeichen habe ich nicht gesehen und auch nicht darauf geachtet. Wozu denn? Ich weiß nur noch, dass es sich um ein schwarzes Auto handelte.

Wie? Der Eintrag im Sistierungsbuch existiert nicht? Na, hören Sie mal! Ich lüge Ihnen doch hier nichts vor?! Weshalb sollte ich das auch tun! So, kommen Sie, wir schauen jetzt mal gemeinsam in das Sistierungsbuch hinein."

(Anmerkung R.V.: Brandt schlägt das Sistierungsbuch auf und sucht nach dem entsprechenden Datum.)

„Das gibt es doch gar nicht! Der Eintrag ist weg! Aber bitte, schauen Sie hier, da hat sich jemand an dem Sistierungsbuch zu schaffen gemacht! Sehen Sie, eine Seite ist herausgerissen worden! Man kann noch kleine Überreste des Papiers erkennen! Na sowas!

Was, ich? Nein, da sind Sie auf dem völlig falschen Dampfer! Und ich muss Sie bitten, diese Unterstellung zu unterlassen. Das ist wirklich unerhört! Nein, ich habe die Seite nicht aus dem Sistierungsbuch entfernt! Nein! Es ist mir auch nicht befohlen worden, dies zu tun! Ich habe das Blatt also weder aus eigenem Antrieb herausgerissen noch auf Anweisung einer anderen Person! Nein, auch nicht auf Befehl des Herrn Landespolizeipräsidenten! Aber vielleicht sollte ich dem mal erzählen, was Sie ihm da in die Schuhe schieben wollen! Ach was, mäßigen Sie sich! Wie kommen Sie mir denn vor? Erst wollen Sie mir etwas unterstellen, und wenn ich dann ärgerlich werde, sagen Sie mir, dass ich mich gefälligst mäßigen soll! Also, ich … Ja, ja, nein, es ist in Ordnung. Ich habe nur einen Moment die Beherrschung verloren. Tut mir sehr leid. Wird nicht wieder vorkommen. Nein, es wird nicht nötig sein, meinen Vorgesetzten zu informieren. Bitte entschuldigen Sie meinen Ausbruch, Herr Inspektor. War ein Versehen. Ehrlich."

Vernehmung des Polizeibeamten Erwin Schweim durch Kriminalinspektor Rudolf Vogel, durchgeführt am 17. Juli 1933:

„Was der Kollege Brandt ausgeführt hat, entspricht voll und ganz meinen Beobachtungen.

Nein, von einer gewaltsamen Entfernung der Seite im Sistierungsbuch ist mir nichts bekannt. Ich habe auch nicht gesehen, was von dem Mann hineingeschrieben worden ist.

Nein, ich kannte keinen der drei Männer, aber einer, nämlich der, der später den Eintrag ins Sistierungsbuch vorgenommen hat, besaß einen amtlichen Ausweis. Er hat ihn mir kurz gezeigt, als er mit seinen beiden Begleitern auf der Wache erschien.

Nein, ich habe mir die Papiere nicht noch einmal zeigen lassen. Erst recht nicht, nachdem wir darauf hingewiesen worden sind, dass der Befehl zur Entlassung des Gefangenen vom Herrn Landespolizeipräsidenten ausging. Ich hatte auch keinen Grund, an dieser Ausführung zu zweifeln.

Ja, ich habe gemeinsam mit dem Kollegen Brandt aus dem Fenster gesehen, als die vier Männer in das Auto eingestiegen sind. Nein, bedaure, das Kennzeichen konnte ich nicht erkennen, aber es handelte sich nach meinem Dafürhalten um einen schwarzen Opel Regent.

Ja, richtig, ich hatte an dem Tag, an dem der Gefangene Schäfer eingeliefert worden ist, ebenfalls Dienst. Ob mir an ihm etwas Besonderes aufgefallen ist? Naja, es sah aus, als sei er gestürzt und habe sich das Gesicht ein wenig aufgeschürft. Der Anzug war ebenfalls schmutzig geworden. Nein, einen Arzt haben wir nicht gerufen. Dazu bestand keine Notwendigkeit. Schäfer hatte nur ein paar Kratzer. Man geht ja auch mit einem Kind nicht gleich zum Arzt, weil es auf der Straße mal hingefallen und sich Kinn und Knie aufgeschlagen hat."

Ergebnis der Ermittlung des Fahrzeugs mit dem amtlichen Kennzeichen VS 86 66; vorgelegt dem Leiter der 1. Kriminalinspektion Frankfurt am Main, Carl-Leopold Graumann, von Kriminalinspektor Rudolf Vogel am 17. Juli 1933:

„Die Buchstaben VS sind die Kennung für den Zulassungsbereich Darmstadt. Die daraufhin bei der zuständigen hessischen Behörde durchgeführten Ermittlungen haben ergeben, dass das Fahrzeug … (Text mit Kugelschreiberkringeln unleserlich gemacht) zugelassen ist und der Kriminalpolizei in Darmstadt zur Verfügung stand." (Der nachfolgende Text wurde ebenfalls durch Kugelschreiberkringel unleserlich gemacht.)

(Handschriftliche Anmerkung: Allerstrengste Geheimhaltung! Handzeichen nicht zu entziffern; möglicherweise Gr. für Graumann.)

Unveröffentlichte, handschriftliche Notiz im persönlichen Kalender des Frankfurter Polizeipräsidenten, Bernhard van Oosten, vom 18. Juli 1933:

„Graumann zum Rapport angetreten. Noch keine durchschlagenden Erkenntnisse in den Ermittlungen zum Mordfall Schäfer. Auf Nachfragen, was Recherche nach Autokennzeichen VS 86 66 ergeben habe, ausweichende Auskunft.

Unglaublich. VS bekanntlich Kennung Provinz Starkenburg, also Darmstadt. Anruf in zuständiger Behörde genügt gewöhnlich, um Halter zu ermitteln. Frage, ob Telefonat noch nicht getätigt wurde. Herumdrucksen Graumanns. Frage, ob Behörde in Darmstadt nicht kooperativ war. Erneut ausweichende Antwort. Daraufhin explodiert und gefragt, ob Mitarbeiter 1. Kriminalinspektion samt Leiter unfähig, simpelste Ermittlungen durchzuführen! Möglichkeit der Ablösung angedeutet! Daraufhin kleinlautes Eingeständnis Graumanns, dass Fahrzeug bei Kripo Darmstadt in Benutzung! Ungeheuerlich. Offenbar Polizei ins Geschehen verstrickt. Noch ungeheuerlicher Graumanns Vertuschungsversuch."

Unveröffentlichte, handschriftliche Notiz im persönlichen Kalender des Frankfurter Polizeipräsidenten, Bernhard van Oosten, vom 19. Juli 1933:

„Gestern Order von preußischer Zentralstaatsanwaltschaft, Ermittlungen in Mordsache Schäfer an Berliner Behörde abzugeben. Offenbar – wie ich – der Meinung, Tod Schäfers politische Angelegenheit. Will garantiert dafür sorgen, dass mögliche Verwicklung Bests in unappetitliche Angelegenheit nicht publik wird. Übliche politische Einflussnahme auf Polizei und Justiz in solchen delikaten Fällen."

Aktenvermerk des Leiters der 1. Kriminalinspektion Frankfurt am Main, Carl-Leopold Graumann, Mitte August 1933:

„Gespräch mit dem 1. Staatsanwalt von Frankfurt, Herrn Dr. Josef Vogelmeiser. Dr. Vogelmeiser teilte mir mit, dass die preußische Zentralstaatsanwaltschaft zu Berlin die Akten im Mordfall Schäfer, die sie sich am 18. Juli 1933 hatte kommen lassen, zurückgesandt habe. Demzufolge oblägen die Ermittlungen jetzt wieder der 1. Kriminalinspektion Frankfurt. Demgemäß solle ich mich weiterbetätigen und nach dem oder den Mördern des Karl Wilhelm – genannt Hermann – Schäfer fahnden.

Ich wies Herrn Dr. Vogelmeiser darauf hin, dass ich vor einigen Wochen bereits ermittelt hätte, dass ganz offensichtlich Polizeibeamte aus Darmstadt in die Angelegenheit verwickelt seien. Wenn ich weiter nach dem oder den Tätern suchen solle, die für den Tod Schäfers verantwortlich zeichnen, müsse ich diese zentrale Spur unbedingt berücksichtigen und weiterverfolgen. Ich erklärte, dass Herr Polizeipräsident van Oosten dies ebenfalls wünsche. Herr Dr. Vogelmeiser reagierte sehr unwirsch auf meine Ausführungen und entzog mir daraufhin die Leitung der Ermittlungen. Ich wurde stattdessen mit der Aufklärung anderer Verbrechen beauftragt."

Ausriss aus einer maschinenschriftlichen Notiz eines unbekannten Verfassers (ggf. der hessische Ministerpräsident Dr. Ferdinand Werner) über die Ministerratssitzung vom 18. September 1933:

„[…] Im Zuge der heutigen Ministerratssitzung kurz auf den Fall Schäfer zu sprechen gekommen. Der Herr Reichsstatthalter von Hessen und Gauleiter des Gaues Hessen-Nassau der NSDAP, Jakob Sprenger, äußerte sich verärgert über das Geschehen und die offensichtliche Verstrickung hessischer Polizeibeamter in die Angelegenheit. Bezeichnete den Landespolizeipräsidenten als schrecklichen Dilettanten, der ihm persönlich schon seit Jahren gegen den Strich gehe. Man solle jetzt gefälligst dafür sorgen, dass die Sache mit Schäfer rasch und dauerhaft aus den Schlagzeilen verschwinde. Er wolle nichts mehr davon hören. […]"

Entscheidung der Oberstaatsanwaltschaft Frankfurt am Main, dem preußischen Justizminister am 18. Januar 1934 schriftlich übermittelt:

„Sehr geehrter Herr Minister,

trotz intensiver Nachforschungen im Mordfall Karl Wilhelm „Hermann" Schäfer, geboren 24.09.1896 in Frankfurt am Main, dortselbst am 17. Juli 1933 verstorben (Aktenzeichen siehe Anlagen), blieb es unmöglich, den Täter und das Motiv für die Tat zu identifizieren.

Ich habe daraufhin das Ende der Ermittlungen angeordnet. Folglich ist das Verfahren zum Nachteil Schäfer eingestellt worden.

Hochachtungsvoll

i.A. Dr. Josef Vogelmeiser."

Bericht in der Neu-Isenburger Zeitung über die Forderung des Bürgermeisters von Neu-Isenburg, Wilhelm Arnoul, vom 4. Juni 1945, nach Aufklärung des Mordfalls Hermann Schäfer (unbekannter Verfasser)/Kopie enthalten in dem eigens zum „Fall Schäfer" angelegten Tagebuch von Kommissar Richard Körnlein, geführt zwischen 1945 und 1955 (ohne konkrete Datumsangaben):

„Seit dem 22. Mai 1945 amtiert wieder unser „alter" Bürgermeister, nämlich der Sozialdemokrat Wilhelm Arnoul. Er war im März 1933 von den Nationalsozialisten nach etwas über 8 Jahren Amtszeit abgesetzt worden. Bis zur Rückkehr Arnouls hatte der Zahnarzt Dr. Ulrich Boelsen als Bürgermeister gewirkt. Er war während des Dritten Reiches im Widerstand tätig gewesen. Im Mai 1945 hatten die Amerikaner dann aber entschieden, dass ihnen Arnoul lieber wäre als Dr. Boelsen, der den Nationalsozialisten Jakob Rittgen nach dem Einmarsch der Amerikaner, der in Neu-Isenburg am 26. März 1945 erfolgt ist, abgelöst hatte. Deshalb wurde Wilhelm Arnoul dann von dem zuständigen US-Kommandanten nach Neu-Isenburg zurückgeholt.

Der Herr Bürgermeister rief am 4. Juni 1945 dazu auf, den Mord an Karl Wilhelm – genannt „Hermann" – Schäfer endlich aufzuklären. Der Mann wurde am 17. Juli 1933 in der Nähe des Frankfurter Stadtwalds umgebracht. Unter den Tätern sollen auch Bürger unserer Heimatgemeinde gewesen sein. Außerdem waren Polizisten in den Mord verwickelt.

Die kamen wahrscheinlich aus Darmstadt, hatten aber Komplizen in Neu-Isenburg.

Auf keinen Fall dürfe die Mordaffäre ungesühnt bleiben, meinte der Herr Bürgermeister, denn wenn man einen neuen Staat aufbauen will, braucht man dazu auch ordentliche und zuverlässige Polizisten. Es gehe daher nicht an, dass Männer, die an Morden beteiligt waren oder Leute aus Neu-Isenburg dazu angestiftet hatten, jemanden umzubringen, (wieder) in Amt und Würden kommen oder gar darin verbleiben.

Wenn man erfolgreich neu anfangen will, muss man mit manchem Alten und vor allem mit Unrecht brechen. Deshalb wollen und sollen wir herausfinden, weshalb Hermann Schäfer seinerzeit ermordet wurde, wer die Täter und wer die Anstifter waren. Das seien wir allen Opfern des Nationalsozialismus schuldig, sagte der Herr Bürgermeister, und außerdem unseren Kindern und Kindeskindern, denn die dürfen auf keinen Fall von Leuten angeleitet werden, die sich während der NS-Herrschaft schuldig gemacht haben.

Natürlich sind auch 1933 Ermittlungen in Sachen Schäfer geführt worden, doch die damalige politische Lage hat ernsthafte Ermittlungen nicht zugelassen. Deshalb wurde die Sache dann bald eingestellt. Dieses Mal wollen wir es besser machen und das Geschehen rückhaltlos aufklären.

Betraut worden ist mit den Ermittlungen ein Polizeibeamter, der seit kurzem in Neu-Isenburg lebt und im Polizeipräsidium Frankfurt arbeitet. Bei ihm handelt es sich um den Kriminalkommissar Richard Körnlein, der aus Königsberg in Ostpreußen stammt. Leider musste er aufgrund der Kriegsereignisse mit seiner Familie von dort fliehen. Nach einer abenteuerlichen und sehr gefährlichen Flucht über das gefrorene Haff kam er schließlich nach Neu-Isenburg. Er lebt hier mit seiner Frau und seinen beiden Töchtern bei Familie Hunkemeier. Körnleins bewohnen dort ein Zimmer im Erdgeschoss.

Kommissar Körnlein war bis Kriegsausbruch als Kriminalbeamter in Königsberg tätig und hat dort an der Aufklärung zahlreicher schwieriger und aufsehenerregender Mordfälle mitgewirkt. Er gilt als erfahrener und guter Ermittler. Im September 1939 meldete sich Kommissar Körnlein freiwillig zur Wehrmacht, weil er die Veränderungen, die sich seit der Ernennung Heinrich Himmlers zum Reichsführer-SS und Chef der deutschen Polizei ergeben hatten, nicht mitzutragen bereit war. Hierzu gehörte beispielsweise die Aufnahme in die SS. Im Frühsommer 1944 erlitt er einen Lungendurchschuss und musste als kriegsuntauglich nach Hause entlassen werden.

Glücklicherweise ist er inzwischen gesundheitlich soweit wiederhergestellt, dass er seine Arbeitskraft der hiesigen Polizei zur Verfügung stellen kann. Herr Körnlein hat versprochen, dass er sich fortan mit ganzer Kraft auf die Lösung des Mordfalls Hermann Schäfer konzentrieren wird. Die Kriminalpolizei Frankfurt hat ihn zu diesem Zweck mit allen notwendigen Unterlagen, die noch aus der Zeit der ersten Ermittlungen vorhanden sind, ausgerüstet."

Aus den privaten Notizen von R. Körnlein/Kopie enthalten in dem eigens zum „Fall Schäfer" angelegten Tagebuch von Kommissar Richard Körnlein, geführt zwischen 1945 und 1955 (ohne konkrete Datumsangaben):

„Ich habe schon lange nichts mehr in mein Tagebuch geschrieben. Schade, denn früher saß ich fast jeden Abend am Schreibtisch, um das Tagesgeschehen mit ein paar Stichworten zu dokumentieren. Man vergisst ja sonst alles wieder so schnell! Aber in den letzten Wochen und Monaten haben sich die Ereignisse förmlich überschlagen. Da galt es, zu handeln. Für anderes blieb keine Zeit.

Seit dem Frühjahr 1945 leben wir also in Neu-Isenburg. Das ist ein kleiner Ort, nur wenige Kilometer von der Großstadt Frankfurt am Main entfernt. Leider ist Neu-Isenburg mehr oder weniger ein Trümmerhaufen. Im Dezember 1943 und im Januar 1944 wurde das Städtchen bombardiert. Über vierzig Prozent der Häuser versanken in Schutt und Asche.

Hunkemeiers hatten ein Riesenglück. Ihr Haus blieb – wie durch ein Wunder! – unversehrt. Frau Hunkemeier meint, dass der liebe Gott ihre täglichen Gebete erhört und seine Hand schützend über das Hunkemeier'sche Anwesen gehalten hat. Herr Hunkemeier – meine Tochter Lisbeth nennt ihn übrigens immer „Hinkemeier", weil er unterschenkelamputiert ist und deshalb hinkt – ist da wesentlich pragmatischer. Er denkt, dass es einfach Glück war und findet, dass er das aber auch verdient hat. Das sei, so sagt er, ausgleichende Gerechtigkeit, denn schließlich habe er ein paar Jahre vorher ziemlich übles Pech gehabt. Damals war er auf eine Mine getreten, und die hatte ihm den Fuß weggerissen. Er hat erzählt, dass er spürte, wie er durch die Luft gewirbelt wurde, aber nicht, wie ihm ein Teil des Unterschenkels wegflog. Nachdem er auf dem Boden aufgeschlagen und die erste Benommenheit vergangen war, versuchte er, aufzustehen, aber das ging natürlich nicht. Da, wo ehedem sein rechter Fuß war, gab es nichts mehr. In dem Moment hat er angefangen zu schreien.

Naja, so einen konnten sie bei der Wehrmacht natürlich nicht mehr gebrauchen. Also haben sie ihn nach dem notwendigen Lazarettaufenthalt nach Hause entlassen. Ein Zuckerschlecken war das nicht. Nee, bestimmt nicht. Das kann ich mir vorstellen.

Leider ist die Wunde nicht allzu gut verheilt. Irgendwas hat sich immer wieder entzündet, sodass er noch ein paar Mal ins Krankenhaus gehen musste, wo sie ihm noch ein Stück und noch ein Stück von seinem Bein abgenommen haben. Inzwischen sind sie oberhalb des Knies angekommen. Er glaubt nicht, dass es das war. Er sagt, er habe immer noch und immer wieder Schmerzen. Da sei etwas in ihm, das gebe wohl nicht eher Ruhe, bis es ihn ganz und gar aufgefressen habe. Leider wüssten die Ärzte nicht, was es sei. Irgendein Entzündungsherd, irgendein Bakterium; weiß der Kuckuck.

Manchmal, wenn er glaubt, er sei allein und unbeobachtet, höre ich ihn leise weinen. Ich vermute, dass er schlimmere Schmerzen hat, als er zugibt. Er versucht immer, sich nichts anmerken zu lassen und hinkt, so gut es geht, mit seinen Krücken unterm Arm durchs Haus und durch den Garten. Überrascht hat mich, dass er Fahrrad fahren kann! Sieht lustig aus, wenn er einbeinig in die Pedale tritt! Aber es klappt.

Als meine Frau und ich mit den beiden Mädchen damals vor seiner Tür standen, war er nicht begeistert. Er hat den uniformierten Kollegen, der uns zu unserer neuen Behausung gebracht hat, mit einem so bösen Blick bedacht, dass ich glaubte, der Mann müsse auf der Stelle tot umfallen. Aber es half nichts. Wir hatten einen Einweisungsschein, und unser guter Hunkemeier musste eines seiner Zimmer im Haus für uns Flüchtlinge frei räumen. Mein Gott, Herr Hunkemeier, habe ich damals zu ihm gesagt, ich kann Sie sehr gut verstehen. Aber bitte verstehen Sie auch uns. Wir können nichts dafür, dass die Russen nach Königsberg gekommen sind, und wir fast alles, was wir besaßen, verloren haben. Wir wären auch lieber zu Hause geblieben; da dürfen Sie sicher sein. Er hat dann herumgebrummelt und gegrummelt, aber schließlich den nötigen Platz geschaffen.

Inzwischen ist sogar noch eine Familie bei ihm einquartiert worden. Die kommen aus Schlesien. Die und wir wohnen in den beiden großen Zimmern im Erdgeschoß, während Hunkemeier mit seiner Frau, dem Sohn und der Oma in den drei kleinen Zimmern im ersten Stock lebt. Die Küche benutzen wir zusammen. Herr Hunkemeier meinte, wir würden uns mit seiner Frau einigen müssen, die die Chefin für diesen Teil des Hauses sei, aber er gehe davon aus, dass uns das gelinge. Seine Else sei eine gute Christin, und als solche habe sie teilen gelernt. Ihm sei es nur wichtig, dass nicht jeder in seiner Stube auf irgendwelchen abenteuerlichen Feuerstellen herumkoche. Er habe überhaupt keine Lust, dass sein Haus, das die Luftangriffe überstanden habe, am Ende noch dank eines wildgewordenen Zimmerkochers in Flammen aufgehe.

Insofern geht es uns also ganz gut. Zumindest haben wir im privaten Bereich einigermaßen Ruhe und Frieden. Ich weiß, dass es bei anderen nicht so gut ausschaut. Die führen zum Teil regelrechte Kleinkriege miteinander. Die Hausbesitzer fühlen sich nicht dafür zuständig, Flüchtlinge unterzubringen. Sie argumentieren, sie hätten den Krieg nicht angezettelt. Sollen sich die Flüchtlinge bei denen beschweren und unterkriechen, die für den ganzen Schlamassel verantwortlich sind. Mein Gott, das bringt doch alles nichts … Das Leben ist doch so schon schwer genug. Wir haben kaum genug zu beißen. Ganz oft sehe ich Leute aus Frankfurt in die Umgegend von Neu-Isenburg fahren. Sie tauschen bei den Bauern alles Mögliche aus ihrem Besitz gegen Lebensmittel ein. Da macht mancher Landwirt ein gutes Geschäft, möchte ich meinen. Ein teurer Perserteppich gegen einen Sack Kartoffeln; eine wertvolle Brosche gegen zwei Kohlköpfe.

Wer nichts zu tauschen hat, geht klauen. Eigentlich müsste ich halb Neu-Isenburg einsperren, und zwar vom Kleinkind bis zur Greisin. Alle gehen „organisieren“: Kohle, Holz, Lebensmittel. Die Eigentümer der Waren und die Transportunternehmen schimpfen auf uns Polizisten, weil wir nicht in der Lage sind, ihr Eigentum zu schützen. Neulich hat mir einer gesagt, dass es vor dem 8. Mai 1945 besser gewesen sei. Da wäre man wenigstens nicht bis aufs Hemd ausgeraubt worden. Na, der vielleicht nicht, aber dafür andere.

In Neu-Isenburg bin ich übrigens bekannt wie ein bunter Hund, und zwar wegen des Artikels, der im Sommer in der Zeitung über mich erschienen ist. Insbesondere die Sache mit dem Mord an Hermann Schäfer hat ganz schön Wellen geschlagen. Wieso man die alten Geschichten nicht ruhen lässt, hat mich einer gefragt. Und ein anderer meinte, es sei doch wohl völlig wurscht, welcher braune Mistkerl damals einem anderen braunen Mistkerl den Schädel eingeschlagen habe. Es gebe doch gegenwärtig Wichtigeres zu tun, als sich mit den ollen Kamellen zu beschäftigen.

Ja, mein Gott, was soll ich dazu sagen? Ermittlungen aufzunehmen ist mein Beruf, und ich bin damit beauftragt worden, in Sachen Schäfer aktiv zu werden. Also mache ich das, zumal es im Endeffekt ja nicht darum geht, unwichtige Täter in einem unwichtigen Fall zu erwischen. In Wahrheit soll ich herausfinden, inwieweit Behörden und ihre Mitarbeiter in die Sache verwickelt waren. Das ist wichtig, denn schließlich möchte man dieses Gesindel dann nicht mehr in den Reihen der Beamtenschaft wiederfinden. Die muss man rauswerfen. Es gibt genügend Leute, die deren Arbeit machen können und wollen und eine saubere Weste haben. Deshalb ist es mir wichtig, herauszufinden, wer den Schäfer umgebracht beziehungsweise den oder die Mörder angestiftet hat.

Wann immer ich Zeit hatte, habe ich deshalb in den vergangenen Wochen alle verfügbaren Akten, Dokumente und Aufzeichnungen studiert, die zu dieser Sache vorliegen. So richtig viele sind das nicht, aber doch genügend, um einige Ansatzpunkte für die weiteren Ermittlungen zu bekommen. Schade, dass es den Kriminalinspektor Vogel nicht mehr gibt, der weiland so eifrig ermittelt hat. Der ist, wie so viele andere, im Krieg geblieben.

So, jetzt versuche ich zunächst einmal herauszufinden, wem das Auto gehörte, das der Bahnwärter damals im Wald gesehen hat; jene dunkle Limousine mit dem Kennzeichen VS 86 66."

Auszug aus dem Antwortschreiben der Stadt Darmstadt auf die Anfrage zur Halterfeststellung für das Fahrzeug mit dem amtlichen Kennzeichen VS 86 66/Kopie enthalten in dem eigens zum „Fall Schäfer" angelegten Tagebuch von Kommissar Richard Körnlein, geführt zwischen 1945 und 1955 (ohne konkrete Datumsangaben):

„[…] teilen wir Ihnen mit, dass es uns leider nicht möglich ist, Ihrer Anfrage zu entsprechen. Wie Ihnen sicher bekannt ist, wurde Darmstadt am 11. September 1944 durch den Abwurf von Brand- und Phosphorbomben seitens eines britischen Fliegerverbands nahezu vollständig zerstört. Rund 80 Prozent der Häuser und Gebäude wurden dem Erdboden gleichgemacht. Aus diesem Grund ist die Aktenüberlieferung aus der Zeit vor September 1944 äußerst lückenhaft, um nicht zu sagen fast nicht mehr vorhanden. Dies gilt auch für die Unterlagen der Stadtverwaltung Darmstadt, der die Fahrzeug-Zulassung oblag. […] Um weiterführende Informationen in Ihrem speziellen Fall zu bekommen, erlaube ich mir, Ihnen vorzuschlagen, sich mit Johann Else ins Benehmen zu setzen, der seinerzeit als Chauffeur im Polizeipräsidium Darmstadt beschäftigt war. Else ist kürzlich aus amerikanischer Kriegsgefangenschaft entlassen worden und unter der unten angegebenen Adresse gemeldet. […]."

Protokoll der Vernehmung des ehemaligen Chauffeurs Johann Else aus Darmstadt/Kopie enthalten in dem eigens zum „Fall Schäfer" angelegten Tagebuch von Kommissar Richard Körnlein, geführt zwischen 1945 und 1955 (ohne konkrete Datumsangaben):

„Ich erinnere mich, dass es in Darmstadt einen Mann gab, der ein Fahrzeug mit einem zumindest ähnlich lautenden Kennzeichen besaß, aber nicht selbst fuhr. Bei der Person handelte es sich um den kommissarischen Polizeidirektor der

Stadt Mainz, Herrn Horst Heinelt. Privat wohnte der Mann in Darmstadt-Eberstadt. Deshalb hatte er, obwohl er ja für die Polizei in Mainz tätig war, ein VS-Kennzeichen. Folglich war das Fahrzeug nicht auf die Kollegen in Mainz zugelassen, sondern wahrscheinlich auf den Herrn Heinelt persönlich. Es handelte sich demnach nicht um ein ziviles Polizeifahrzeug; jedenfalls war es mir als solches nicht bekannt.

Warum? Na, ganz einfach: Bis 1937 wurde für das Land Hessen, Provinz Rheinhessen, wozu die Stadt Mainz gehörte, das Kennzeichen VR verwendet. VS hingegen stand für das Land Hessen, Provinz Starkenburg. Wäre der Wagen ein auf die Polizei in Mainz zugelassenes Fahrzeug gewesen, hätte es ein Kennzeichen haben müssen, das mit VR begann. Das war aber nicht der Fall. Wie gesagt, der Wagen trug ein VS-Kennzeichen, gehörte aber meines Wissens nicht der Darmstädter Polizei; folglich handelte es sich um ein Privatauto. Logisch, oder?

Herr Heinelt selbst fuhr, wenn mich meine Erinnerung nicht täuscht, einen Adler. Mit dem anderen Wagen – es könnte ein dunkler Opel Regent gewesen sein; ich bin mir aber nicht mehr zu hundert Prozent sicher – fuhr er nicht. Trotzdem parkte der Wagen meiner Ansicht nach regelmäßig auf dem Gelände des Darmstädter Präsidiums. Wahrscheinlich wurde er von der Politischen Abteilung genutzt. Die verfügten zur damaligen Zeit, so glaube ich wenigstens, über keinen eigenen Fuhrpark. Die waren ja auch gerade erst gegründet worden. Das heißt nun nicht, dass es nicht schon vor 1933 eine Abteilung „Politische Polizei" im Landeskriminalpolizeiamt gegeben hätte; die gab es nämlich sehr wohl. Aber nachdem der Herr Dr. Best Landespolizeipräsident geworden ist, wurde die Abteilung herausgenommen aus dem Amt und zu einer selbstständigen Behörde umfunktioniert. Die hieß dann „Hessisches Staatspolizeiamt" oder so ähnlich; vielleicht war's auch „Hessisches Landespolizeiamt".

Das weiß ich nicht mehr so genau. Wir haben im Jargon immer nur von der „Politischen“ gesprochen.

Dass die „Politische“ neu gestaltet wurde, das weiß ich deswegen recht genau, weil meine Schwägerin damals eine Zeit lang als Schreibkraft bei der „Politischen“ gearbeitet hat. Als die dann aber aus der allgemeinen Verwaltung herausgelöst wurde, wollte sie da nicht bleiben. Sie hatte Sorge, dass das Projekt eine Eintagsfliege wäre, und sie im Falle des Scheiterns ihre Arbeit verlöre. Deshalb hat sie sich auf eine andere Stelle innerhalb des Präsidiums beworben und diese auch bekommen.“

Schreiben der Adler-Werke an Kommissar Körnlein/Kopie enthalten in dem eigens zum „Fall Schäfer“ angelegten Tagebuch von Kommissar Richard Körnlein, geführt zwischen 1945 und 1955 (ohne konkrete Datumsangaben):

„[…] Die Adler-Werke haben den nationalsozialistischen Staat und seine Vertreter mit Fahrzeugen ausgerüstet. Dies geschah in dem irrigen Glauben, dass unsere Firma eine gute und für das deutsche Volk positive Tat vollbrachte. Heute wissen wir, dass das nicht der Fall war. Ob wir allerdings auch den von Ihnen nachgefragten Herrn Horst Heinelt, seinerzeit kommissarischer Polizeidirektor der Stadt Mainz, mit einem Fahrzeug ausgestattet haben, lässt sich gegenwärtig nicht mehr nachvollziehen. Die entsprechenden Unterlagen sind im Zuge der Kriegs- und Nachkriegswirren bedauerlicherweise verloren gegangen. Wie zu Beginn bereits ausgeführt, war es bei sämtlichen Fahrzeugherstellern üblich, den Repräsentanten des nationalsozialistischen Staates Autos als Dauerleihgaben zur Verfügung zu stellen. Nach Ablauf einer gewissen Zeit oder Kilometerleistung erfolgte der kostenlose Austausch der Fahrzeuge. Da dies andere Hersteller entsprechend handhabten, konnte die Firma Adler unmöglich dahinter zurückstehen, ohne Gefahr zu laufen, als Hemmschuh für die Entwicklung des neuen Staates da zu stehen. […]“

Auszug aus dem Schreiben der Kriminalpolizei Mainz an Kommissar Körnlein/Kopie enthalten in dem eigens zum „Fall Schäfer“ angelegten Tagebuch von Kommissar Richard Körnlein, geführt zwischen 1945 und 1955 (ohne konkrete Datumsangaben):

„[…] teilen wir Ihnen mit, dass ein Haftbefehl gegen Horst Heinelt, geboren am 26. Oktober 1904 zu Frankfurt am Main, besteht. Heinelt, gelernter Friseur, wurde recht bald nach der Machtübernahme der Nationalsozialisten kommissarischer Polizeidirektor in Mainz. Eine entsprechende Qualifikation hierfür lag – wenn man davon absieht, dass es sich bei ihm um einen „alten Kämpfer“ handelte – nicht vor. Heinelt, der zu Alkoholismus und leichten Frauen tendierte, dürfte von übergeordneten Dienststellen, namentlich dem damals zuständigen hessischen Landespolizeipräsidenten, aus unbekannten Gründen protegiert worden sein. Anders ist seine Beförderung auf diesen verantwortungsvollen Posten nicht zu erklären.

Darüber hinaus teilen wir Ihnen mit, dass Heinelt unseren Erkenntnissen zufolge zwei Fahrzeuge besaß bzw. benutzte. Eines davon war der von Ihnen bereits angesprochene Adler. Bei dem anderen handelte es sich um ein viersitziges Opel-Cabriolet der Baureihe „Regent“ mit einer 1,8 Liter Maschine und 6 Zylindern. Das Fahrzeug besaß rote Lederpolster und war schwarz lackiert. Dieser Wagen war Heinelt – unseren kriegsbedingt leider etwas lückenhaften Unterlagen zufolge – am 31. Mai 1933 von der Adam Opel AG in Rüsselsheim „leihweise überlassen“ worden und führte vermutlich das starkenburgische Kennzeichen VS mit der Ziffernfolge 86 46. Genauere Angaben hierzu konnten auch die in dieser Sache kürzlich (erneut) befragten Mitarbeiter der Adam Opel AG nicht (mehr) machen. Es ist demnach nicht ausgeschlossen, dass das Fahrzeug nicht mit dem Kennzeichen VS 86 46 ausgestattet war, sondern ein Schild mit der Nummer VS 86 66 führte. Sicher ist nur, dass Heinelt einen dunklen „Regent" besaß, dessen Kennzeichen mit den Buchstaben VS begann, auf die die Zahlen 8 und 6 folgten.

Heinelt hat den Wagen im Dezember 1933 dann übrigens käuflich erworben, vermutlich mit dem damals für Parteifunktionäre üblichen Rabatt von 40 Prozent. Fest steht, dass es sich nicht um ein offizielles Fahrzeug der Polizei Darmstadt gehandelt hat. Der Wagen befand sich im Privatbesitz des Herrn Heinelt, der ihn nach Belieben selbst nutzen oder an ihm genehme Personen verleihen durfte. Hierauf konnten weder die Vertreter der Adam Opel AG noch die des Mainzer oder Darmstädter Polizeipräsidiums Einfluss nehmen.

Heinelt hält sich derzeit an einem uns unbekannten Ort auf. Die Fahndung nach ihm läuft."

Aus den privaten Notizen von R. Körnlein/Kopie enthalten in dem eigens zum „Fall Schäfer" angelegten Tagebuch von Kommissar Richard Körnlein, geführt zwischen 1945 und 1955 (ohne konkrete Datumsangaben):

„Große Überraschung! Nur wenige Tage nach dem Erhalt des Schreibens der Kollegen aus Mainz bekam ich ein Fernschreiben, in dem mir mitgeteilt wurde, dass Heinelt der Polizei ins Netz gegangen war.

Selbstverständlich habe ich mich sofort auf den Weg nach Mainz gemacht, um ihn zu fragen, wo er in der Nacht vom 16. auf den 17. Juli 1933 gewesen ist. Ohne nachzudenken und ohne Umschweife erklärte er, er sei zum fraglichen Zeitpunkt auf dem damals in der preußischen Provinz Sachsen gelegenen Truppenübungsplatz Alten-Grabow gewesen und habe dort einer Wehrübung der Reichswehr beigewohnt. Sodann stimmte er – wie zum Beweis seiner damaligen Präsenz in dem Ort – das „Alten-Grabow-Lied" an: „Alten-Grabow tief im Sande, scheint die Sonne glühend heiß, wo so manchem jungen Krieger, von der Stirne rann der Schweiß!"

Dann verschränkte er die Arme, grinste von einem Ohr zum anderen und sah mich mit herausforderndem Blick an. Mir war klar, was er mir sagen wollte: Sieh her, ich habe ein Alibi. Ich kann zwar schwerlich beweisen, dass ich an dem Tag tatsächlich in Alten-Grabow war, aber umgekehrt kannst du mir nicht nachweisen, dass ich nicht dort war, denn Alten-Grabow liegt heute in der sowjetisch besetzten Zone. Von dort sind keine Informationen zu bekommen; nicht einmal dann, wenn die entsprechenden Unterlagen noch vorhanden sein sollten. Infolgedessen gilt: In dubio pro reo, also: Im Zweifel für den Angeklagten.

Ein mieses, abgekartetes Spiel. Wer, bitte schön, kann sich nach so vielen Jahren dermaßen präzise daran erinnern, was er an einem bestimmten Tag gemacht hat, wenn es nicht nötig ist, sich für exakt diesen Zeitpunkt mit einem Alibi zu versehen, das insofern wasserdicht ist, als es nicht nachgeprüft werden kann? Ehrlich, ich hätte gute Lust gehabt, ihm sein triumphierendes Grinsen vom Gesicht zu polieren! Aber leider haben mich meine gute Erziehung und mein Diensteid daran gehindert.

Ich wollte dann von ihm wissen, mit welchem Auto er denn nach Alten-Grabow gefahren sei, mit dem Adler oder mit dem Opel? Ach du lieber Gott, antwortete Heinelt, was für eine Frage! Natürlich sei er stets mit dem viel schickeren Adler unterwegs gewesen. Auf die Fahrzeuge des Frankfurter Herstellers habe er geschworen! Adler-Trumpf, Adler-Trumpf Junior und schließlich der Autobahn-Adler; ja, das seien noch Fahrzeuge gewesen!

Was er denn mit dem Opel gewollt habe, wenn er doch ein überzeugter Adler-Fahrer gewesen sei, wollte ich wissen. Heinelt zuckte mit den Schultern. Den habe er sozusagen im Vorbeigehen mitgenommen. Der sei ihm von der Adam

Opel AG förmlich aufgedrängt worden. Damals habe ja keiner der großen deutschen Automobilhersteller zurückstehen wollen. Jeder sei bemüht gewesen, sich bei den neuen Machthabern so beliebt wie möglich zu machen. Davon habe auch er profitiert.

Auf meine Frage, wo denn der Opel gewesen sei, während er in Alten-Grabow an der Wehrübung teilgenommen habe, zuckte Heinelt wieder mit den Schultern. Wahrscheinlich zu Hause in meiner Garage, meinte er. Haben Sie ihn vielleicht an jemanden ausgeliehen, erkundigte ich mich. Bestimmt nicht, antwortete Heinelt. Autos und Frauen verleiht man nicht; ich tu das jedenfalls nicht. Aha, sagte ich, und wie kommt es dann, dass ein Opel, wie Sie ihn besaßen, unmittelbar nach dem Mord an Hermann Schäfer im Frankfurter Stadtwald, also direkt um die Ecke vom Tatort, gesehen wurde? Was weiß ich, antwortete Heinelt. Kann ich bitte eine Zigarette bekommen? Nein, fauchte ich, hier wird nicht geraucht! Ich sagte ihm nicht, dass ich seit meinem Lungenschuss Probleme mit Rauch hatte. Leider wurde man allerorten zugequalmt; jedenfalls nachdem Zigaretten aufgehört hatten, Zahlungsmittel Nummer eins zu sein. Beantworten Sie meine Frage!, zischte ich Heinelt an. Wer will denn mein Auto gesehen haben? Ein Bahnwärter, antwortete ich. Ein Bahnwärter, echote Heinelt mit Hohn in der Stimme. Kennt der sich nicht besser mit Loks und Waggons aus? Jetzt werden Sie mal nicht unverschämt, schnappte ich. Also, was machte Ihr Auto in der Nähe des Tatorts? Wie kommen Sie darauf, dass es sich um mein Fahrzeug gehandelt hat?, erkundigte sich Heinelt mit aufreizender Gelassenheit. Ich sagte es schon, entgegnete ich, man hat den Wagen gesehen! Jaja, Ihr geheimnisvoller Bahnwärter, meinte Heinelt spöttisch. Sie hatten einen dunklen Opel Regent mit dem Kennzeichen VS 86 66, fuhr ich ihn an. Wirklich? fragte Heinelt. Wer sagt das, und wo steht das? Wollen Sie abstreiten, so einen Wagen besessen zu haben? Aber woher denn, entgegnete Heinelt. Ich sagte doch bereits, dass ich einen dunklen Regent hatte, aber nicht mit dem Kennzeichen. Verdammt, dachte ich, der Kerl weiß genau, dass in Darmstadt keine einzige Akte mehr vorhanden ist. Ach, versuchte ich zu bluffen, wie lautete denn die Nummer Ihres Wagens? Also, daran kann ich mich beim besten Willen nicht mehr erinnern, sagte Heinelt mit honigsüßer Stimme. Wollen Sie mich auf den Arm nehmen? Sie wissen, was Sie in der Nacht vom 16. auf den 17. Juli 1933 gemacht haben; Sie wissen, mit welchem Auto Sie gefahren sind; Sie wissen, wie Ihr Kfz-Kennzeichen nicht gelautet hat; aber Sie wissen nicht, wie es lautete? Sehr richtig, bestätigte Heinelt. Ich kochte vor Wut. Ich würde jetzt gerne eine Zigarette rauchen, verlangte Heinelt erneut. Wenn Sie den Rauch nicht mögen oder nicht vertragen, können Sie ja einen Augenblick aus dem Zimmer gehen. Ich war kurz davor, ihn zu erwürgen. Was erlauben Sie sich eigentlich? Heinelt zuckte schon wieder mit den Schultern. Ich möchte lediglich eine rauchen. Was ist dabei?

Ich war in dem Moment so wütend, dass ich einfach aus dem Zimmer gegangen bin. Hinterher habe ich mich über mich selbst geärgert, weil ich so unprofessionell war. Aber, das muss ich gestehen, seit den Tagen der Flucht über das Haff war ich nicht mehr derselbe wie zuvor. Früher hatte ich Nerven wie Drahtseile. Jetzt nicht mehr. Hinzu kamen meine Atemwegsprobleme. Als ich damals aus dem Lazarett entlassen worden war, hatte mir der Arzt gesagt, ich müsse vorsichtig sein. Kälte, Feuchtigkeit, Nässe; alles in Maßen sei in Ordnung, zu viel schade. Leider hatte ich in letzter Zeit viel zu viel davon abbekommen. Selbst in den Räumen war es stets kalt und klamm gewesen. Dagegen halfen auch keine Mäntel, Handschuhe und Mützen, die ich selbst zu Hause oder im Büro nicht ausgezogen hatte, es sei denn im Hochsommer. Hinzu kam der immerwährende Qualm; nicht nur der, den die zahllosen Raucher unter meinen Kollegen, Nachbarn und Bekannten ausstießen, sondern auch die Öfen, die in den Zimmern und Büroräumen standen. Die rußten und qualmten, weil wir sie mit allem befeuerten, dessen wir habhaft werden konnten. Von wegen nur trockenes und gut abgelagertes Holz oder geeignete Kohlen und Briketts; sowas kann man sich vielleicht in guten Zeiten leisten. Die jetzigen aber sind alles andere als gut.

Als ich zurück ins Vernehmungszimmer kam, hing der Rauch wie eine Glocke im Zimmer. Hustend eilte ich zum Fenster und öffnete es. Oh, jetzt wird es aber frisch, meinte Heinelt und rieb sich fröstelnd die Hände. Ich ignorierte ihn. Schäfer ist in den frühen Morgenstunden des 17. Juli 1933 aus seiner Zelle geholt und in einem dunklen Opel Regent abtransportiert worden, sagte ich stattdessen. Na und? Meinen Sie, ich wäre der einzige Opel-Regent-Besitzer im Deutschen Reich gewesen? Hören Sie, das war ein Massenprodukt. Es gab Tausende davon. Ami-Entwicklung. Opel gehörte ja damals schon zu General Motors, einem Hersteller von Massenware. Tut mir leid, Herr Kommissar, aber weder mein alter Opel noch ich haben mit Ihrem toten Herrn Schäfer irgendetwas zu tun. Er grinste. Ich drehte mich um und ging. Das Fenster ließ ich offen. Angst, dass Heinelt türmen konnte, brauchte ich nicht zu haben. Es war vergittert.

Ich knallte die Tür zu meinem Büro hinter mir so fest zu, dass der Kalender, der an der Wand links daneben hing, zu Boden fiel. Na toll, dachte ich, hob ihn auf, wollte ihn erst wieder an seinen Platz hängen, doch dann packte es mich plötzlich, und ich schleuderte ihn wutschnaubend durchs Zimmer. Dann warf ich mich auf meinen alten Schreibtischstuhl und hämmerte wütend mit der Faust auf die Schreibunterlage. Es dauerte gut eine halbe Stunde, bis ich mich wieder beruhigt hatte. Du warst verdammt unprofessionell, schalt ich mich selbst. Hast dich von diesem aalglatten Kerl vorführen lassen. Und jetzt beruhige dich, verdammt noch mal, und fang an, dich zu konzentrieren. Mit Toberei allein löst du den Fall jedenfalls nicht.

Also schnappte ich mir ein Blatt Papier und notierte, was ich in Bezug auf das Fahrzeug, das von dem Bahnwärter in der Tatnacht gesehen worden war, bisher herausgefunden hatte.

Und das sah wie folgt aus:

- Der Besitzer des Fahrzeugs ist nicht mehr eindeutig zu ermitteln.
- Schäfer wurde mit einem dunklen Opel Regent abgeholt; ein dunkler Opel Regent wurde in der Nähe des Tatorts gesehen; ob es sich aber um das gleiche Fahrzeug handelt, ist unklar.

Wer zum Teufel hat das Fahrzeug, das Schäfer von Darmstadt nach Frankfurt brachte, damals gefahren? Wenn ich das herausfinde, bringe ich vielleicht auch in Erfahrung, wem der Wagen gehört hat. Ich bin sicher, dass Heinelt in die Sache verwickelt ist. Er hat dem oder den Tätern seinen Opel zur Verfügung gestellt.

Fakt ist natürlich: Der Fisch stinkt vom Kopfe her! Will heißen: Heinelt wäre niemals Polizeidirektor geworden, wenn ihn nicht jemand protegiert hätte. Dabei handelte es sich unzweifelhaft um einen einflussreichen Parteigenossen, und zwar – da bin ich ebenso sicher wie Frieder Schäfer – um den ehemaligen hessischen Landespolizeipräsidenten. Aber: Ohne Gegenleistung gibt es in der Regel auch keine Protektion. Ich vermute, Heinelt hat die Drecksarbeit erledigt, weil er wusste, wie man das am günstigsten anstellt. Doch jetzt kommt das zweite Aber: Ich muss das beweisen, und ich glaube, dass ich das nur kann, wenn ich Schritt für Schritt die Treppe nach oben steige. Blöderweise bin ich schon auf der ersten Stufe gestrauchelt, weil ich nicht mehr herausfinden kann, auf wen dieser Wagen zugelassen war! Die alten Akten lassen nur Vermutungen zu, und Heinelt ist glatt wie ein Aal. Aber ich bleibe dran! Wollen doch mal sehen, wie weit ich komme!"

Vernehmung des ehemaligen Leiters der 1. Kriminalinspektion Frankfurt am Main, Carl-Leopold Graumann/Kopie enthalten in dem eigens zum „Fall Schäfer" angelegten Tagebuch von Kommissar Richard Körnlein, geführt zwischen 1945 und 1955 (ohne konkrete Datumsangaben):

„Ich kann mich an Details zum Mordfall Hermann Schäfer nicht mehr erinnern. Alle mir bekannten Informationen habe ich damals in den Akten festgehalten. Mehr vermag ich zu der Angelegenheit nicht zu sagen. Nein, ich weiß nicht mehr, auf wen der Wagen, mit dem Schäfer nach Frankfurt gebracht wurde, zugelassen war. Ich kann mich nicht einmal mehr erinnern, was das überhaupt für ein Fahrzeug war. Aha, ein Opel Regent. Gut möglich. Nein, ich kann mich auch nicht mehr daran erinnern, dass Polizeibeamte aus Darmstadt in die Sache verwickelt gewesen sind. Ja, kann schon sein, dass Sie entsprechende Hinweise in den alten Akten gefunden haben, aber das ändert nichts an der Tatsache, dass ich mich nach so vielen Jahren daran nicht mehr erinnern kann. Beim besten Willen nicht. Nein, es beflügelt mein Gedächtnis auch nicht, wenn Sie mir die Aufzeichnungen – bitte, wenn es Ihnen besser gefällt, dann eben meine Aufzeichnungen – nochmals vorlegen. Ich kann mich nicht erinnern. Im Übrigen war ich nach dem Gespräch mit dem damals zuständigen Oberstaatsanwalt Dr. Vogelmeiser nicht mehr mit der Sache betraut und habe mich weisungsgemäß auch nicht mehr darum gekümmert. Damit war und ist die Angelegenheit für mich erledigt."

Aus den privaten Notizen von R. Körnlein/Kopie enthalten in dem eigens zum „Fall Schäfer" angelegten Tagebuch von Kommissar Richard

Körnlein, geführt zwischen 1945 und 1955 (ohne konkrete Datumsangaben):

„Graumann ist jetzt in der Abteilung Wirtschaftskriminalität tätig; zuständiger Staatsanwalt: Herr Dr. Vogelmeiser! Letzterer erklärte mir auf Nachfrage, dass er sich an die Sache Schäfer nicht mehr erinnere. Alle Notizen zu diesem Fall befänden sich in den Akten. Sollten diese nicht mehr vorhanden sein, sei das nicht zu ändern. Er könne sie aus dem Gedächtnis jedenfalls nicht mehr rekonstruieren und habe im Übrigen anderes zu tun, als sich um eine uralte Sache zu kümmern.

Dass die beiden nichts wissen – oder nichts wissen wollen –, liegt auf der Hand. Die beiden sind ja nach wie vor im Polizei- bzw. Justizdienst und in bestimmter Weise Kameraden. Und Kameraden schwärzt man nicht an; erst recht nicht, wenn man weiterhin zusammenarbeiten muss. Verfluchte Kameraderie!

Ein Hoffnungsschimmer blieb mir aber noch: Der damalige Polizeipräsident, Bernhard van Oosten. Der schien erzürnt zu sein, dass Polizeibeamte in die Ermordung Schäfers verwickelt waren. Und nach meinem Dafürhalten hat er keinen Grund, der alten Garde gefällig zu sein, denn Polizeipräsident van Oosten wurde bereits Ende September 1933 aus seinem Amt entfernt. Das geschah aber nicht etwa aufgrund des berüchtigten „Gesetzes zur Wiederherstellung des Berufsbeamtentums" vom 7. April 1933, mit dessen Hilfe jüdische, sozialdemokratische oder gar kommunistische Arbeiter, Angestellte und Beamte aus dem öffentlichen Dienst entlassen werden konnten. Nein, van Oosten musste gehen, weil er den Nationalsozialisten zu preußisch geworden war! In seiner – zum Glück noch erhaltenen – Personalakte findet sich ein Schreiben des Stabschefs der SA, Ernst Röhm, in dem gegen den SA-Standartenführer van Oosten bittere Vorwürfe erhoben werden. Ich gebe den Text hier im Wortlaut wieder:

„Ich nehme Ihr Verhalten zum Anlass, Ihnen ausdrücklich mitzuteilen, dass sämtliche Polizeipräsidien nicht deshalb mit SA-Führern besetzt worden sind, damit sie Beamte werden, sondern ausschließlich zu dem Zweck, dass die Polizeipräsidien von der SA beherrscht werden. Auch Sie sind zu diesem Zweck Polizeipräsident geworden. Ich habe Ihnen schon mit dem Brief vom 23.3. geschrieben, dass es sich für uns als die Begründer einer neuen Staatsauffassung und einer neuen Staatsordnung nicht so sehr darum handelt, dass Gesetzesbestimmungen und Paragrafen einer im Absterben befindlichen Rechtsordnung ihre Erfüllung finden, als darum, dass unsere Richtschnur des Handelns wird: Recht ist, was der Bewegung nützt, Unrecht, was ihr schadet. In einer großen Zeit der Umwälzungen sind eben auch Begriffe, wie der von der Staatsautorität wandelbar. Ich muss ernst bitten, in jeder staatlichen Verwendung, in die ich Sie als SA-Führer kommandiere, ausschließlich nach diesen Gesichtspunkten zu handeln. Wenn es sich für mich nur darum gehandelt hätte, abgesetzte Beamte durch andere zu ersetzen, so würde ich meine SA-Führer nicht für staatliche Stellen hergeben. Es handelt sich ausdrücklich darum, dass die Polizeipräsidien SA-mäßig geführt werden und dadurch dazu beitragen, die nationalsozialistische Revolution weiterverbreiten zu helfen."

Ganz offensichtlich hat sich van Oosten aber nicht an die Weisung seines Stabschefs gehalten und wurde deshalb wenig später seines Amts und seines SA-Dienstgrads enthoben. Ich hatte gehofft, dass sich der Mann so sehr über die Nazis geärgert hatte, dass er bereit sein würde, mit mir über den Fall Schäfer zu sprechen. Ich wiederhole: Er hat ja keinen Grund, die alte Truppe zu schützen!

Also habe ich versucht, zu van Oosten Kontakt aufzunehmen, aber seine Frau ließ mir ausrichten, dass es ihrem Mann gesundheitlich nicht gut gehe. Er sei daher bis auf Weiteres nicht zu sprechen. Danach hat sie energisch den Telefonhörer aufgeknallt, und genau so ist sie mit der Tür verfahren, vor der ich wenig später stand. Ich hätte wohl einen Hörschaden, meinte sie und schlug mir die Tür vor der Nase zu. Nee, dachte ich, keinen Hör-, nur einen Lungenschaden; fragt sich, an welchem Schaden der werte Herr Gemahl wohl leidet. Vielleicht auch unter fortgeschrittener Amnesie, wie die Herren Vogelmeiser und Graumann?

Gesundheitlich in der Malaise – aber wirklich und nicht nur vorgeschoben! – ist übrigens auch Hunkemeier, bei dem wir inzwischen allerdings nicht mehr untergebracht sind. Wir konnten in Frankfurt eine hübsche kleine Neubauwohnung beziehen, sodass ich es jetzt nicht mehr so weit zu meinem Dienstort habe. Zu Hunkemeiers, die ja praktisch die ersten Leute waren, die wir in unserer neuen Heimat kennen- und schätzengelernt haben, halten wir aber nach wie vor engen Kontakt. Frau Hunkemeier erzählte uns, dass ihr Mann wieder im Krankenhaus liegt. Sie mussten ihm nochmal ein Stück Bein abnehmen. Er hat jetzt bloß noch einen halben Oberschenkel. Es scheint, als habe ihn seine Ahnung nicht getrogen. Irgendetwas sitzt in ihm und frisst ihn langsam auf. Mich übrigens auch. Ich muss oft husten und bekomme schlecht Luft. Meine Frau sagt, ich solle endlich zum Arzt gehen, schließlich hätte ich eine durchaus ernste Vorerkrankung, aber ich habe keine Zeit; naja, wenn ich ehrlich bin, habe ich keine Lust. Und ich will auch gar nicht wissen, was da in meiner Lunge ist. Ich muss halt langsam machen und viel frische Luft schnappen, dann geht das schon.

Apropos frische Luft schnappen: Bin gestern, am Sonntagnachmittag, ein bisschen mit der Familie durch den Frankfurter Stadtwald gewandert. Dabei ist mir urplötzlich eine Vernehmung eingefallen, die ich bisher überhaupt nicht weiter beachtet habe, und meine Vorgänger im Amt auch nicht, was aber daran liegen mag, dass da von einem Ortsgruppenleiter die Rede ist, der mehr oder weniger als Mordbube bezeichnet wird.

Ich bin daraufhin sofort ins Präsidium gerannt. Meine Frau war ein wenig pikiert, aber so ist das eben, wenn man mit einem Polizisten verheiratet ist. Immer im Dienst! Das war damals in Königsberg nicht anders. Sie hätte eigentlich längst daran gewöhnt sein müssen!

Im Präsidium habe ich nach einer Weile auch gefunden, was ich suchte, nämlich die Aussage des Schrankenwärters Ludwig Klinger. Der versah damals im Bahnwärterhäuschen Nr. 6 seinen Dienst. Haus Nr. 6 lag in der Nähe der Bürgerlichen Schießstände. Das ist nicht so fürchterlich weit weg von der Isenburger Schneisenbrücke. Klinger meinte, er habe Schüsse gehört, sei aber nicht gucken gegangen. Am nächsten Tag hätte ihm jemand berichtet, dass Hermann Schäfer erschossen worden sei, und dass dafür wohl der Kreisleiter der NSDAP Neu-Isenburgs verantwortlich zeichne. Ein Mann namens Franz Fischer! Wieso bin ich dem Hinweis nicht eher nachgegangen?!"

Vernehmung des Rentners Ludwig Klinger aus Frankfurt am Main/ Kopie enthalten in dem eigens zum „Fall Schäfer" angelegten Tagebuch von Kommissar Richard Körnlein, geführt zwischen 1945 und 1955 (ohne konkrete Datumsangaben):

„Ja, ich kann mich dunkel an den Fall Schäfer erinnern. Irgendjemand hat den auf der Isenburger Schneisenbrücke abgemurkst. Mir hat später wer erzählt, dass das der Franz Fischer mit seinen Leuten gewesen wäre. Ob das allerdings stimmt, weiß ich nicht. Ich war ja nicht dabei. Aber der Fischer hatte so ein paar besondere Spezies. Ganz dicke Kumpels. Ich kann mir schon vorstellen, dass die sowas gemacht hätten. Warten Sie, wer gehörte damals dazu? Ich muss nachdenken. Fällt mir gleich ein.

Ach ja, also einer von denen war eine große Nummer in der Stadtregierung; wie hieß der noch? Klumpf, meine ich; jaja, Klumpf, und der hatte einen Sohn, der war Musiker oder sowas Brotloses. Tingelte durch die Lokale und schlug sich durch. Ich hab' den ein paar Mal gesehen. Also, wenn der nicht schwul war, dann weiß ich's auch nicht. Aber das hätte ja keiner zu sagen gewagt, weil der dann von Klumpfis Papi gleich einen Kopf kürzer gemacht worden wäre. Hm, und dann gab es auf jeden Fall noch den Kohlhof. Der war so strunzend dämlich, dass der allgemein immer nur als „Kohldoof" durchgegangen ist. Der Kohldoof hatte ein Auto und war ganz versessen aufs Fahren. Hat für seine Nazi-Kumpels auch immer Botendienste und Ausfahrten erledigt. Der besaß einen Transporter. Da hätten die allesamt draufgepasst, ganz bestimmt, und der Kohldoof war auch immer zur Stelle. Wenn der Klumpf oder der Fischer mit dem Finger geschnipst haben, kam der angerannt und hielt sich für ganz, ganz, ganz bedeutsam.

Und als sie ihn dann noch in eine SS-Uniform gesteckt haben, da fühlte er sich mindestens so wichtig wie der Führer persönlich. Diesen bescheuerten Untermenschen – also bitte, entschuldigen Sie den Ausdruck, aber das war doch der Spruch von den Nazis damals, alle waren doch nur Untermenschen, außer denen, aber dann packen ausgerechnet die sich sowas wie den Kohldoof in ihren Verein hinein; unglaublich, das war nämlich echt der unterste von allen Untermenschen, das können Sie mir glauben; der hatte das Gehirn einer Schrumpferbse; blöd wie zehn Meter Waldweg – ja, also den haben sie doch nur in die SS aufgenommen, weil er dem Fischer und dem Klumpf ein paar Mal einen Gefallen getan hat. Die haben dann ein gutes Wort bei ihrem Herrn SS-Fuhrer eingelegt.

Der, also der SS-Führer, war übrigens von Haus aus Friseur. Damenfriseur. Wenn der losgelegt hat, sahen die Frauen hinterher aus wie Trude aus Buxtehude. Also, der König unter den Friseuren war der nicht. Aber das spielte dann ja auch keine Rolle mehr, weil der ein ganz hohes Tier bei der

Polizei geworden ist. Muss irgendwann nach der Machtübernahme gewesen sein. Der Chef von der hiesigen SS ist er aber trotzdem geblieben; trotzdem, weil der nicht in Neu-Isenburg geschafft hat, sondern woanders. Ich weiß gar nicht mehr, ob das in Mainz oder Darmstadt war? Ich meine, Mainz, aber sicher bin ich mir da nicht.

Das war so ein ganz merkwürdiger Heini. Irgendwie aalglatt. Und so ähnlich wie Heini hieß der auch. Warten Sie mal, warten Sie mal, hm, Heini, Heino, Haina, Heiner; nee, nee, nee, nee: anders; Sekunde – ja, jetzt hab' ich's: Heinelt! Heinelt hieß der.

Der tauchte immer mit seinem Adlatus im Schlepptau auf. Görgel hieß der. Ein junger Kerl. Der hat auch bei der Polizei geschafft, aber Polizist war der nicht. So einer von den SS-Knilchen, die sie nach 1933 zu Hilfspolizisten ernannt haben. Jaja, der Heinelt kannte den Görgel von der SS und hat den irgendwie bei der Polizei untergebracht. Aber nicht in Neu-Isenburg oder Frankfurt; in Mainz oder Darmstadt, meine ich.

Also, das waren alles SS-Leute. Die haben zusammengehalten. Mit denen mochte sich auch keiner anlegen. Alle, die früher mal anders gedacht haben, und von denen das die Leute um Heinelt wussten, die hatten nach der Machtübernahme nichts mehr zu lachen. Die Sozis und die Kommunisten bekamen erst eins aufs Maul und landeten dann in den Lagern. Nicht alle, aber doch viele. Ich wundere mich, dass die die Burschen nach dem Krieg nicht am nächsten Baum aufgeknüpft haben. Wenn ich wegen denen im KZ gesessen hätte, wäre von denen nach meiner Heimkehr nichts übrig geblieben. Das kann ich Ihnen versprechen. Aber wir Deutschen sind halt ein Volk von Schafen. Wenn das Oberschaf sagt, dem bissigen Schaf darfst du aber nichts tun, auch wenn du vorher von dem ordentlich auf die Mütze bekommen hast, dann bist du brav und läufst fortan in trauter Eintracht mit dem anderen über die Weide. Bescheuert."

Recherche zur Mitgliedschaft Horst Heinelts in der SS – Auszug aus dem Handbuch der Abgeordneten des Deutschen Reichstags/Kopie enthalten in dem eigens zum „Fall Schäfer" angelegten Tagebuch von Kommissar Richard Körnlein, geführt zwischen 1945 und 1955 (ohne konkrete Datumsangaben):

„Heinelt, Horst; geb. am 26.10.1904 in Frankfurt am Main; katholisch; Wahlkreis 33 (Hessen-Nassau); seit November 1933 Mitglied des Deutschen Reichstags. Volksschulbesuch 1911-1919. 1919-1922 Friseurlehre. Zwischen 1922 und 1931 Tätigkeit als Friseurgeselle in Mainz. 1929 Eintritt in die SS; SS-Truppführer. 1930 SS-Sturmführer, 1931 SS-Sturmbannführer. 1932-1933 SS-Führer in Frankfurt am Main; seit 1.4.1933 (SS-Standarten-)Führer der 33. SS-Standarte „Rheinhessen"; Hauptsitz: Darmstadt."

Aus den privaten Notizen von R. Körnlein/Kopie enthalten in dem eigens zum „Fall Schäfer" angelegten Tagebuch von Kommissar Richard Körnlein, geführt zwischen 1945 und 1955 (ohne konkrete Datumsangaben):

„So langsam wird's was!! Best und Heinelt gehörten beide der SS an. Darüber hinaus war Heinelt SS-Standartenführer in Darmstadt. Hier hatte sich Best unter dem damaligen Gauleiter, dem kriegsversehrten Lehrer Karl Lenz, seine ersten parteipolitischen Sporen verdient; hier war der Sitz des Landtags des Volksstaats Hessen, dem er einige Jahre lang angehört hatte; hier, in der hessischen Landeshauptstadt, war er von dem neuen Gauleiter, dem seit dem Jahreswechsel 1932/33 amtierenden Jakob Sprenger, zum Landespolizeichef ernannt worden; und hier amtierte auch der von Meta Schäfer in ihrem Bericht erwähnte „Herr Schneider", nämlich Wilhelm Schneider, als Chef des „Hessischen Staatspolizeiamts Darmstadt". Und diese geheimnisvolle Behörde war nichts anderes als die „Hessische Politische Polizei", die Best nach seinem Amtsantritt aus der „normalen" Polizei, sprich dem Landeskriminalpolizeiamt, herausgelöst und als eigenständige Behörde installiert hatte! Wie gesagt, geleitet wurde dieses Amt von Wilhelm Schneider, einem sehr alten Bekannten Bests aus den frühen 20er Jahren, aber unterstellt war sie dem Landespolizeipräsidenten höchstpersönlich. Der fungierte also als Oberboss! Alle Fäden liefen demnach in Darmstadt zusammen!

Und jetzt meine Theorie: Best wollte Schäfer aus Rache umbringen. Aber in Frankfurt am Main, das zu Preußen gehörte und deshalb nicht in Bests Kompetenzbereich fiel, ging das mit dem Mord nicht so einfach. Also sorgte Best dafür, dass der Schäfer nach Hessen überstellt wurde. Aber natürlich nicht irgendwohin, sondern ganz gezielt nach Darmstadt, in die Obhut seines zuverlässigen Kameraden Wilhelm Schneider, der eine Behörde leitete, die Best persönlich unterstand und aus der normalen Verwaltung herausgelöst war. Das machte das ganze Unterfangen doch deutlich leichter.

Natürlich konnte man den Schäfer auch in Darmstadt nicht einfach abknallen. Nicht alle Mitarbeiter der Polizei in Darmstadt waren ja überzeugte Nationalsozialisten und deshalb sofort bereit, das bestehende Recht zugunsten der Ideen der neuen Machthaber zu ignorieren. Man musste die Sache daher schon ein bisschen clever angehen, und es so aussehen lassen, als habe irgendwer den Schäfer ermordet. Jemand, den man leider, leider nie würde ermitteln können! Aber einer musste es machen; einer musste den Abzug betätigen, also schießen. Nur wer?

Best überlegte einen Moment und entschied dann, Darmstädter Polizeibeamte mit der Aufgabe zu betrauen. Wahrscheinlich wählte er solche aus, die schon lange Mitglied der NSDAP oder der SS waren; vielleicht aber auch die, die als besonders gute Schützen bekannt waren; eventuell fiel seine Wahl aber auch auf Männer, von denen er wusste, dass sie schon länger auf eine Beförderung hofften. Wie auch immer:

Er schickte Schäfer bei dessen erster Verhaftung und dem darauf folgenden ersten Rücktransport von Darmstadt nach Frankfurt mit ziemlicher Sicherheit zwei echte Polizisten auf den Hals.

Die sollten Schäfer an einer dunklen Stelle irgendwo in Frankfurt absetzen und ihn dann erschießen. Das hat aber nicht geklappt. Entweder war der Beamte zu ungeschickt und hat den Schäfer deshalb nicht getroffen, oder er wollte ihn nicht erschießen, weil er nicht sicher war, ob die von Best womöglich versprochene Straffreiheit am Ende auch wirklich gewährt wurde. Vielleicht war dem Mann auch nicht mit aller Deutlichkeit gesagt worden, dass er Schäfer umbringen sollte. Wenn ihm das jemand verklausuliert dargelegt hat, mag es sein, dass der Gute nicht begriff, was ihm durch die Blume nahegebracht werden sollte. Deshalb schoss er zwar hinter Schäfer her, aber nicht mit der festen Absicht, ihn zu töten. Oder aber, und das will ich auch nicht ganz außer acht lassen, es widerstrebte dem Beamten, einen wehrlosen Menschen von hinten umzubringen; Anweisung hin oder her.

Um das herauszufinden, müsste ich wissen, wer die beiden Männer waren, die Schäfer mehrfach zwischen Darmstadt und Frankfurt hin- und herkutschierten. Aber das scheint sich schwierig zu gestalten.

Gut, aber jetzt weiter im Text. Best erfuhr, dass Schäfer nicht tot war und raufte sich vor Zorn die Haare. Was für Idioten, dachte er, lassen den Kerl einfach laufen. Jetzt müssen wir die Sache nochmal angehen.

Er ordnete also an, Schäfer erneut festnehmen zu lassen. Er schickte „ordentliche" Polizisten, also Leute, die sich ausweisen konnten. Das schaffte Vertrauen. Deshalb waren bestimmt auch die Männer mit der Aufgabe betraut, die Schäfer bereits kannte. Klar, beim letzten Mal hatte der eine auf ihn geschossen, aber ihn nicht getroffen, und das war es, was zählte. Der hatte ihm damals sicher nur Angst machen wollen, weil das von den Vorgesetzten so befohlen worden war; mehr aber auch nicht. Also konnte Schäfer dem Mann vertrauen. Jedenfalls einigermaßen. Schäfer ging demnach mit, ohne viel Theater zu machen.

Er ahnte ja nicht, was ihn in Darmstadt erwartete! Im „Braunen Haus", wohin er zunächst geschafft wurde, gab es erst einmal Senge und jede Menge Demütigung. Dann überführten sie Schäfer ins Gefängnis, wo sich niemand um seinen Zustand und seine Verletzungen scherte. Einen Arzt zu rufen hätte nur bedeutet, sich einen zusätzlichen Mitwisser zu schaffen. Nein, uninteressant. Lass den Schäfer nur bluten und ein paar Schmerzen leiden; lange lebt der sowieso nicht mehr. Es ist nur noch eine Frage der Zeit. Ein paar Tage noch, schlimmstenfalls ein paar Wochen; so lange, wie es eben braucht, um einen Mord ordentlich vorzubereiten.

Eines Nachts, nämlich in der vom 16. auf den 17. Juli 1933, war es dann soweit. Schäfer wurde von drei Männern, die das Wachpersonal im Knast nicht oder nicht sehr gut kannte, mitten in der Nacht abgeholt. Einer schien Polizist zu sein, die anderen spielten sich irgendwie auf. Ich vermute, dass es sich bei den beiden Wichtigtuern um Männer von der neugeschaffenen Politischen Polizei gehandelt hat! Das waren demnach gar keine richtigen Polizisten, sondern Hilfspersonal aus den Reihen der SA und SS. In unserem Fall wohl eher der SS, denn Best war ja selbst SS-Angehöriger und hatte einen „guten Bekannten" bei der Darmstädter SS, nämlich den Horst Heinelt, der ihn bei Bedarf sicher mit vertrauenswürdigen SS-Männern ausstaffieren konnte. Und in diesem Fall bestand Bedarf! Schließlich hatte die „richtige" Polizei beim ersten Mordversuch kläglich versagt. Jetzt mussten es also die „Vertrauensleute" richten!

Sodann stiegen sie – mindestens die „Vertrauensmänner", vielleicht begleitet von dem Polizisten, wer weiß – in ein dunkles Auto ein, wahrscheinlich einen Opel Regent. Das war unter Garantie das Fahrzeug, das die Firma Opel dem Heinelt zur Verfügung gestellt hatte. Da der aber lieber Adler fuhr, borgte er den Wagen großzügig aus, und zwar an die Mitarbeiter der Politischen Polizei in Darmstadt. Denen stand nämlich kein Fuhrpark zur Verfügung; noch nicht. Die Behörde war einfach zu neu und besaß daher zunächst keinen eigenen und umfassenden Etat.

Gemeinsam fuhren die „Vertrauensleute", unter ihnen wohl dieser ominöse Görgel, mit Schäfer im „Heinelt'schen Leihwagen" in Richtung Frankfurt. Wahrscheinlich wählten sie die Strecke über Sprendlingen und Neu-Isenburg. Das war damals die günstigste Route.

Am Ortsrand Frankfurt angekommen, bog der Fahrer am „Frankfurter Haus", nur wenige Meter hinter der Haltestelle der Waldbahn, überraschenderweise – zumindest für einen Ortskundigen wie Schäfer – in die Isenburger Schneise ab, die nach Niederrad führte. Auf diesem Weg in die Stadt hineinzufahren, bedeutete einen erheblichen Umweg. Der kürzeste Weg ins Zentrum führte nämlich über die „Sachsenhäuser Warte"! Folglich hätte der Fahrer am „Frankfurter Haus" bloß geradeaus zu fahren brauchen. Dass er das nicht tat, lässt darauf schließen, dass er die Richtung Niederrad ganz bewusst eingeschlagen hatte. Klar, denn an der Isenburger Schneisenbrücke, die nachts nur wenig frequentiert war, also weitgehend einsam und verlassen lag, lauerten die bestellten Mörder!

Während Bests „Vertrauensleute" das Opfer in Heinelts Auto aus Darmstadt herbeischafften, befand sich Heinelts Neu-Isenburger Mörderbande bereits in Lauerstellung. Zu der Gruppe der Mordbrenner gehörten ganz gewiss Fischer, Klumpf, „Kohldoof" und Konsorten, also die Männer, die Heinelt aufgrund seiner Eigenschaft als hessischer SS-Führer – Isenburg war ja schließlich (noch oder schon) hessisch – bestens kannte, und von denen er sehr genau wusste, dass sie besonders zuverlässig und vertrauenswürdig waren.

„Kohldoof“ hatte diesen „Freundeskreis Heinelt“ wahrscheinlich mit seinem Transporter von zu Hause abgeholt und zur Brücke gekarrt. Dann stellte er den Wagen in einem dunklen Seitenweg ab und wartete zusammen mit seinen Kumpanen auf das Eintreffen des Opfers.

Nachdem Schäfer im Frankfurter Stadtwald angekommen war, Heinelts Wagen verlassen hatte und auf die Brücke

Blick von der Isenburger Schneisenbrücke auf die Skyline von Frankfurt — *Foto: Hans-Peter Zibell*

zugelaufen kam, stürzten sich die Mordbuben auf ihn, prügelten auf ihn ein, schossen auf ihn und warfen ihn schließlich über das Brückengeländer auf die Gleise. Wahrscheinlich hatten sie nicht bemerkt, dass ihr Opfer im Entwässerungsgraben zu liegen kam. Bestimmt waren sie davon ausgegangen, dass es auf den Schienen landete, wo es demnächst von einem vorbeifahrenden Zug überrollt werden würde. Wenn Schäfer bis jetzt noch nicht tot war – nach der Kollision mit der Lokomotive würde er es unter Garantie sein und darüber hinaus womöglich bis zur Unkenntlichkeit verstümmelt!

Nach vollbrachter Tat kehrten die Männer mit „Kohldoofs" Transporter nach Hause zurück und lebten ihren Alltag weiter, als ob nichts geschehen sei. Angst vor polizeilicher Verfolgung brauchten sie nicht zu haben. Best, Schneider und Heinelt würden dafür sorgen, dass sie nicht aufflogen. Und dieses Versprechen hatten die anstiftenden Herrschaften wirklich und wahrhaftig eingehalten. Die Vorkriegsermittlungen verliefen im Sande; das Verfahren wurde alsbald „zum Nachteil Schäfers" eingestellt.

Umgekehrt konnten sich Best, Heinelt und Schneider darauf verlassen, dass von den Tatbeteiligten keiner plauderte; auch nicht nach dem Ende des „Dritten Reiches". Sie bildeten lebenslang eine verschworene (Zwangs-)Gemeinschaft. Alle schwiegen, weil alle etwas zu verbergen hatten. Wenn einer aufflog, flogen alle auf. Also hielten einfach alle die Klappe.

Bleibt noch zu überlegen, was es mit dem geheimnisvollen Autostopp am Königsbrunnenweg auf sich hat. Nun, ich vermute, dass der Fahrer des Opels mit dem eigentlichen Geschehen nicht in Verbindung gebracht werden wollte. Er ließ Schäfer aussteigen und versuchte dann, sich schnellstmöglich aus dem Staub zu machen. Wahrscheinlich wollte er auf dem kürzesten Weg zurück nach Darmstadt. Zu diesem Zweck, so vermute ich wenigstens, bog der Fahrer in die

Lang-Schneise ein, die wenige Meter vor dem in Richtung Neu-Isenburg gelegenen Kopf der Isenburger Schneisenbrücke auf die Straße mündete. Von dort wollte er über die Tränk-Schneise auf die Darmstädter Landstraße gelangen, die Richtung Heimat führte. Doch diese „Abkürzung“ erwies sich als Irrweg, weil der Fahrer in der Finsternis die Orientierung verlor. Alle Schneisen und Waldwege wirkten plötzlich irgendwie gleich. Lang-Schneise, Tränk-Schneise – auf der Karte hatte es so einfach ausgesehen; die konnte man überhaupt nicht verfehlen! Konnte man aber doch! Die Irrungen und Wirrungen des Fahrers zeichnen – nach meiner Ansicht – dafür verantwortlich, dass der Opel zweimal den Bahnübergang des Bahnwärters Förster überquerte.

Statt sich unbemerkt zu verdünnisieren, machten Fahrer und Fahrzeug durch die ungewöhnliche Fahrtroute in jener Nacht erst so richtig auf sich aufmerksam. Wahrscheinlich hätte sich kein Mensch an den Wagen erinnert, wenn er – nachdem er Schäfer „abgesetzt“ hatte – einfach auf der Straße gewendet und die gleiche Strecke zurückgefahren wäre. Aber das wollte der Fahrer ja ganz offensichtlich vermeiden. Entweder, weil er Angst hatte, gesehen zu werden, oder weil er tatsächlich eine Abkürzung gefunden zu haben glaubte.

So könnte es gewesen sein. Eigentlich war ich ziemlich sicher, dass es sich so zugetragen hatte; oder jedenfalls so ähnlich. Vielleicht waren die Insassen des Opels auch an dem Tatgeschehen beteiligt gewesen. Ausschließen konnte ich das nicht, obwohl es mir zeitlich nicht ganz zu passen schien. Der Fahrer hätte sich sehr beeilen müssen, um erst an der Tatbegehung mitzuwirken und dann durch den Wald zu kurven; zumindest, wenn man der Zeugenaussage Försters Glauben schenkt, der seinerzeit erklärte, dass er den Wagen das erste Mal ganz kurz nach dem Knallen der Schüsse gesehen hatte.

Ich hätte den Mann gerne erneut befragt, aber als ich bei seiner Frau an der Tür läutete und mich nach Herrn Förster erkundigte, erklärte sie mir lakonisch, da müsse ich auf den Friedhof gehen. Dort sei er anzutreffen; 24 Stunden am Tag. Selbst der Dickschädel ihres Mannes habe den herabstürzenden Trümmerteilen und der Feuersbrunst nicht standhalten können. Bei dem großen Bombenangriff vom 22. März 1944 auf Frankfurt sei er ums Leben gekommen. Die ganze Altstadt habe damals in Schutt und Asche gelegen, erzählte sie mir. Sie sei damals mit ihren Kindern bei ihren Eltern im Taunus gewesen. Ihr Mann habe sie dorthin geschickt, weil er glaubte, dass sie dort sicherer seien als in der Stadt und außerdem besser mit Lebensmitteln versorgt würden. Der Landbevölkerung ging es ja vergleichsweise gut. Sie aber habe nicht gehen wollen. Sie seien doch Mann und Frau und hätten versprochen, miteinander durch dick und dünn zu gehen. Aber er habe gesagt, sie solle keinen Unsinn reden und fahren. Das habe sie dann schließlich getan. Nur deshalb seien sie und ihre Kinder überhaupt noch am Leben. Das verdanke sie allein ihrem Mann. Er sei ein guter Mensch gewesen. Treu und fürsorglich. Aber nun leider nicht mehr da und für niemanden mehr persönlich zu sprechen. Nicht einmal für die Polizei. Dann sagte sie „Auf Wiedersehen“ und schlug mir die Tür vor der Nase zu.

Ich kam mir, zugegebenermaßen, ziemlich dämlich vor. Was wollte die Frau mir mit ihren Ausführungen eigentlich sagen? Dachte die vielleicht, ich wäre schuld an dem verdammten Krieg oder gar an dem Bombardement auf Frankfurt? Oder bereitete es ihr allein schon Verdruss, dass ich – ein Mann – noch lebte, während der ihre tot war? Ich stand noch einen Augenblick ziemlich ratlos und verdattert vor der geschlossenen Tür, bis ich mich endlich aufraffte und ging.“

Vernehmung Horst Heinelt/Kopie enthalten in dem eigens zum „Fall Schäfer" angelegten Tagebuch von Kommissar Richard Körnlein, geführt zwischen 1945 und 1955 (ohne konkrete Datumsangaben):

„Selbstverständlich kenne ich die Herren Klumpf und Fischer aus Neu-Isenburg. Gute und anständige Kameraden. Nein, von einer Beteiligung der Genannten am Mord an Hermann Schäfer ist mir nichts bekannt. Ja, einen Herrn Görgel kenne ich. Kurt Görgel. Gehörte der SS an. Ordentlicher Kerl. Nein, über seinen Verbleib weiß ich nichts. Falls es Ihnen noch nicht aufgefallen ist: Es gab einen großen Krieg, und da blieb kaum ein Stein auf dem anderen. Woher soll ich also wissen, ob jemand die Massaker, die die Alliierten angerichtet haben, überlebt hat oder nicht? Was, von unserem Führer soll der Krieg angezettelt worden sein? Mein lieber Herr Kommissar, was schlägt denn in Ihrer Brust für ein Herz? Doch wohl kein deutsches, sonst würden Sie sich nicht wagen, hier mit billigster Feindpropaganda anzukommen! Ist ja wie nach dem Ersten Weltkrieg. An dem sollte Deutschland auch ganz allein schuld gewesen sein. Was für ein Unfug. Da kennt einer die historischen Fakten nicht! Aber Hauptsache eine Verbeugung vor der Siegerjustiz der Alliierten gemacht! Ich sage nur: Nürnberg! Nichts als Lug und Trug. Pfui!"

Aus den privaten Notizen von R. Körnlein/Kopie enthalten in dem eigens zum „Fall Schäfer" angelegten Tagebuch von Kommissar Richard Körnlein, geführt zwischen 1945 und 1955 (ohne konkrete Datumsangaben):

„Während der Vernehmung hätte ich Heinelt am liebsten erwürgt. Ich spürte, wie ich vor Zorn ganz rot anlief. Mein Gesicht und meine Ohren brannten wie Feuer.

Als es dann vorbei war, also die Vernehmung, habe ich mich mal wieder über mich selbst geärgert. Wie schon neulich gelang es dem Kerl, mich aus der Fassung zu bringen. Das macht dem richtig Spaß. Der spielt förmlich mit mir, und ich schaffe es nicht, ihm Paroli zu bieten, sondern gehe ihm wie ein kleiner Junge auf den Leim.

Naja, immerhin weiß ich jetzt, dass der geheimnisumwitterte „Vertrauensmann" aus Darmstadt mit Vornamen Kurt hieß. Nach einem Kurt Görgel fahndet es sich jedenfalls erheblich leichter als nach einem vornamenlosen Görgel. Ich habe meine Leute auf diesen Kurt Görgel angesetzt. Mal schauen, was sie über den Mann herausfinden können.

Ich selbst bin am Abend bei Hunkemeier vorbeigegangen. Sie haben ihn inzwischen aus dem Krankenhaus entlassen. Er sieht elend aus, bemühte sich aber, einigermaßen fidel zu wirken. Ich erkundigte mich, ob er die Herren Fischer, Klumpf und Kohlhof kenne.

Bei der Erwähnung des letzten Namens musste er lachen. Den „Kohldoof" meinst du, sagte er. Ja, sicher, den kannte hier in Neu-Isenburg jedes Kind. Der hatte im Ort eine kleine Autowerkstatt und brachte demjenigen, der scharf drauf war, das Autofahren bei. Ein bisschen einfältig, aber sonst ganz nett, jedenfalls zu den jungen Leuten. Half auch immer, wenn am Fahrrad mal was kaputt war. Kein schlechter Kerl, aber leider so braun wie seine Raucherlunge! Ach du lieber Gott, sagte er dann und schlug sich die Hand vor den Mund. Bitte entschuldige, das ist mir so herausgerutscht. Einfach ein dummer Spruch. Trifft aber auf den „Kohldoof" voll zu, denn der war Kettenraucher. Kaum hatte er die eine Kippe fertig, hat er sich an der letzten Glut auch schon die nächste angezündet. Der ist kurz vor Kriegsausbruch an – hier zögerte er einen Moment und fuhr dann etwas leiser fort – Lungenkrebs gestorben. Ja, so war das. Den, mein lieber Richard, kannst du leider nicht mehr befragen.

Und der Klumpf, wollte ich wissen. Der sei noch am Leben, erzählte Hunkemeier. Eine tiefbraune Socke wäre das gewesen. Er strahlte mich an, wahrscheinlich, weil es ihm diesmal geglückt war, den Lungen-Vergleich zu umgehen.

Der gebe sich jetzt aber geläutert. Er und sein Sohn hätten nach 1945 die örtliche Sektion der Liberaldemokraten mitbegründet. Mehr Freiheit für die Menschen und weniger Staat sei jetzt seine Devise. Er habe aus der Vergangenheit gelernt. Das behaupte er wenigstens. Der führe jetzt ein recht gut gehendes Baugeschäft. Gebe vielen Leuten aus dem Ort Arbeit. Gegen den, meinte Hunkemeier, werde ganz bestimmt keiner aussagen. Und gegen den Fischer auch nicht. Der habe kürzlich die Gastwirtschaft seines Vaters übernommen und mache auf Wohltäter und Menschenfreund. Gebe den Zechern großzügig Kredit und unterstütze diverse Vereine durch Sachspenden, also mit Apfelwein oder Würsten, wenn Feste anstehen. Mit dem werde es sich keiner verderben wollen, schloss er.

Er sollte recht haben, wie so oft. Niemand sagte etwas gegen Klumpf und Fischer, und Klumpf und Fischer sagten nichts gegen andere, und von dem Mord an Hermann Schäfer wollten sie nur vom Hörensagen wissen. Nein, beteiligt waren sie daran ganz bestimmt nicht gewesen. Sie hätten unzweifelhaft schwere Fehler in ihrem Leben gemacht. Dazu gehörte die Zustimmung zu Hitler und ihre Bereitschaft bei den Nationalsozialisten mitzutun. Dadurch hätten sie ihrem Volk und ihrem Vaterland und Millionen Menschen anderer Nationalität und Rasse schlimmes Leid zugefügt. Dafür schämten sie sich wirklich sehr, könnten es aber nicht mehr ungeschehen machen. Es hätte deshalb keinen Sinn, weiter nach hinten zu blicken. Wenn man Besseres erreichen wollte, müsste man nach vorne schauen. Und das täten sie seit 1945. Sogar die strengen amerikanischen und deutschen Entnazifizierer hätten verstanden, dass es sich bei ihnen nur um zeitweise irregeleitete Menschen gehandelt habe. In die Kategorie der „Mitläufer" seien sie deshalb eingestuft worden. So jemand könne doch kein Mörder sein! Wo dächte ich hin?!

Ja, richtig, wo dachte ich denn eigentlich hin?"

Vernehmung des Strafgefangenen Kurt Görgel in der Strafanstalt Kassel-Wehlheiden/Kopie enthalten in dem eigens zum „Fall Schäfer" angelegten Tagebuch von Kommissar Richard Körnlein, geführt zwischen 1945 und 1955 (ohne konkrete Datumsangaben):

„Mein Name ist Kurt Görgel. Ich sitze ein wegen Banküberfall in Tateinheit mit schwerer Körperverletzung. Ja, es ist richtig, dass ich in den frühen 30er Jahren in Darmstadt gelebt habe. Es ist ebenfalls richtig, dass ich Mitglied der dortigen SS war. Es stimmt, ich kenne sowohl Herrn Dr. Best als auch Herrn Horst Heinelt. Beide gehörten ebenfalls der SS an.

Herr Dr. Best war ein führendes Mitglied der Gauleitung des damals noch bestehenden NSDAP-Gaues Hessen-Darmstadt. Er amtierte als Gau-Rechtsberater, während ich in der Presseabteilung tätig war. Wir haben uns also über die Partei kennengelernt. Nein, privaten Umgang pflegte ich mit Herrn Dr. Best und seiner Frau Gemahlin nicht. Herr Dr. Best war zum einen zivilberuflich sehr eingespannt und zum anderen durch die Parteiarbeit stark in Beschlag genommen, sodass ihm nur wenig freie Zeit zur Verfügung stand. Diese hat er dann vorzugsweise mit der Familie oder engen Freunden verbracht. Er gehörte mithin nicht zu den Persönlichkeiten, die regelmäßig mit den Parteigenossen die Wochenenden und Abenden zu verbringen pflegten. Ja, das haben Sie richtig verstanden, er war bestrebt, Distanz zu halten und wählte die Herren, mit denen er Umgang hatte, sehr sorgfältig aus. Dabei handelte es sich vorzugsweise um Herrschaften aus guter Familie und mit akademischen Weihen. Ja, es ist durchaus möglich, dass ihn einige Kameraden für arrogant hielten.

Herrn Heinelt, den späteren Reichstagsabgeordneten, kenne ich ebenfalls aus Darmstadt. Er führte dort ab dem Frühjahr 1933 die 33. SS-Standarte, der ich angehörte. Herr Heinelt war, wenn ich es so sagen darf, etwas aufgeschlossener als Herr Dr. Best und suchte eher den Kontakt zu den Kameraden. Auf diese Weise erfuhr er von mir, dass ich mich beruflich gerne verändern wollte.

Die Jahreswende 1932/33 hatte Wandlungen mit sich gebracht, und zwar insofern, als der bis dahin selbstständige Gau Hessen-Darmstadt auf Weisung des Führers mit dem Gau Hessen-Nassau-Süd zusammengeschlossen worden war. Der neue Gau führte die Bezeichnung Hessen-Nassau. Die Leitung übernahm Herr Jakob Sprenger aus Frankfurt am Main, der bis dahin für den Gau Hessen-Nassau-Süd verantwortlich gezeichnet hatte. Über die Aufgabe der Selbstständigkeit unseres Gaues Hessen-Darmstadt waren wir Darmstädter Parteigenossen sehr enttäuscht. Noch weniger erfreute uns der Umstand, dass wir fortan von Herrn Sprenger geführt werden sollten. Herr Sprenger galt als autoritär, radikal, selbstverliebt und machtgierig. Mit seinem Amtsantritt veränderte sich das Klima in der Gauleitung merklich und zwar – nach meinem Empfinden – zum Negativen hin.

Zunächst einmal sorgte Herr Sprenger dafür, dass Parteigenossen aus Darmstadt ihre einflussreichen Positionen in der Gauleitung verloren. Sie wurden alle durch seine Vertrauten aus Frankfurt am Main ersetzt. Dahinter steckte die Absicht, mögliche Aufsässigkeit oder gar Widersetzlichkeit der Darmstädter Parteigenossen gegenüber seinen Anweisungen im Keim zu ersticken. Ihm war selbstverständlich bewusst, dass die Anordnung des Führers über den Zusammenschluss der beiden Gaue nicht dem Geschmack der Darmstädter Parteigenossen entsprach. Um zu verhindern, dass seine Anweisungen von den Männern aus Darmstadt nicht befolgt wurden, hat er zu der geschilderten Maßnahme gegriffen. Er war also nicht einmal bereit, zu prüfen, inwieweit wir ihm freiwillig gehorchen würden. Er hat sofort durchgegriffen. Allerdings, das muss man sagen, entsprach dieses Vorgehen dem Führerprinzip, das damals allgemeine

Geltung besaß. Wer Führer sein wollte, musste sich durchzusetzen verstehen. Herr Sprenger hat das zweifellos gekonnt, ist aber manchmal – so sehe wenigstens ich es – über das Ziel hinausgeschossen.

Ich habe mich damals in meiner beruflichen Tätigkeit in der Gauleitung in Darmstadt nicht mehr wohlgefühlt und bin daher bei Herrn Heinelt vorstellig geworden. Ich bat ihn, mich zu bedenken, falls er von einer freien Stelle höre, die für mich geeignet sei.

Einige Wochen später, es muss etwa im späten Frühjahr oder im Frühsommer 1933 gewesen sein, bot mir Herr Heinelt eine Stelle als Chauffeur bei einer neugeschaffenen Polizeibehörde an. Dabei handelte es sich um die „Zentralpolizeistelle", die wenig später in „Hessisches Staatspolizeiamt Darmstadt" umbenannt wurde. Dies war die „Politische Polizei", also eine Abteilung der Polizei, die sich mit politischen Delikten beschäftigte. Ich war sehr erfreut über Herrn Heinelts Angebot und nahm sofort an. Meiner Tätigkeit in der Gauleitung, in der jetzt Herr Sprenger und seine Frankfurter Parteigenossen ein strenges Regiment führten, weinte ich keine Träne nach.

Ja, ich war bei der „Politischen Polizei" in Darmstadt tatsächlich „nur" als Chauffeur eingestellt worden. Gewiss, ich hatte zuvor eine verantwortlichere Tätigkeit inne, die mich intellektuell wesentlich stärker forderte, aber ich musste mich entscheiden: Entweder unter Herrn Sprenger weiterdienen, was mir nicht gefiel, oder eine etwas unterwertigere Tätigkeit unter Herrn Schneider, einem engen Vertrauten von Herrn Dr. Best, annehmen. Wie bekannt wählte ich die etwas anspruchslosere Beschäftigung, in der Hoffnung, mich durch meine Leistung und mein Wissen auszuzeichnen und dadurch eines Tages wieder aufsteigen zu können.

Ja, es ist richtig, dass das „Hessische Staatspolizeiamt" damals noch nicht über einen eigenen Fuhrpark verfügte, aber es standen den Mitarbeitern trotzdem Fahrzeuge zur Verfügung. Nein, ich vermag leider nicht anzugeben, in wessen Besitz diese sich befanden. Ich vermute, es handelte sich hauptsächlich um Leihwagen von Autoherstellern, die sich damals sehr darum bemühten, den neuen Machthabern im Staat zu gefallen und ihnen großzügig Autos zur Verfügung stellten.

Ja, es gab einen dunklen Opel Regent. Den habe ich hin und wieder gefahren. Nein, ich kann mich beim allerbesten Willen nicht daran erinnern, welches Kennzeichen das Fahrzeug gehabt hat. Sicherlich eines mit VS, also Darmstadt/Starkenburg. Ob dieser Wagen im Besitz von Herrn Heinelt war? Nein, das weiß ich nicht mehr. Wirklich nicht.

Ja, es ist richtig, dass ich damals – in der Nacht vom 16. auf den 17. Juli 1933 – Herrn Hermann Schäfer von Darmstadt nach Frankfurt überführt habe. Nein, ich war an der Sache nur in meiner Eigenschaft als Chauffeur beteiligt, und ich erinnere mich auch nur deshalb daran, weil die Nacht so dramatisch für Herrn Schäfer endete.

Ja, stimmt, ich bin mit zwei Kollegen in die Wachstube des Präsidiums gegangen. Dort sollten wir Herrn Schäfer in Empfang nehmen. Warum ich als Chauffeur in der Wachstube war? Nun, es stand zu befürchten, dass Herr Schäfer renitent würde. Aus diesem Grund sind wir zu mehreren erschienen. Wieso der Mann aggressiv reagieren sollte, wenn seine Entlassung anstand? Also, das kann ich Ihnen nicht beantworten. So genau war ich weder mit dem Fall Schäfer noch mit dem Charakter des Herrn betraut. Mir wurde gesagt, ich solle mit meinen beiden Kollegen in die Wachstube gehen und ein Auge auf den Gefangenen haben. Ja, ein Kollege war ein sogenannter Hilfspolizist. Aufgrund seiner Mitgliedschaft in der SS ist diese Ernennung erfolgt. Außerdem stand uns ein echter Polizeibeamter zur Seite.

Nein, wie oft soll ich es Ihnen denn noch sagen?! Ich war kein Hilfspolizist. Ich hatte eine Stelle als Chauffeur inne und war insofern nicht in die Sache Schäfer eingebunden; wenn man davon absieht, dass ich ihn über die hessisch-preußische Landesgrenze gefahren habe. Hierfür zeichne ich allerdings verantwortlich, obgleich es mir scheint, als sei dies nichts, was strafbar wäre.

Ob ich mich noch der Namen der beiden Kollegen entsinne? Lassen Sie mich bitte einen Augenblick nachdenken. Nun, ich meine, derjenige, der der regulären Polizei angehörte, hieß Kniesel. Karlo Kniesel. Stimmt, jetzt erinnere ich mich! Ich fand den Namen damals so albern. Karlo. Und dann auch noch Kniesel. Zuweilen fragt man sich, was wohl in den Köpfen der Eltern vorgeht, wenn sie ihren Kindern derart seltsame Namen geben, die zum Foppen geradezu herausfordern. Allerdings weiß ich nicht, was aus Karlo Kniesel geworden ist.

An den anderen erinnere ich mich etwas besser, denn bei ihm handelte es sich um einen SS-Kameraden. Sein Name war Adalbert Uhl. Er hat uns einige Zeit später verlassen, um eine besser dotierte Stelle außerhalb Darmstadts anzutreten. Über seinen Verbleib ist mir leider auch nichts bekannt. Wir haben im Laufe der Jahre den Kontakt zueinander verloren. Ich selbst blieb zunächst in Darmstadt und arbeitete weiter als Chauffeur. Ja, über mehrere Jahre hinweg. Nein, leider hatte sich meine Hoffnung, alsbald eine bessere und verantwortungsvollere Position zu erhalten, nicht bewahrheitet. Woran das lag, vermag ich Ihnen nicht zu sagen. Ich war jedenfalls nichts anderes als Chauffeur.

In dieser Eigenschaft habe ich Herrn Schäfer, Herrn Uhl und Herrn Kniesel von Darmstadt nach Frankfurt gebracht. Auf Anweisung von Herrn Uhl fuhr ich damals über die Isenburger Schneisenbrücke nach Frankfurt hinein. Daran erinnere ich mich noch gut, denn ich wollte eigentlich den regulären und auch kürzeren Weg über die Sachsenhäuser Warte nehmen, doch Herr Uhl bestand auf der Route, die durch den Frankfurter Stadtwald führte. Etwa in Höhe der Schäfer-Schneise hieß er mich anhalten. Ich stoppte das Fahrzeug. Herr Uhl und Herr Schäfer stiegen aus. Herr Uhl erklärte Herrn Schäfer, dass er nun frei sei, aber fortan nie mehr hessischen Boden betreten dürfe. Herr Schäfer akzeptierte dies, kam dann aber noch einmal zum Fahrzeug zurück, in dem Herr Kniesel und ich nach wie vor saßen. Er streckte den Kopf durch das geöffnete Fenster auf der Beifahrerseite, bedankte sich bei mir für die angenehme Fahrt und wünschte uns beiden noch eine gute Nacht. Herrn Uhl bot er, wenn ich mich recht erinnere, sogar noch eine Zigarre an, aber der lehnte ab. Während Herr Uhl ins Auto stieg, begab sich Herr Schäfer zur Straße, winkte uns ein letztes Mal zu und ging dann in Richtung Isenburger Schneisenbrücke weiter. Ich habe daraufhin das Fahrzeug gewendet und bin auf demselben Weg, auf dem wir gekommen sind, nach Darmstadt zurückgekehrt.

Nein, ich habe die Straße genommen. In den Wald bin ich selbstverständlich nicht eingebogen. Das wäre verrückt gewesen, denn ich kannte mich in dem Gebiet nicht aus. Das Risiko, mich im dunklen Forst zu verirren und dort liegen zu bleiben, hätte ich keinesfalls auf mich genommen, zumal es keinen Grund für eine solche Fahrt gab.

Nein, Schüsse habe ich nicht wahrgenommen. Wie gesagt, ich stoppte das Fahrzeug damals auf Anordnung von Herrn Uhl im Bereich der Schäfer-Schneise. Diese liegt ungefähr 1,5 Kilometer vom Tatort, der Isenburger Schneisenbrücke, entfernt. Bis Herr Schäfer, der zu Fuß ging, die Brücke erreicht hatte, waren wir schon fast wieder in Darmstadt, möchte ich sagen.

Ja, natürlich kann ich mich gut daran erinnern, wie weit die Schäfer-Schneise vom Tatort entfernt lag! Als am Morgen nach unserer Fahrt bekannt wurde, dass Herr Schäfer im Bereich der Isenburger Schneisenbrücke einem Mordanschlag zum Opfer gefallen war, wollte ich natürlich wissen, wie weit unser Haltepunkt vom Ort des Geschehens entfernt lag. Das hatte mich interessiert, und ich habe mir die Entfernung eingeprägt. Für gewöhnlich besitze ich ein gutes Gedächtnis. Tja, dass es mich im Bezug auf das Autokennzeichen im Stich gelassen hat, wundert mich zwar auch, aber alles kann man sich nicht merken. Zumal Sie wissen müssen, dass ich im Laufe meiner Karriere sehr viele Autos gefahren habe. Ein Kraftfahrzeug-Kennzeichen ist eben auch nicht so einprägsam wie ein Mord, der zweifellos ein herausragendes Ereignis darstellt; jedenfalls für Personen, die beruflich nicht mit solchen Geschehnissen konfrontiert werden.

Ob Herr Uhl etwas darüber gesagt hat, wieso er mich ausgerechnet an der Schäfer-Schneise halten ließ? Nein, ich glaube nicht. Wieso sollte er seine Befehle auch ausgerechnet mit einem Chauffeur diskutieren? Aber Moment, warten Sie, da fällt mir etwas ein. Ich meine, mich erinnern zu können, dass Herr Uhl mit Herrn Kniesel leise über eine Gauleiter-Order gesprochen hat. Aber Näheres kann ich Ihnen hierzu nicht sagen."

Ergebnis der Suche nach Adalbert Uhl und Karlo Kniesel/Kopie enthalten in dem eigens zum „Fall Schäfer" angelegten Tagebuch von Kommissar Richard Körnlein, geführt zwischen 1945 und 1955 (ohne konkrete Datumsangaben):

„Kniesel, Karlo; geboren 17.04.1900 in Frankfurt am Main; Kriminalinspektor; letzter Dienstort: Bad Nauheim; NSDAP-Mitgliedsnummer 94.756; nach Recherchen der Stadtverwaltung Bad Nauheim im März 1945 vor den herannahenden US-Truppen gemeinsam mit einigen Kollegen geflohen; Zielort: vermutlich Region Eisenach; seither verschollen; nach Angaben der Tochter kam er kurz nach seiner Flucht im Bereich Nürnberg ums Leben; Sterbeurkunde nicht vorhanden.

Uhl, Adalbert; geboren 11.07.1909 in Darmstadt; letzter Aufenthalt: Konzentrationslager Buchenwald; Funktion: Mitarbeiter der Politischen Abteilung; SS-Offizier; seit 1945 unbekannten Aufenthalts."

Aus den privaten Notizen von R. Körnlein/Kopie enthalten in dem eigens zum „Fall Schäfer" angelegten Tagebuch von Kommissar Richard Körnlein, geführt zwischen 1945 und 1955 (ohne konkrete Datumsangaben):

„Görgel ist ein ausgekochtes Bürschchen. Er behauptet, nichts weiter als ein kleiner, von jeder Verantwortung freier Chauffeur gewesen zu sein. An das Kennzeichen des von ihm von Darmstadt nach Frankfurt gesteuerten Wagens kann er sich nicht erinnern, aber er weiß genau, dass er mit seinem Fahrzeug nicht in den Wald gefahren ist und kann präzise die Distanz zwischen Schäfer-Schneise und Tatort benennen. Er weiß also alles, woraus man ihm keinen Strick zu drehen vermag.

Er belastet niemanden, der sich noch selbst verteidigen kann. Best und Heinelt kommen nur am Rande vor; als liebenswürdige Gönner, die ihn aus einer verzwickten beruflichen Situation befreit haben. Letzteres mag vielleicht sogar stimmen, aber ich zweifele doch sehr, dass Görgel bloß als Chauffeur bei der Politischen tätig war. Nein, nein, sein Auftreten im Wachbüro deutet daraufhin, dass er eine ganz andere Funktion innehatte. Der wusste ganz genau, was dem Schäfer blühte. Aber er schweigt, um sich und seine Gönner nicht zu belasten. Dabei liegt es auf der Hand, dass die beiden für ihre Wohltätigkeit auch eine Gegenleistung erwarten konnten. In diesem Fall handelte es sich um die Beseitigung eines lästigen Menschen, nämlich des „Verräters" Schäfer. Görgel war daran beteiligt! Ganz zweifellos, aber wie soll ich ihm das beweisen?

Er selbst weist jede Verantwortung von sich. Es war Uhl, der ihm befahl, über Niederrad nach Frankfurt zu fahren. Es war Uhl, der von ihm forderte, an der Schäfer-Schneise zu halten und Schäfer aussteigen zu lassen. Es war Uhl, der wusste, was Schäfer an der Brücke erwartet; Görgel hingegen wusste nichts. Es war Uhl, der Kniesel zuflüsterte, dass der Gauleiter in die Sache verstrickt sei; Görgel hörte es nur zufällig. Uhl. Uhl, Uhl. Uhl wusste alles, Görgel nichts. Görgel lebt; Uhl ist tot. Jedenfalls mit ziemlicher Sicherheit. Das gilt auch für Kniesel. Kniesel ist verschwunden; wahrscheinlich tot.

Ergo: Anstifter und Mitwisser der Tat sind angeblich Leute, die wahrscheinlich oder mit ziemlicher Sicherheit tot sind. Das gilt auch für den Gauleiter Sprenger. Der hat sich im Mai 1945 im Auerwald nahe Kössen in Tirol mit einer Mischung aus Weinbrand und Zyankali das Leben genommen. Als er die Amerikaner einmarschieren sah, wusste er, dass es ein für alle Mal vorbei war mit der nationalsozialistischen Herrlichkeit; und damit auch für ihn. Und weil er keine Lust hatte, dem Feind in die Hände zu fallen und sich für sein Tun zur Verantwortung ziehen zu lassen, brachte er sich kurz entschlossen um.

Der wird also nicht mehr sagen können, wie das damals mit dem Schäfer war. Und der Uhl und der Kniesel auch nicht. Prima, die Schuld auf die abzuwälzen, die tot sind. Schlaue Taktik. Sehr schlau. Zu schlau für mich?

Ach Gott, es ist zum Verzweifeln!

Abgesehen davon wird mein Husten immer schlimmer. Meine Frau drängt mich, zum Arzt zu gehen. Ich werde demnächst wohl nicht umhin können, dies zu tun. Habe neulich nämlich sogar Blut gespuckt. Sie hat es zum Glück nicht bemerkt, sonst wäre sie fuchsteufelswild geworden und hätte mich nicht mehr ins Präsidium gelassen. Aber ich muss dahin. Der Fall Schäfer treibt mich um. Ich kann schon an fast nichts anderes mehr denken. Nachts träume ich sogar schon von der Geschichte und den darin verstrickten Personen. Wahrscheinlich schnappe ich langsam aber sicher über.“

Eilmeldung/Kopie enthalten in dem eigens zum „Fall Schäfer" angelegten Tagebuch von Kommissar Richard Körnlein, geführt zwischen 1945 und 1955 (ohne konkrete Datumsangaben):

„Dr. Werner Best 1951 aus dänischer Haft entlassen. Ehemaliger „Reichsbevollmächtigter" in Dänemark und früherer Landespolizeipräsident von Hessen wieder in der Bundesrepublik."

Zusammenfassung der Aussage Bests zum Mordfall Schäfer/Kopie enthalten in dem eigens zum „Fall Schäfer" angelegten Tagebuch von Kommissar Richard Körnlein, geführt zwischen 1945 und 1955 (ohne konkrete Datumsangaben):

„Nachdem Dr. Best mehrere Jahre in dänischer Haft zugebracht hatte, wurde er am 29. August 1951 entlassen und in die Bundesrepublik gebracht. Hier musste er sich nun den Ermittlungen im Mordfall Schäfer stellen.

In diesem Zusammenhang erklärte er mir gegenüber, dass der Gauleiter Sprenger der Anstifter der Tat gewesen sei. Sprenger habe einen tiefsitzenden Groll gegen Schäfer gehegt, weil er in seinen Augen ein gemeiner Verräter an der nationalsozialistischen Sache gewesen sei. Geraume Zeit schon habe sich Sprenger mit dem Gedanken beschäftigt, Schäfer zu eliminieren. Ihm, Best, sei das zu Ohren gekommen, deshalb habe er versucht, dem schrecklichen Treiben des Gauleiters entgegenzuwirken. Schließlich gehöre es sich nicht, jemanden nur deshalb umzubringen, weil er einmal etwas getan habe, was dem Gauleiter nicht passte. Leider sei dies Sprengers Naturell gewesen. Wenn er sich einmal über etwas oder jemanden geärgert habe, sei er nicht mehr zu beruhigen gewesen, sondern habe nicht gerastet und geruht, bis die Rache dafür vollzogen worden sei.

Er, Best, habe Sprenger, diesen fürchterlichen Menschen mit seinem kleinen Verstand und seiner unverständlichen Aversion gegen das Bildungsbürgertum und Akademiker im

Speziellen, in die Suppe spucken wollen. Nachdem ihm von vertrauenswürdiger Seite zugetragen worden sei, zu welchem Zeitpunkt Sprenger habe zuschlagen wollen, sei er aktiv geworden und habe Schäfers Festnahme und Überführung nach Darmstadt angeordnet. Hier sei der Mann vor den Frankfurter Schergen des Gauleiters sicher gewesen. Man wisse ja, dass Sprenger in seiner Gauhauptstadt Frankfurt über einen ausgewählten Kreis von Vertrauten verfügt habe, die bereit gewesen seien, alles für ihn zu tun. Er, Best, habe dies in seiner Zeit als Mitarbeiter der Gauleitung in Darmstadt am eigenen Leibe erfahren müssen. Er wisse also, wovon er spreche.

Bedauerlicherweise habe der Gauleiter aber Wind von der Aktion Bests bekommen und sich in der Nacht, in der Schäfer wieder nach Hause gebracht werden sollte, weil er, der Landespolizeipräsident, geglaubt habe, dass die Gefahr zumindest für den Moment gebannt sei, mit der ihm eigenen Gnadenlosigkeit auf sein Opfer gestürzt.

Sprengers Männer hätten demnach an der Isenburger Schneisenbrücke auf Schäfer gewartet, um ihn umzubringen. Er, Best, bedauere das Geschehen zutiefst. Gerne wäre er gegen den brutalen Gauleiter eingeschritten, doch sei ihm dies nicht möglich gewesen, weil er als hessischer Landespolizeipräsident auf preußischem Territorium keine Kompetenz gehabt habe.

Zu Heinelt sagte er nur, dass er ihn kenne und gefördert habe. Er, Best, wisse nicht, ob der Mann heimlich mit Sprenger paktiert habe. Er könne es sich aber nicht recht vorstellen. Ein Herr Görgel sei ihm dagegen völlig unbekannt.

Ja, Sprenger war ein höchst unangenehmer Patron. Das hatte ich inzwischen von mehreren Seiten gehört und in zahlreichen Dokumenten nachlesen können. Es stimmte auch, dass er schrecklich nachtragend war, und jemanden auch dann noch in die Pfanne haute, wenn der schon gar nicht mehr an den Konflikt mit Sprenger dachte. Richtig war auch, dass Sprenger eine Kamarilla um sich geschart hatte, der er vollauf vertraute und die dazu beitrug, seine Macht und seinen Einfluss im Gau zu sichern, vor allem nach der Übernahme des dereinst eigenständigen Gaues Hessen-Darmstadt, wo er keineswegs mit offenen Armen empfangen wurde. Bekannt war auch, dass Sprenger den Schäfer nicht mochte. Aber machte es für den Gauleiter Sinn, den Mann umzubringen? Ich hätte vielleicht weniger an Sprengers Schuld gezweifelt, wenn Schäfer krankenhausreif geprügelt worden wäre und beruflich nie wieder ein Bein auf den Boden bekommen hätte; das hätte dem Gauleiter in diesem Fall ähnlich gesehen. Aber den Mann ermorden? Nein, nicht diesen Mann, denn der war viel zu unwichtig für Sprenger, denn dem Gauleiter persönlich hatte Schäfer ja nicht geschadet. Der wirklich Leidtragende der Aktion gegen die „Boxheimer Dokumente" war doch Best gewesen. Aber der schwieg; wie alle seine alten Kumpane. Der wusste ganz genau, dass es kaum noch Material gab, das ihn in dieser Sache belastete. War doch alles verbrannt bei den Feuerstürmen, die Darmstadt und Frankfurt damals in Schutt und Asche gelegt hatten …

Ich wusste, dass Best mir einen Bären aufband, aber ich konnte nichts dagegen tun, außer mich schlecht und schlechter zu fühlen. In jeder Hinsicht.

Schlecht ging es aber auch Hunkemeier. Er lag mal wieder im Krankenhaus. Man plante, ihm erneut ein Stück Bein zu amputieren. Es war vorgesehen, den noch vorhandenen Rest komplett zu entfernen und sogar aus der Hüfte herauszuschälen. Das klang schrecklich. Und Hunki sah auch genau so aus.

Und, fragte er mich, als ich neben seinem Bett Platz nahm, was macht dein Fall? Nichts, antwortete ich. Ich weiß so ziemlich, was wirklich passiert ist, aber ich kann nichts beweisen. Der Best, das ist meine Meinung, wollte den Schäfer umbringen. Als das beim ersten Mal nicht klappte, wandte er sich hoffnungs- und vertrauensvoll an seinen „Zögling“ und SS-Kameraden Heinelt. Der war ihm, für seine Beförderung zum kommissarischen Polizeipräsidenten in Mainz, noch einen Gefallen schuldig. Heinelt sah kein Problem in der Beseitigung Schäfers. Als wichtiger SS-Führer, der lange in Frankfurt gewirkt und jetzt für Hessen zuständig war, kannte er in der Region alle und jeden und wusste ganz genau, wer sich für eine solche Tat eignet und wer nicht. Seine Wahl fiel auf die Truppe um den Neu-Isenburger Nationalsozialisten Fischer. Die Burschen erledigten die ihnen gestellte Aufgabe sodann mit Bravour. Und die Schnauze hielten sie auch. Über Jahrzehnte hinweg. Heinelt wusste, dass er sich auf die Kerle verlassen kann. Die schweigen, bis sie ins Grab springen. Ich krieg die einfach nicht zu fassen.

Hunki griff nach meiner Hand und drückte sie. Darf ich dir einen Rat geben?, fragte er. Ich sagte nichts, aber er redete trotzdem weiter. Ich würde sagen: Gib auf. Gib auf, Körnlein, sonst frisst dich die Sache, so wie mich diese komische Krankheit. Ich mach's nicht mehr lange, und wenn du nicht ein bisschen auf dich achtest und endlich deinen Husten behandeln lässt, springst du noch mit mir zusammen ins Grab. Du denkst und lebst und handelst nur noch für diesen blöden Fall. Das tut dir nicht gut. Red' keinen Quatsch, sagte ich zu Hunkemeier, du lebst noch ewig. Nur mit dem Fahrradfahren wird es womöglich nichts mehr werden. Hunki lächelte und ließ meine Hand los. Ich muss jetzt ein wenig schlafen, meinte er. Ich bin so schrecklich müde. Bitte, komm bald wieder.

In der Tat kam ich bald wieder, aber leider nicht, um mit Hunkemeier zu reden, sondern um ihn zu beerdigen. Nachdem alle Trauergäste verschwunden waren – einschließlich seiner Frau, die den Leichenschmaus organisieren musste –, stand ich noch eine Weile am Grab und starrte auf den Holzsarg, in dem Hunkemeier mit seinen 1 ¼ Beinen lag; er war nämlich gestorben, ehe sie ihm den Rest des Beins hatten abnehmen können. Hör zu, Hunki, sagte ich, heute beerdige ich nicht nur dich, sondern auch den Fall Schäfer. Ich habe es satt. Ich schreibe jetzt meinen Abschlussbericht, und dann sollen sie sehen, wie sie weiter verfahren. Ich kann nicht mehr.

Und dann ging ich und machte mich an die Arbeit.

Abschlussbericht im Mordfall Karl Wilhelm „Hermann" Schäfer, vorgelegt von Kriminalkommissar Richard Körnlein am 4. April 1955:

„Der Anstifter des rachegelenktes Mordes an Karl Wilhelm – genannt Hermann – Schäfer war nach meinem Dafürhalten kein anderer als der hessische Landespolizeipräsident Dr. Werner Best. Dafür sprechen folgende Indizien:

1. Die Veröffentlichung der „Boxheimer Dokumente", verfasst von Dr. Werner Best, durch Hermann Schäfer. Hierdurch wurde Best – zumindest vorübergehend – ins berufliche und soziale Abseits gestürzt. Das zu verkraften, war für ihn und seine Familie nicht leicht.
2. Die politische Niederlage, die Best durch den Bruch der für Hessen angestrebten Koalition zwischen der katholischen Zentrumspartei und der NSDAP erlitten hatte. Durch die Vorgehensweise Schäfers sah Best sein politisches Werk und seine politische Zukunft zerstört. An eine Karriere in der hessischen Landesregierung war nicht mehr zu denken.
3. Die Lächerlichkeit der Schuldzuweisung an den Gauleiter Sprenger: Die hierzu vorgetragenen Argumente Bests sind in sich nicht schlüssig und tragfähig, denn wenn er Schäfer tatsächlich vor einem Mordanschlag des Gauleiters schützen wollte, war es unsinnig, ihn

nach seiner „Schutzhaft“-Entlassung nach Frankfurt zurückzubringen, auch wenn Schäfer hier lebte. Grund: Frankfurt war Sprengers ureigenstes Terrain und sein Einfluss hier nahezu uneingeschränkt. Best musste unbedingt damit rechnen, dass der Gauleiter von der „Entführung“ Schäfers Wind bekam und versuchen würde, seines Opfers bei nächster Gelegenheit habhaft zu werden. Deshalb machte es keinerlei Sinn, den Betroffenen nach Frankfurt – also in die Zone höchster Gefahr! – zurückkehren zu lassen. Wäre es Best wirklich um den Schutz Schäfers gegangen, hätte er diesen in eine andere Stadt bringen lassen, die darüber hinaus noch in einem Teil Deutschlands lag, in dem Sprenger völlig einflusslos war. Nach meiner Auffassung hat Best den Gauleiter vor allem deshalb beschuldigt, weil dieser sich nicht mehr dagegen zur Wehr setzen kann. Er ist schließlich seit über zehn Jahren tot. Und darüber hinaus weiß Best sehr genau, dass es kein Aktenmaterial (mehr) gibt, das seine Behauptung zu widerlegen vermag. Insofern ist es leicht, mit Beschuldigungen um sich zu werfen; auch ganz abstrusen.

4. Sämtliche potenzielle Tatbeteiligte, also die möglichen Mörder und ihre Helfer, stammten aus den Reihen der hessischen Nationalsozialisten und SS-Angehörigen. Hierzu gehörte zum Beispiel Horst Heinelt. Ohne Bests Protektion wäre der Friseurgeselle niemals bis zum (kommissarischen) Polizeidirektor aufgestiegen. Gleiches galt für Kurt Görgel, dem Best eine Stellung bei der Politischen Polizei verschafft hatte. Hätte Sprenger die Absicht gehabt, Schäfer umzubringen, wären für ihn nur Männer aus seiner Frankfurter Kamarilla als ausführende Organe in Frage gekommen. Hessischen Nationalsozialisten hätte er eine dermaßen heikle Angelegenheit wohl kaum übertragen.

Er wusste doch ganz genau, wie umstritten er in diesem Teil seines Gaues seinerzeit war. Noch saß er in Hessen nicht felsenfest im Sattel. Da wäre es geradezu selbstmörderisch gewesen, ausgerechnet Leute aus dem Tross um Best mit einem Mord zu betrauen! Nein, nein, hinter dem Tod Schäfers steckte kein anderer als Best, da bin ich mir ganz sicher. Natürlich wollte der es sich zunächst leicht machen; sonst hätte er dem Schäfer doch keine echten hessischen Polizisten auf den Hals gehetzt. Aber die versagten dummerweise. Jedenfalls brachten sie Schäfer nicht, wie erwartet, um. Das fuchste Best. Deshalb übertrug er die Sache an „seine" Männer von der neugeschaffenen „Politischen Polizei". Als kleines Dankeschön für ihre Protektion mussten nun die Herren Heinelt und Görgel für Best die Schmutzarbeit machen. Und das taten sie; zwar nicht unbedingt persönlich, aber das war ja auch nicht nötig.

5. Dafür hatten sie schließlich ihre Leute. Und somit komme ich zu der Truppe, die Schäfer an der Isenburger Schneisenbrücke auflauerte, um ihn niederzuschlagen, auf ihn zu schießen und ihn anschließend über das Brückengeländer auf die Gleise bzw. in den Entwässerungsgraben der Main-Neckar-Bahn zu werfen. Kein einziger der Männer gehörte zu Sprengers Kamarilla. Sie entstammten vielmehr dem Heinelt'schen Dunstkreis. Sie alle waren nämlich SS-Angehörige und unterstanden als solche Heinelt, der als Führer der zuständigen hessischen SS-Standarte fungierte. Was hatte Sprenger mit der hessischen SS am Hut? Sicher nicht viel. Und ganz bestimmt pflegte er keine engen Kontakte zu Männern wie Klumpf oder „Kohldoof", zumal er selbst der SS nicht angehörte. Dafür aber war Dr. Best Mitglied der „Schutzstaffel". Also kannten und vertrauten sie sich, der Heinelt und der Best.

Außerdem: Wenn Sprenger der Anstifter für den Mord gewesen wäre, hätte ich doch früher oder später Leute ausfindig machen müssen, die ihm als ausführende Organe gedient hatten! Aber außer verdächtigen Hessen konnte ich niemanden entdecken. Verdächtige Frankfurter, also Preußen, waren nicht auszumachen. Sehr seltsam, nicht wahr?

6. Das Problem der Einflussnahme auf die Ermittlungen der Polizei im Sommer 1933. Obwohl sich am Tatort zahlreiche Spuren ausfindig machen ließen, verliefen die Ermittlungen der Polizei nach den Tätern im Sand. Das war erwünscht. Hiergegen könnte man einwenden, dass sich der Mord in Preußen zugetragen hatte, wo der hessische Landespolizeipräsident keinen Einfluss besaß. Das Argument ist richtig, wird aber dadurch aufgeweicht, dass man sich vor Augen führen muss, dass Gauleiter Sprenger derjenige war, der in Frankfurt die Fäden zog. Natürlich stand für ihn alsbald außer Frage, dass Best, den er in Hessen zum Landespolizeipräsidenten befördert hatte, hinter der Tat steckte, doch konnte Sprenger Best zu dem Zeitpunkt nur schlecht an die Karre fahren. Das lag ganz einfach daran, dass sich die nationalsozialistische Herrschaft andernfalls selbst desavouiert hätte. Wäre den Bürgern erklärt worden, dass der Inhaber eines wichtigen Polizeiamts, der dieses eben erst übernommen hatte, für einen Mord verantwortlich zeichnete, so hatte die Bevölkerung sehr schnell das Vertrauen in den Nationalsozialismus verloren. Wie zuverlässig kann ein Regime sein, dass in dem Moment, da es die Macht übernimmt, aus niedrigsten Motiven – nämlich ordinärer persönlicher Rache – mordet? Womöglich wäre der sich etablierende NS-Staat hierdurch erschüttert worden, wenn nicht sogar bedenklich ins Wanken geraten. Sprenger erkannte diese Gefahr und beschloss,

sie nicht einzugehen. Aus diesem Grund blieb ihm nichts anderes übrig, als Best zu decken, indem er die Polizei in Frankfurt wissen ließ, dass man nicht sehr daran interessiert sei, den (wirklichen) Mörder Schäfers zu finden.

7. Das Verschwinden des Eintrags in das Sistierungsbuch. Den damals in Darmstadt diensttuenden Beamten war erklärt worden, dass der Gefangene Schäfer auf Anweisung des Landespolizeipräsidenten Best in der Nacht vom 16. auf den 17. Juli 1933 entlassen werden sollte. Den entsprechenden Eintrag tätigte einer der Männer – wahrscheinlich der einzige echte Polizist unter ihnen! – der mit der Abholung Schäfers beauftragt war. Doch wenige Tage später war die Seite aus dem Sistierungsbuch verschwunden! Einfach herausgerissen! Wer hatte denn Zugriff auf Leute, die eine solche Maßnahme durchführen konnten? Doch wohl am ehesten einer aus den Reihen der Polizei, und erst recht der Landespolizeipräsident!

Ach Gott, die Reihe ließe sich beliebig fortsetzen. Immer wieder läuft es – nach meinem Dafürhalten – auf Best hinaus. Aber, und das ist der Knackpunkt: Mir ist es trotz aller Bemühungen nicht gelungen, Beweise zu finden, die die vorgetragenen Indizien lückenlos festklopfen.

Dafür mitverantwortlich zeichnen sowohl die unzureichend durchgeführten Ermittlungen in den Jahren 1933/34 als auch die massiven Verluste an Dokumenten, Papieren und Akten durch den Krieg; ganz zu schweigen von den inzwischen toten Menschen, von denen so mancher in dieser Sache als Zeuge hätte gehört werden können und müssen. Hinzu kommen noch „handgemachte“ Zerstörungen, denn kurz vor dem Einmarsch der Alliierten erhielten die nationalsozialistischen Führer vor Ort und in der Region, also Ortsgruppen-, Kreis- und Gauleiter, die Anweisung, noch vorhandenes – und insbesondere belastendes – Material zu vernichten. Deshalb wurden in den letzten Kriegstagen bergeweise Unterlagen verbrannt oder anderweitig vernichtet. Hiervon betroffen waren zweifellos auch Dokumente und Schriftstücke zum Fall Schäfer.

Ebenso schlimm ist aber auch die Erkenntnis, dass viele potenzielle Zeugen, die überlebt haben, heute keine Lust mehr zeigen, sich an das damalige Geschehen zu erinnern und darüber zu sprechen. Vielmehr bemühen sich die meisten, den Mantel des Vergessens darüber zu breiten. Man solle doch die ollen Kamellen ruhen lassen und lieber nach vorne schauen. Man müsse jetzt die Zukunft gestalten; wer immer nur nach hinten blicke, werde das niemals schaffen. Dies habe ich im Zuge meiner Ermittlungen sehr oft zu hören bekommen. Einerseits ist dies eine durchaus verständliche Haltung, denn wer hat schon das Bedürfnis, sich fortwährend mit den eigenen Schwächen und den Fehlern, die man gemacht hat, auseinanderzusetzen. Man möchte das alles vergessen und jetzt einen Neustart wagen. Andererseits wird uns die Welt nur dann wieder als vollwertiges Mitglied der zivilisierten Völkergemeinschaft akzeptieren, wenn wir bereit sind, uns mit unserer nationalsozialistischen Vergangenheit auseinanderzusetzen, und zwar nicht nur akademisch, sondern auch praktisch und schließlich sogar juristisch.

Meine Ermittlungen behindert – und damit die Aufklärung des Mordfalls unmöglich gemacht – hat auch die unter den an dem Geschehen beteiligten Personen vorherrschende Kameraderie. Kameraderie unterscheidet sich von Kameradschaft insofern, als sie nicht dazu dient, Kameraden in Not zu helfen, sondern einen Kameraden, der Unrecht getan hat, vor seiner gerechten Strafe zu bewahren. Dadurch machen sich die anderen mitschuldig. Aber: Wenn sie selbst einmal Dreck am Stecken haben, können sie sich darauf verlassen, dass ihre Kumpane hierüber ebenfalls schweigen, denn andernfalls müssten sie mit ihrer eigenen Enttarnung rechnen. Die Betroffenen befinden sich demnach in einer Abhängigkeitsspirale, die nicht nur ihnen selbst abträglich und darüber hinaus moralisch verwerflich ist, sondern außerdem rechtlich zerstörerisch wirkt. Diese Kameraderie, dieser „Ehrenkodex“, sorgte im Fall Schäfer dafür, dass niemand über seine Beteiligung an dem Mord sprach. Auf diese Weise überdauerten die alten, in der Frühzeit des Dritten Reiches – und zum Teil davor entstandenen – Seilschaften den Zusammenbruch der nationalsozialistischen Herrschaft und wurden in den neuen Staat und die neue demokratische Gesellschaft hineintransportiert.

Eben das war es, was Wilhelm Arnoul damals, als er um die Aufklärung des Mordes bat, zerstören oder besser noch aufbrechen wollte. Die unsägliche Kameraderie. Doch gelungen ist das nicht. Der Mordfall Schäfer ist hierfür ein schlagender Beweis, und ich bin sicher, dass es bei Weitem nicht der einzigste und wahrscheinlich nicht einmal der schlimmste ist.

So schwer es mir fällt: Nach zehn Jahren intensiver Beschäftigung mit dem Fall beantrage ich die Einstellung des Verfahrens zum Nachteil Schäfer. Grund: Die Täter konnten nicht ermittelt werden.“

Epilog:

Das Verfahren im Mordfall Karl Wilhelm – Hermann – Schäfer wurde daraufhin im Jahr 1956 zum zweiten Mal eingestellt.

Kommissar Richard Körnlein starb noch im selben Jahr an Lungentuberkulose.

Kapitel 5:

Der Wilddieb und der Förster

Sonntag, 3. September 1916. Ein Bauer sucht den seit 1897 in Hallgarten im Rheingau amtierenden, aus Altweilnau im Taunus stammenden Gemeindeförster Heinrich Orlopp im Forsthaus auf, um ihm mitzuteilen, dass die Wildschweine mal wieder Schaden angerichtet haben.

Das ist keine Seltenheit, denn das Dörfchen Hallgarten liegt direkt unterhalb eines ausgedehnten Waldgebiets, das durch die „Hallgartener Zange“, einen 580 Meter hohen Bergrücken, auf dem sich seit 1884 ein Aussichtsturm befindet, „gekrönt“ wird. Immer wieder kommt es vor, dass die Wildschweine ihr Waldrevier verlassen, um im Herbst über die süßen Trauben in den Weinbergen herzufallen oder anderweitig Schaden an Feld und Flur anzurichten; so wie auch in diesem Fall: Der Bauer beklagt die Verwüstung seines Kartoffelackers durch eine Wildschweinrotte.

Aufbruch

Orlopp, geboren am 21. April 1869, zum damaligen Zeitpunkt also 47 Jahre alt, beschließt, die Tiere abzuschießen. Anders ist ihnen nicht beizukommen. Er hat auch schon eine Ahnung, wo sich die Viecher verstecken. Er nimmt sein Gewehr, setzt seinen Dienststrohhut auf und verabschiedet sich gegen 19.00 Uhr von seiner Ehefrau Eva, mit der er seit 1898 verheiratet ist. Ihr kündigt er an, dass er gedenke, gegen 22.00 Uhr nach Hause zu kommen. Bis dahin wird es so finster sein, dass keine Aussicht mehr auf Jagderfolg besteht. Da macht es keinen Sinn, weiter auf der Lauer zu liegen.

Eva Orlopp, Tochter des Winzers Hell aus Hallgarten, ahnt nicht, dass es das letzte Mal sein wird, dass sie ihren Mann und den Vater ihrer Kinder Karl und Eva lebend sieht.

Der Förster macht sich auf den Weg in den Wald. Die Dämmerung setzt bald ein. Er muss sich beeilen, wenn er seine Mission – wie geplant – erfüllen will. Orlopp geht Richtung Mittelheimer Wald; hinter ihm liegen die Zange und die Kalte Herberge, der höchste Berg im Rheingau mit 619 Metern über dem Meeresspiegel.

Gegen 20.00 Uhr erreicht der Förster sein oberhalb des Unnerpfads im Walddistrikt Suskopf befindliches Ziel und legt sich dort auf die Lauer. Doch die Wildschweine lassen sich nicht blicken, jedenfalls nicht so, dass Orlopp sie abschießen kann. Während er auf eine Gelegenheit zum Schuss wartet – der eine Lauf seiner Büchse ist mit einer Kugel, der andere mit einer Schrotpatrone geladen –, stopft er sich eine Pfeife. Das Rauchen soll ihm die Wartezeit „versüßen". Aber kaum hat er sich sein Pfeifchen angezündet, da vernimmt er ein merkwürdiges Geräusch.

Tödliche Begegnung

Wenn es hier dunkel ist, wirkt der im Sonnenschein so friedlich daliegende Wald richtig unheimlich. Und wenn es dann noch knackt und knarrt, weil der Wind die Bäume biegt, oder größeres und kleines Getier durchs Unterholz streicht, kann dies selbst den Tapfersten das Fürchten lehren. Aber der Förster ist von Kindesbeinen an mit dem Wald vertraut, denn schon sein Vater war Förster, und er selbst verfügt inzwischen auch über eine Menge Berufserfahrung. Seit 19 Jahren ist er Gemeindeförster in Hallgarten, und davor hat er im westpreußischen Schneidmühl die zuständige Revierförsterei geleitet. Er kennt also die Geräusche des Waldes und weiß sie einzuordnen. Deshalb ist er sich sicher: Der eben gehörte

Laut kam weder von einem Tier, noch wurde er vom Wind erzeugt! Orlopp meint vielmehr, dass er menschlichen Ursprungs sein müsse. Für ihn hörte es sich an wie das Knallen eines Schusses! Und weit weg ist der nicht gefallen! Da hinten, aus dem Gestrüpp; von da muss er gekommen sein!

Das gibt es doch nicht, denkt der Förster. Wer mag um diese Zeit – es ist inzwischen 21.00 Uhr und schon reichlich dämmerig – noch unterwegs sein? Orlopp beschließt, nachzusehen. Er erwartet keine besondere Gefahr, deshalb hat er sein doppelläufiges Gewehr zwar prinzipiell schussbereit, aber nicht unmittelbar im Anschlag und die Pfeife weiterhin im Mund. Dass das ein Fehler ist, bemerkt er erst, als es zu spät ist.

Als er nämlich in das Gestrüpp eindringt, stößt er auf einen jüngeren Mann. Vor dem liegt ein toter Rehbock. Orlopp weiß jetzt, dass er einen Wilddieb vor sich hat! Nun rächt sich seine Sorglosigkeit, die ihn wehrlos macht. Im Gegensatz zu dem Förster hat der Wilderer seine Waffe nämlich im Anschlag und zögert auch nicht, sofort von ihr Gebrauch zu machen. Orlopp sieht, dass der Mann, der nur wenige Schritte von ihm entfernt steht, seine Schrotflinte auf seinen Kopf richtet. Hastig versucht der Förster, sich gegen den Angreifer zur Wehr zu setzen. Er wirft die Pfeife in seine Tasche und will seine Waffe hochreißen – doch zu spät! Der Wilderer schießt zuerst! Die Schrotkugeln aus der Flinte des Wilderers, jede mit einem Durchmesser von 5 Millimetern, treffen Orlopp in den Kopf, zertrümmern seinen Stirnbeinrücken und zerstören Teile seines Gehirns, das aus den Wunden am Schädel austritt. Blutüberströmt bricht der Förster zusammen. In dieser Sekunde, zwischen den tödlichen Treffern und dem Zusammenbrechen Orlopps, löst sich aus dessen Büchse wahrscheinlich ein unbeabsichtigter und ungezielter Schuss. Dass dieser – er stammt aus dem Lauf mit der Kugel; die Schrotpatrone steckt noch in ihrem Lauf – den Wilderer am Hals streift, hat der Förster mit Sicherheit nicht

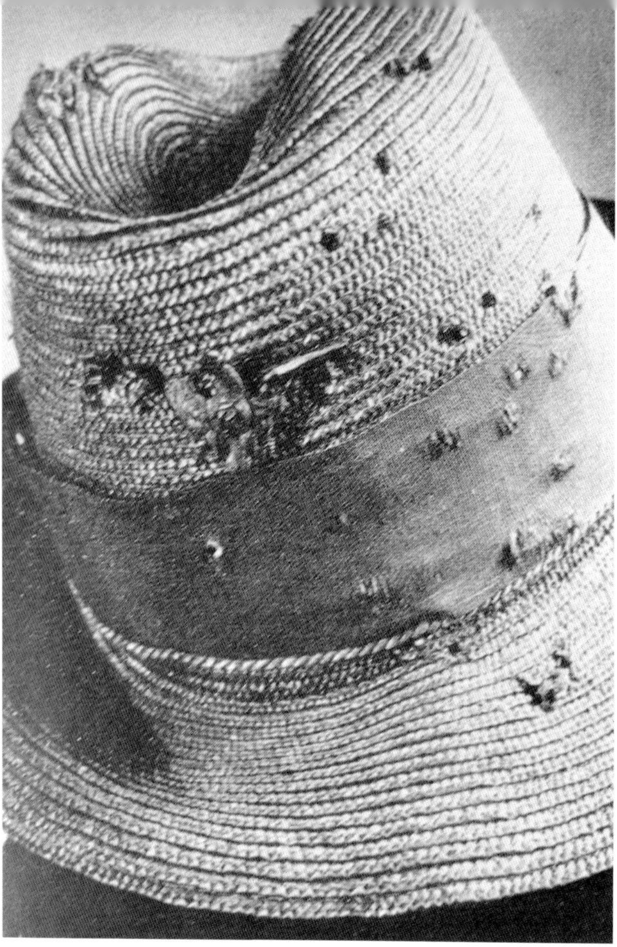

Orlopps zerschossener Dienststrohhut *Quelle: Otto Busdorf*

mehr bemerkt. Er stirbt, während sein Mörder sich unter Zurücklassung seiner Beute eilends aus dem Staub macht.

Erst am nächsten Morgen wird der Tote entdeckt. Nachdem der Förster in der Nacht nicht – wie angekündigt – nach Hause gekommen ist, alarmiert seine Ehefrau morgens die Ortspolizei und die Dorfbewohner. Ein Trupp von 20 Männern macht sich daraufhin auf, um nach Orlopp zu suchen. Wenig später entdecken zwei Winzer aus der Suchmannschaft die Leiche des Försters.

Der Täter, auf dessen Ergreifung die Staatsanwaltschaft eine Belohnung von 1.000 Mark ausgesetzt hat, bleibt zunächst einmal unbekannt.

Der Täter

Dass der Wilddieb und Mörder Orlopps schließlich doch noch identifiziert und zur Verantwortung gezogen werden kann, ist einem Zufall zu verdanken. Während einer Bahnfahrt von Erbach nach Wiesbaden hört eine junge Frau, wie sich zwei Männer über den Förstermord unterhalten. Im Zuge des Gesprächs sagt der eine: „Das hätte er nicht tun sollen und den Förster gleich über den Haufen schießen." Die beiden Fahrgäste wissen also, wer für die ruchlose Tat verantwortlich zeichnet, die – wie es in der Zeitung heißt – „eine allgemeine und tiefgehende" Entrüstung im gesamten Rheingau ausgelöst hat. Die Zeugin verständigt daraufhin die Polizei, und die, personifiziert durch den Gendarmeriewachtmeister Heiser aus Eltville, nimmt am 10. September 1916 den Mann fest, der den Förster Orlopp auf dem Gewissen hat.

Bei dem Täter handelt es sich um den Arbeiter Ludwig Kopp, geboren 1889 im niederbayerischen Oberhof, verheiratet, Vater von zwei Kindern im Alter von vier und sechs Jahren. Er arbeitet in einer chemischen Fabrik in Oestrich, wohin man ihn nach seinem Fronteinsatz kommandiert hat. Kopp weiß, dass es mit der Lebensmittelversorgung im Deutschen Reich nicht zum Besten steht.

Der kommende Winter wird als „Steckrübenwinter" in die Geschichte eingehen. Die Menschen haben kaum mehr etwas Vernünftiges zu beißen; es gibt nur noch Steckrüben, und die finden sich schließlich überall: In der Suppe, im Brot, als Fleischersatz. Das Leben ist schwierig.

Kopp möchte es sich gerne ein bisschen leichter machen. Deshalb beschließt er, wildern zu gehen. Das eröffnet ihm die Möglichkeit, sich zu besorgen, was normalerweise nicht zu haben ist: Frisches Fleisch. Das kann er selbst essen oder auch gegen Dinge eintauschen, die er sonst noch benötigt. Das Schießen hat er während seiner Soldatenzeit lange genug geübt; daran soll sein Vorhaben also nicht scheitern. Allerdings braucht er noch eine passende, für die Jagd gut geeignete Waffe. Er entscheidet sich für eine zerlegbare Lefaucheux-Doppelflinte. Für die besorgt er sich zweiundvierzig Schrot-Patronen. Dass das unerlaubte Schießen auf die Tiere des Waldes den Tatbestand der Wilderei erfüllt, weiß er, aber er nimmt den Gesetzesverstoß billigend in Kauf. Was sein muss, muss sein, denkt er. Er hat die schlechten Zeiten schließlich nicht gemacht.

Mit dieser Überzeugung im Hinterkopf begibt er sich an jenem 3. September 1916, Orlopps Todestag, in den Wald. Damit nicht gleich die ganze Nachbarschaft merkt, dass er die Absicht hat, an diesem Abend im Bereich Hallgarten zu wildern, führt er seine Doppelflinte in zerlegter Form mit sich. So gut es geht verbirgt er sie unter seiner Kleidung. Erst im Schutze des Waldes und der langsam anbrechenden Dunkelheit – es geht inzwischen nämlich auf 21.00 Uhr zu – setzt er sie wieder zusammen. Sodann legt er sich auf die Lauer, sein Gewehr schussbereit in den Händen. Konzentriert beobachtet er seine Umgebung. Kurz nachdem er seinen Posten bezogen hat, vielleicht fünf oder zehn Minuten später, bemerkt er plötzlich zwei Rehe! Er sieht, wie sie vom Wald in Richtung eines Feldes oder einer Lichtung wechseln wollen. Das ist seine Gelegenheit! Kopp nimmt die Flinte hoch und feuert auf die Tiere! Während das eine offensichtlich unverletzt fliehen kann, schleppt sich das andere, wahrscheinlich schon tödlich getroffen, hinter eine Eichenhecke, wo es schließlich – ob nun mit oder ohne Kopps Zutun – verendet. Der Wilderer freut sich über sein Jagdglück, doch die Freude währt nur kurz, denn plötzlich taucht aus der Dunkelheit der Förster Orlopp auf, und es kommt zu dem Schusswechsel, in dessen Verlauf Hallgartens Gemeindeförster sein Leben verliert.

Als der Forstbeamte tot zusammenbricht, weiß Kopp, dass er in ärgsten Schwierigkeiten steckt. Eiligst macht er sich davon; immerhin ist nicht auszuschließen, dass Orlopp nicht allein im Wald ist. Kopp lässt also Beute Beute sein, und sieht zu, dass er sich in Sicherheit bringt. Aber er ist verletzt. Er blutet am Hals, und zwar dort, wo ihn die Kugel aus der Büchse des sterbenden Försters gestreift hat. Kopp ahnt, dass ihn das verraten kann. Also muss er sich eine Geschichte ausdenken; eine Geschichte, die ihn entlastet, falls die Polizei eines Tages doch seiner habhaft werden sollte. Er überlegt also, die Vorkommisse jenes Abends so zu schildern, als habe er – Kopp – aus reiner Notwehr gehandelt. Deshalb erzählt er später dem Gericht, Orlopp habe zuerst geschossen und ihn am Hals erwischt, als er – Kopp – über das tote Reh gebeugt gewesen sei. Daraufhin habe er seine Waffe hochgerissen und dorthin gefeuert, von wo der Schuss auf ihn nach seiner Einschätzung gekommen sein müsse. Auf keinen Fall habe er den Förster gesehen und daher auch nicht gezielt und in Tötungsabsicht auf ihn geschossen. Er habe ja noch nicht einmal richtig gestanden, als der Schuss aus seiner Flinte gefallen sei. Der von ihm abgegebene Schuss müsse als eine Art Panikreaktion verstanden werden. Er habe Angst bekommen und einfach blind zurückgeschossen. Jedenfalls sei es nicht seine Absicht gewesen, den Förster zu treffen, geschweige denn, den Mann zu töten. Nur ein Schütze, der steht, sei in der Lage, ein Ziel bewusst zu avisieren. Er aber habe nicht gestanden. Deshalb sei der Tod des Försters auch nichts anderes als ein schreckliches Unglück; ein fürchterliches Versehen; ein ungeheures Pech.

So lautet der Tenor der Kopp'schen Verteidigung.

Das Gerichtsurteil

Doch das Gericht mag den Ausführungen des Wilderers und seines Verteidigers, des Rechtsanwalts Pauly, keinen rechten Glauben schenken, zumal die medizinischen Sachverständigen die Darstellung Kopps aufgrund der Lage des Leichnams in Frage stellen.

Hinzu kommt, dass Kollegen und Bekannte Orlopps überzeugend darlegen, dass der Förster ein gewisses Maß an Verständnis für Wilderer an den Tag gelegt hat. Selbstverständlich goutiert er das Wildern nicht, aber er weiß eben auch, wie schlecht es um die Versorgung der Menschen im Reich mit Fleisch und anderen wichtigen Lebensmitteln in Zeiten des Krieges bestellt ist. Deshalb hält er es für unangemessen, einen Mann, den er beim Wildern antrifft, durch einen Schuss zu verletzen oder gar ihn zu erschießen. Er hätte ihm immer die Chance gelassen, sich zu ergeben.

„Der Förster Orlopp," schreibt der Journalist, der die Gerichtsreportage für das „Wiesbadener Tagblatt" anfertigt, die später das Rheingauer Lokalblatt, der „Rheingauer Bürgerfreund", nachdruckt, „ [...] wird von allen anderen, die ihn näher gekannt haben, als ein Mann geschildert, der, von Natur aus gutmütig, kein Vertreter der schärferen Tonart gegenüber den Wilddieben gewesen sei, und der sich selbst ausdrücklich einem früheren Jagdherrn gegenüber zu einer milderen Art des Vorgehens bekannt [habe], sowie dazu, dass er nie dazu übergehen werde, auf einen wildernden, vom ihm betroffenen [angetroffenen] Mann, ohne ihn anzurufen, einen scharfen Schuss abzugeben."

Nicht zuletzt deshalb verurteilt das Schwurgericht Wiesbaden – unter Vorsitz des Landrichters Lenhardt – den Schlosser Ludwig Kopp am Dienstag, den 16. Januar 1917 wegen gewerbsmäßigen Wilderns und Körperverletzung mit Todesfolge zu drei Jahren und zwei Monaten Gefängnis. Die

Strafe muss der Delinquent jedoch nur teilweise verbüßen, weil er sich freiwillig wieder an die Front meldet. Es heißt, er wäre einige Zeit später gefallen.

Das Denkmal

Wahrscheinlich wäre der gewaltsame Tod des Försters Orlopp längst in Vergessenheit geraten, wenn es da nicht das Denkmal gäbe. Es steht nicht am eigentlichen Tatort, sondern befindet sich – eingedenk der Tatsache, dass Orlopp in Hallgarten zu Hause war – im Gebiet der im Hallgartener Wald gelegenen Kalten Herberge, unterhalb der Hallgartener Zange in Richtung Pumpwerk. Ein relativ unscheinbarer Holzpfeil weist darauf hin, dass wenige Schritte abseits des Waldwegs das „Förster-Orlopp-Denkmal" steht. Dabei handelt es sich um eine Bronzetafel, die an einer Natursteingruppe – wie sie in diesem Waldgebiet so häufig angetroffen werden kann – befestigt ist. Sie trägt folgende Inschrift: „Dem Andenken des am 3. September 1916 von einem Wilddiebe erschossenen Försters Heinrich Orlopp. Gewidmet von seinen Freunden und Berufsgenossen."

Errichtet und eingeweiht wurde das Denkmal anlässlich des 10. Todestags des Försters im September 1926 in Gegenwart des Oberforstmeisters sowie Vertretern der Gemeinde Hallgarten und zahlreichen Hallgartener Bürgern. Orlopps Kollegen, Freunde und Mitglieder des „Allgemeinen Deutschen Jagdschutzvereins" hatten das romantisch gelegene Denkmal durch Spenden finanziert.

Wahrscheinlich verlief die Einweihungsfeierlichkeit des Mahnmals ähnlich ehrwürdig, wie die am Donnerstag, dem 7. September 1916 erfolgte Beisetzung Orlopps, über die es in einem Bericht des „Rheingauer Bürgerfreunds" hieß: „Unter Beteiligung der ganzen Gemeinde fand heute Nachmittag die Beerdigung des von Frevlerhand gefallenen Försters Orlopp statt. Förster trugen den mit Waldesgrün geschmückten Sarg, dem die hiesigen Vereine voranschritten. Am Grabe hielt der amtierende Geistliche eine ergreifende Rede. Grabgesang und Choralmusik – [Orlopp war bis zu seinem Tod Vorsitzender des Gesangvereins „Liedertafel" gewesen] – verliehen der Trauerfeierlichkeit eine tiefernste Stimmung."

Zum zweiten Mal durchsiebt

Knapp zwanzig Jahre lang blieb das feierlich eingeweihte Denkmal des Försters Orlopp unversehrt. Dann jedoch flogen dem Toten wieder Kugeln um die Ohren, denn der für ihn errichtete Stein und die zu seinem Gedenken gegossene Bronzetafel wurden Opfer sinnlosen Vandalismus'. Amerikanische Besatzungssoldaten, die in der Gemarkung Hallgarten stationiert waren, missbrauchten die Gedenktafel als Zielscheibe für ihre Schießübungen, die sie entweder aus lauter Langeweile oder aus purem Übermut durchführten. So wurde der arme Förster Orlopp – im übertragenen Sinne – ein zweites Mal durchsiebt.

Förster-Orlopp-Denkmal *Foto: Hans-Peter Zibell*

Kapitel 6:

Der Tote im Teppich

Michael Körppen aus Wiesbaden ist im „öffentlichen Gedächtnis“, dem Internet, nicht präsent. Folglich besteht keine Möglichkeit, sich über das Leben und den Tod dieses Mannes mit einem schnellen Mausklick zu informieren. Für denjenigen, der sich nicht zufällig an Michael Körppen erinnert, bleibt er ein (Internet-)Mysterium.

Na und, mag sich mancher sagen, was macht das schon? Und derjenige, der so denkt, hat durchaus recht. Michael Körppen war nämlich alles andere als berühmt, und er führte auch kein Leben, das anderen als Vorbild dienen könnte. Das einzig Spektakuläre an seinem Dasein war sein Tod und der reichlich ungewöhnliche Umgang mit seinem Leichnam. Dadurch wurde er für kurze Zeit in die Schlagzeilen katapultiert. Wer seinerzeit in Wiesbaden und Umgebung wohnte, der konnte in den lokalen Tageszeitungen nachlesen, was mit Michael Körppen geschehen war.

Doch so schnell, wie er die Titelseiten „erklommen“ hatte, verschwand er auch wieder davon, und damit auch aus der Erinnerung der Menschen. Es war, als habe es Michael Körppen nie gegeben.

Als ich mich daran machte, seine Geschichte zu rekonstruieren, kam ich folglich nicht unbedingt leicht an die hierfür notwendigen Informationen. Deshalb wandte ich mich hilfesuchend an das Archiv der örtlichen Presse. Ich gab mein spärliches Wissen über den Fall Michael Körppen in das Rechercheformular ein und hoffte, dass es dem zuständigen Sachbearbeiter trotzdem möglich sein würde, die für mich relevanten Zeitungsbeiträge zu finden und mir zu präsentieren. Doch Hoffen und Harren hielt bekanntlich schon manchen zum Narren; so auch mich. Das heißt: Unter dem Schlagwort „Körppen" fand sich im Pressearchiv zwar ein ganzer Haufen Material, aber nichts davon bezog sich auf Michael Körppen. Besorgt erkundigte sich der zuständige Archivar, ob ich mich denn nicht im Namen geirrt hätte? Das aber war definitiv nicht der Fall. Und weil ich nun hartnäckig auf „meinem" Michael bestand, beschied man mir mit größtem Bedauern, dass man mir in dieser Angelegenheit nicht weiterhelfen könne.

Abgesehen davon wollte der Archivar aber doch gerne wissen, was an diesem Michael Körppen so spannend sei, dass es mich dazu bringe, mich ausgerechnet an die Fersen dieses offenbar „Unrecherchierbaren" zu heften. Meine Antwort auf diese Frage lautete: Zuerst einmal ist es der Umstand, dass Michael nicht einfach aus Altersgründen und noch dazu friedlich in seinem Bett verschied, sondern ermordet wurde. Zum zweiten ist es das Faktum, dass er ein Mensch war, der urplötzlich den Boden unter den Füßen verloren hatte. Dabei stammte er aus – wie man so schön sagt – ordentlichen Verhältnissen. Wohin es führen kann, wenn jemand diesen ordentlichen Verhältnissen den Rücken kehrt, zeigt Michaels Beispiel überdeutlich. Allerdings existiert noch ein dritter Grund, weshalb ich diesen Fall ansprechen wollte, und der ist ziemlich persönlicher Natur: Ich kannte Michael Körppen nämlich. Er war der Sohn unserer sehr netten Nachbarn, deren Hund ich, die ich damals noch ein junges Mädchen war, nachmittags gerne ausführte.

Trennungen

Eigentlich gehörte der Hund Michael. Er hatte ihn sich – gemeinsam mit seiner damaligen Frau – angeschafft. Es handelte sich bei dem Tier um einen Dalmatiner namens Barry. Barry mit a gesprochen, nicht Bärry, wie man in England

Waldfriedhof Wiesbaden-Dotzheim: Im Bereich dieses Grabfelds liegt Michael Körppen begraben *Foto: H.-P. Zibell*

oder den Vereinigten Staaten sagen würde. Doch weder mit der Frau noch mit dem Hund blieb Michael lange zusammen. Irgendwann verschwand die Frau. Bestimmt hatte sie sich eine neue Bleibe gesucht und vielleicht auch einen neuen Lebensgefährten. Der Hund aber konnte nichts von beidem. Wohin also sollte er, wenn er bei seinem eigentlichen Herrchen nicht weiter wohnen durfte? Natürlich ins Tierheim. Endstation für viele Tiere, deren Halter sich die Geschöpfe erst anschaffen und dann überlegen, ob sie überhaupt Zeit für sie haben. Gewiss, im Heim geht es den Tieren nicht schlecht. Sie haben eine warme Unterkunft, bekommen ihr Fressen und – falls nötig – veterinärmedizinische Versorgung. Was jedoch fehlt, ist Familienanschluss. Der aber gehört unbedingt dazu. Erst wenn auch dieser gegeben ist, darf man getrost von tierisch geordneten Verhältnissen sprechen. Genau die konnten und wollten Michaels Eltern dem jungen, aufgeschlossenen und freundlichen Barry bieten. Deshalb schlugen sie vor, dass der Hund fortan bei ihnen lebte. Michael akzeptierte; Barry auch.

Der Einzug bei den Eltern Körppen war ohne Zweifel das Beste, was dem Hund passieren konnte! Fortan thronte er auf einem eigens für ihn reservierten Sessel und beobachtete von dort aus, wer in dem Mietshaus, in dem Körppens und weitere sechs Familien lebten, ein- und ausging, denn das Fenster des Zimmers, in dem sein Sessel stand, ging direkt in Richtung Haustür. Außerdem labte er sich regelmäßig an extra für ihn geschmierten Leberwurstbroten. Nur die drei Marmor-Treppenstufen, die von der Haustür zur im Erdgeschoss gelegenen Wohnung Körppen führten, mochte er nicht hinaufgehen, denn die waren glatt und er darauf in jungen Jahren ausgerutscht und ordentlich auf die Schnauze gefallen. Seitdem fürchtete er die Stufen. Sie waren für ihn die „Unüberwindlichen". Folglich musste man Barry tragen, anschieben oder – zur Gaudi der übrigen Hausbewohner – stundenlang im Flur warten, bis der große, kräftige Hund Mut gefasst hatte und bereit war, die ach so gefährlichen Stufen zu erklimmen.

Ein erwachsener Mann

Michael hat dieses Schauspiel nur sehr selten miterlebt. Er war nach der Trennung von seiner Frau seine eigenen Wege gegangen, und die führten ihn nicht übermäßig häufig an der elterlichen Wohnung vorbei. Das war nicht unbedingt verwunderlich, denn Michael war alt genug, um sein Leben so zu führen, wie und wo er es wollte. Das dachte jedenfalls ich. Aber bei mir handelte es sich damals um ein Schulmädchen, und für jemanden, der – wie ich – gerade das Teenageralter erreicht hatte, fiel schon jeder knapp 18-jährige in die Kategorie erwachsen und lebenserfahren. Alle anderen, also die, die die Schule längst verlassen hatten, sich durchs (Berufs-)Leben schlugen und womöglich schon verheiratet waren, gehörten nach meiner Einschätzung zum Seniorenkreis.

Michael gehörte zur letztgenannten Gruppe. Da ich aber gelernt hatte, auch zu älteren – also über 20-jährigen – Herrschaften freundlich zu sein, grüßte ich ihn immer, wenn ich ihn traf, zum Beispiel im Bus, mit dem er gelegentlich in die Stadt fuhr. Wahrscheinlich wohnte er gar nicht weit weg von seinen Eltern, kam aber trotzdem nicht sehr oft zu Besuch. Er machte eben sein eigenes Ding.

Eines Tages verschwand Michael aus meinem Blickfeld. Irgendwann saß er nicht mehr im Bus. Die ersten Male werde ich das gewiss noch registriert haben, aber dann vergaß ich ihn. Zum einen war er schließlich erwachsen; und wenn man erwachsen ist, kann man tun, was man will, zum Beispiel wegziehen oder sich eine andere Arbeit suchen oder sich ein Auto kaufen, um damit zur Arbeit zu fahren. Und zum anderen war ich in dieser Zeit in ausreichendem Maße mit mir selbst beschäftigt, denn im Gegensatz zu Michael war ich noch nicht erwachsen, aber auf dem durchaus anstrengenden Weg dorthin.

Michaels Eltern jedenfalls sagten nichts über ihren einzigen Sohn, aber ich vermute, ich habe sie auch nicht danach gefragt. Ich interessierte mich wesentlich mehr für den Hund und für die „Gespenster"-Groschenromane, die mir Michaels Mutter, eine rundliche Frau mit praktischem Kurzhaarschnitt und einem Hang zu bunten Kittelschürzen, zuweilen zukommen ließ. Sie sei, so erzählte sie mir, dereinst saarländische Meisterin im Schwimmen gewesen. Welche Schwimmart das war, habe ich vergessen, aber ich weiß noch genau, dass es mir schwer fiel, mir vorzustellen, dass Frau Körppen einmal sehr sportlich und vor allem jung gewesen sein sollte.

Haltlos

Eines Tages tauchte Michael wieder aus der Versenkung auf. Es hieß, er habe psychische Probleme gehabt und sich deshalb einige Zeit in einer Klinik aufgehalten. Mithin war er eine eher labile Persönlichkeit, also keineswegs der starke Mann, der er zu sein schien. Nach außen hin wirkte er nämlich sehr stabil, denn er war gut und gern über 1,80 Meter groß und recht kräftig. Ich weiß nicht mehr, ob Michael damals – zumindest vorübergehend – wieder bei seinen Eltern wohnte. Es ist auch denkbar, dass er sie lediglich öfters besuchte. Fest steht aber, dass sie für ihn einen Anlaufpunkt darstellten, denn fortan tauchte er immer wieder in der von-Leyden-Straße auf.

Eines Tages trafen wir uns dort vor der Haustür. Sowohl er als auch ich wollten mit dem Bus in die Innenstadt fahren. Also gingen wir gemeinsam zur Bushaltestelle und bestiegen den alsbald eintreffenden Bus. Während der Fahrt erzählte er mir von seinem Klinikaufenthalt. Unter anderem habe er dort getöpfert. Die selbstgefertigten Gegenstände hätten die Patienten nach der Entlassung mit nach Hause nehmen dürfen. Darunter sei auch eine Vase, die er mir gerne schenken wolle. Er würde sie mir in den nächsten Tagen vorbeibringen. Ich war mir nicht sicher, ob ich diese Ankündigung für bare Münze nehmen durfte. Vielleicht sagte er das einfach nur so dahin und hatte es eine halbe Stunde später schon wieder vergessen. Aber mit dieser Unterstellung tat ich Michael unrecht. Er kam wirklich vorbei und drückte mir eine selbstgetöpferte Vase in die Hand, in deren Boden seine Initialen, nämlich M.K., eingraviert waren. Ich besitze und benutze das gute Stück übrigens heute noch.

Leider war die Therapie, der er sich unterzogen hatte, nicht von dauerhaftem Erfolg gekrönt. Jedenfalls flammten die Sorgen und Nöte, die sich seiner Seele ganz offensichtlich bemächtigt hatten, schon bald wieder auf, und er versuchte, sie mit immer größeren Mengen legaler und illegaler Drogen zu bekämpfen. Dass das kein Weg aus der Krise sein konnte, dürfte er tief im Inneren sehr wohl gewusst haben, aber er griff trotzdem zu Alkohol und anderen Mittelchen, um sich zumindest eine Weile von seinen Problemen abzulenken.

Im Endeffekt aber forcierte er mit dem regelmäßigen Konsum der verschiedenen Drogen seinen Niedergang, anstatt ihn – wie wahrscheinlich erhofft – zu stoppen, denn jetzt litten Seele und Körper gemeinsam; die Seele unter den sie plagenden psychischen Schmerzen und der Körper unter der Sucht nach den berauschenden Mitteln. Michael hatte sich also in einen Teufelskreis hineinmanövriert, aus dem er nicht wieder herauskam, der aber dazu führte, dass er sich der „normalen" Welt, also dem „bürgerlichen" Leben, mehr und mehr entzog. Statt morgens pünktlich das Haus zu verlassen, um zur Arbeit zu gehen, und es abends nach vollbrachter Tat einigermaßen erschöpft wieder zu betreten, lungerte er von früh bis spät auf der Straße herum. Sein Geld „verdiente" er sich, indem er schnorrte oder am Tag der Fälligkeit der Sozialhilfe bei dem für ihn zuständigen Sachbearbeiter des Sozialamts auf einen Sprung vorbeischaute. Die übrige Zeit verbrachte er vorzugsweise im Rausch.

Manchmal traf ich ihn in der Innenstadt. Er saß dann mit Leuten, denen man gewöhnlich lieber aus dem Weg geht, auf einer der Holzbänke, die überall in der Fußgängerzone standen. Schon am helllichten Tag ließen die Herrschaften munter die Flaschen kreisen. Die bereits Geleerten flogen – zur übergroßen „Freude" der Passanten – entweder durch die Gegend oder wurden bis auf Weiteres – nämlich der „Abholung" durch die Müllabfuhr am nächsten Morgen – auf dem noch freien Teil der Bank deponiert. Niemand, selbst der Erschöpfteste und Lahmste, hätte sich freiwillig neben diesen Leuten niedergelassen. Alle machten einen möglichst großen Bogen um die Truppe. Ich übrigens auch, aber wenn Michael zufällig in meine Richtung guckte und mich bemerkte, winkten wir einander zu. Man kannte sich eben.

Eines Tages traf ich ihn an einer der zentralen Innenstadtbushaltestellen, nämlich dem Luisenplatz. Hier saß er allein auf einem der metallgeflochtenen Sitze, die die Verkehrsgesellschaft für ihre auf den Bus wartenden Kunden aufgestellt hatte. Michael war ziemlich betrunken, aber nicht so sehr, dass er mich nicht erkannt hätte. Er wolle nach Hause, sagte er mir, in die von-Leyden-Straße. Naja, da hätten wir das gleiche Ziel, meinte ich, und als der richtige Bus kam, nahm ich ihn bei der Hand, und wir stiegen ein.

Wahrscheinlich gaben wir ein prächtiges Bild ab und zogen manchen Blick auf uns, aber ich kann mich nicht erinnern, das zur Kenntnis genommen zu haben. Ich weiß nur, dass ich inständig hoffte, dass Michael beim Aussteigen keine große Nummer abzog. Wenn einer nicht mehr so sehr nüchtern ist, mag es sein, dass er es im Bus ganz kuschelig findet. Man wird so nett hin- und hergeschaukelt; da schläft es sich besonders gut ein. Und wenn man dann so schön hinweggeduselt ist, findet man es meist höchst unspaßig, plötzlich aus den süßen Träumen gerissen zu werden, weil man ganz, ganz schnell – auch das noch! – aussteigen soll. Ich aber hatte Glück. Michael begehrte nicht auf, als ich sagte, wir müssten jetzt aufstehen und zur Tür gehen, denn wir seien gleich am Ziel unserer Busfahrt. Vielmehr erhob er sich brav von seinem Sitz und stieg mit mir aus.

Leider verlor er beim Verlassen des Busses ein wenig das Gleichgewicht. Ich versuchte zwar, so gut ich konnte, ihn aufzufangen, aber das gelang nicht so richtig. Wie gesagt, Michael war groß und nicht der Schlankste. Auf jeden Fall touchierte er mit dem Kopf die Mauer, die die Bushaltestelle begrenzte, und zog sich eine hässlich blutende Wunde zu. Schlimm war die Verletzung nicht, nur ein oberflächlicher

Kratzer, aber es blutete – wie alle Verletzungen am Kopf – relativ heftig und sah übel aus. Aber er schaffte es, sich wieder aufzuraffen, und so wackelten wir gemeinsam nach Hause. Unmittelbar vor der Eingangstür verließen ihn nochmals kurz die Kräfte, aber das war insofern nicht ganz so schlimm, als seine Eltern jetzt helfen konnten. Ich klingelte, woraufhin Vater und Mutter an der Tür erschienen, um den angeschlagenen Filius aufzuklauben und in die Wohnung zu hieven. Wahrscheinlich hat er dort erst seinen Rausch ausgeschlafen, dann etwas gegessen und sich hernach wieder aus dem Staub gemacht. Auf, auf zum nächsten Rausch!

Der Punker-König Mike

Ich weiß nicht, wie oft ich Michael in der folgenden Zeit gesehen habe. Vielleicht mehrmals irgendwo in der Stadt, vielleicht aber auch gar nicht. Ins Bewusstsein rückte er mir jedenfalls erst wieder, als ich eines Oktobermorgens im Jahr 1987 die Tageszeitung aufschlug, sein Foto sah und in dem dazugehörigen Artikel lesen musste, dass zwei Typen einen Mann namens Michael Körppen, der in der Szene als Punker-König oder Mike bekannt war, umgebracht hatten.

Wie bitte? Den Michael ermordet? Michael, der in seinen Kreisen als Punker-König firmierte? Das war doch zum Lachen. Der Mann hatte seit Jahren eine Halbglatze! Und die wenigen Haare, die er noch besaß, bildeten den klassischen Kranz, aus dem sich bekanntlich nicht viel machen lässt. Jedenfalls garantiert keine auffällige Punker-Frisur, wie man sie sich üblicherweise vorstellt, beispielsweise zu einer Art Hahnenkamm zusammengeklebte Haare. Nein, Michael hatte nur die Wahl zwischen dem praktischen Kranzkurzhaarschnitt, der polierten Vollglatze oder der schmierigen Schulterlänge. An seiner Frisur konnte es also nicht gelegen haben, dass man ihn den Punker-König nannte.

Vielleicht zeichnete aber auch sein Musikgeschmack für den Spitznamen verantwortlich. Womöglich hörte er gerne Punk; ein lauter, temporeicher Musikstil, der in den 1970er und 1980er Jahren weltweit großen Zuspruch hatte und sich insbesondere durch seine meist kurzen und sehr schlicht gestalteten „Melodien“ auszeichnete. Es gab Punk-Musiker, die behaupteten, es genüge, drei Akkorde zu beherrschen, um sich als Punk musikalisch ausdrücken zu können. Was Michaels Vater, Musiker von Beruf, von dieser Leidenschaft des Sohnes wohl gehalten haben mag?

Doch Punk war weit mehr als „nur“ Musik; Punk stand darüber hinaus für eine Lebensform. Die Punks wollten eine Art Anti-Establishment verkörpern. Sie lehnten bestehende gesellschaftliche Werte und Lebensweisen strikt ab. Außerdem verweigerten sie sich jeglichem – vor allem aber dem politischen – Idealismus, den sich beispielsweise die Hippies auf die Fahnen geschrieben hatten. Daran anknüpfend gaben sie sich illusionslos in Bezug auf ihre Zukunft und die der gesamten Welt, skandierten in diesem Zusammenhang sehr gerne den Slogan „No Future“ und kokettierten mit Lebensüberdruss und einer damit zweifellos verknüpften Lust an der Selbstzerstörung, denn wer für sich keine Zukunft sieht oder sehen will, der kann sich – und andere – getrost zugrunde richten.

Es scheint mir, als habe insbesondere dieses Verständnis von Punk-Sein auf Michael zugetroffen. Michael Körppen war zu Mike, dem Punker-König, geworden, weil er für sich keine Zukunft sah; jedenfalls keine in der Gesellschaft, wie er sie von klein auf kannte. Vielleicht wollte er nicht wie seine Eltern leben, also heiraten, Kinder in die Welt setzen, und dann getreu der Devise leben: Vater geht arbeiten, Mutter bleibt zu Hause, erzieht die Kinder, wäscht, putzt und kocht. Eben das ganze (klein-)bürgerliche Repertoire, das vielen jungen Leuten in jener Zeit spießig vorkam. Im Gegensatz zu einem Großteil der lautstark gegen die geordneten Verhältnisse wetternden Personen schaffte es Michael jedoch nicht, eine für ihn passende Lebensform zu finden. Er scheiterte; und zwar an sich, an seiner Umgebung, an der Gesellschaft und damit auf der ganzen Linie. Doch Vorsicht: Mit Ausnahme der meines Erachtens unwiderlegbaren Feststellung, dass Michael im Leben und am Leben gescheitert ist, bewegen sich die Ausführungen, die sich auf die Gründe für dieses Scheitern beziehen, im Bereich der Spekulation. Ich weiß wirklich nicht, wieso und wann genau Michael seine Träume und Hoffnungen für die Zukunft verlor; ich weiß auch nicht, ob er das Leben seiner Eltern tatsächlich spießig fand; ich weiß ebenfalls nicht, ob es in seinem Leben traumatische Erlebnisse gab, die ihn psychisch labil werden ließen; und ich weiß erst recht nicht, ob er vielleicht schon seit frühester Jugend unter Depressionen oder ähnlichen Krankheiten litt.

Klar ist nur: Eines schönen Tages – am Ende eines schleichenden Prozesses – stellte er fest, dass er sich mit den Durchschnittsmenschen nicht mehr zu identifizieren vermochte. In ihrer Gegenwart fühlte er sich unwohl und unverstanden. Folglich verließ er ihren Kreis und machte sich auf die Suche nach Menschen, die so dachten und empfanden wie er. Unterwegs stieß er dann offensichtlich auf die Leute aus der Punk-Szene, die es natürlich auch in Wiesbaden gab. Hier dürfte er sich die Personen herausgepickt haben, die sich in einer situativ, physisch und psychisch ähnlichen Lage befanden wie er. Mit diesen Gestalten schloss er „Freundschaft". Mit ihnen gemeinsam ignorierte er öffentlich die üblichen gesellschaftlichen Werte und Traditionen. Scheißegal, was die anderen dachten. War doch prima, diese faden „Normalos" zu provozieren und leicht noch dazu, denn man musste nur am hellen Tag in der Stadt herumhängen und saufen, schon echauffierten sich die braven Bürger! Und wenn man ihnen dann noch ein paar flotte Sprüche nachbrüllte und die eine oder andere Bierbüchse oder Pulle nach ihnen warf, war ihr Ärger perfekt, und die sozial isolierte Truppe der besoffenen, bekifften, randalierenden (Selbst-)Zerstörer, der Michael angehörte, freute sich. Zumindest so lange bis mal wieder die Polizei auftauchte und sie vertrieb. Jedenfalls für ein Weilchen.

Abgestochen

Am Mittwoch, dem 7. Oktober 1987 trafen sich einige dieser Herrschaften, unter ihnen Michael, einmal nicht in der Innenstadt, sondern im Zentrum des Wiesbadener Vororts Dotzheim. Hier, in Dotzheim-Mitte, zwischen der gleichnamigen Bushaltestelle und den Kundenparkplätzen für die nahegelegenen Geschäfte, versammelten sich tagtäglich jene, die zu den Hauptabnehmern billiger Alkoholika gehörten, die sie dort gemeinsam und in großen Mengen konsumierten. Der Ort war für diese Zwecke optimal geeignet, denn wer sich nach dem Genuss des einen oder anderen Fläschchens ein bisschen schwach fühlte, ließ sich für ein Nickerchen auf der Holzbank im Buswartehäuschen nieder; wer noch zu stehen vermochte, aber schon ein wenig wackelig auf den Beinen war, konnte sich an einem Verteilerkasten anlehnen, den die Post liebenswürdiger Weise dort aufgestellt hatte; und wer Durst, aber nichts mehr in der Pulle hatte, stolperte schnell zum nahegelegenen Kiosk oder Supermarkt, wo er sich bequem mit Nachschub versorgen konnte.

Nach einer Weile hatten Michael und zwei seiner Kumpels die Schnauze voll von Dotzheim-Mitte. Sie wollten lieber woanders hin und dort weitertrinken. Wahrscheinlich beratschlagten die drei Männer eine Weile darüber, welcher Ort dafür wohl am besten geeignet sei. Am Ende entschieden sie, sich in eine Wohnung im Dotzheimer Ortsteil Schelmengraben zurückzuziehen. Hier residierte der Jüngste des zechfreudigen Trios, ein 26-Jähriger, in einem Einzimmerapartment. Die Behausung war weder besonders groß noch besonders gemütlich, aber für drei Leute sowie ein paar Flaschen Schnaps und Bier bot sie ausreichend Platz. Daraufhin machten sich die drei auf den Weg zu dem in der August-Bebel-Straße 19 gelegenen Apartment.

Hier gerieten die Männer dann irgendwann in Streit. Zuerst brüllten sie sich an, dann begannen sie, aufeinander einzuprügeln. Michael, zum damaligen Zeitpunkt 30 Jahre alt, sollte diese Auseinandersetzung nicht überleben. Mit zwanzig Stichen, ausgeführt mit einem Messer und einer Schere, wurde er umgebracht. Sie trafen ihn in Hals, Bauch und Brust und erwischten auch sein Herz. Michael brach zusammen, und seine Kumpane sahen zu, wie er verblutete. Hilfe riefen weder sie noch die Menschen in der Nachbarschaft, obwohl das Geschehen einigen Lärm verursacht haben dürfte. Aber Lärm jedweder Art gab es in diesem Haus sicher häufiger, und ganz bestimmt auch in den vielen anderen Häusern, die alle zusammen die Siedlung Schelmengraben bildeten. Hier wohnten nämlich jede Menge Menschen, und wo viele Menschen auf relativ engem Raum zusammenleben, gibt es bekanntlich immer irgendwo Krach. Fernseher dröhnen, Stereoanlagen wummern, Kinder plärren, Frauen kreischen, Männer schreien, Gegenstände fallen mit lautem Getöse um: Alles ganz normal. Der alltägliche Wahnsinn eben. Wieso sollte sich dann ausgerechnet jemand für den Radau interessieren, den irgendwelche Burschen in Apartment 21 in der August-Bebel-Straße 19 machten? Das Beste war doch, die Brüder ganz in Ruhe zu lassen. Sollten die einfach machen, was sie wollten; jedenfalls so lange, wie sie einen selbst zufriedenließen. Außerdem wusste man ja, wie es enden konnte, wenn man sich in Nachbarschaftsstreitereien einmischte. Plötzlich waren die Kontrahenten wieder ein Herz und eine Seele, und derjenige, der helfen wollte, stand als Buhmann da und bekam am Ende noch den Frack voll. Na, das brauchte doch wohl niemand, und deshalb hielten sich die meisten Leute sicherheitshalber an die Devise: Nichts hören, nichts sehen und nichts sagen.

Michael, das kapierten auch seine ziemlich besoffenen Kumpels recht bald, würde seinerseits künftig weder etwas hören, noch etwas sehen und schon gar nichts mehr sagen. Der war nämlich tot. Mausetot. Stellte sich die Frage: Was jetzt? Man konnte schließlich schlecht einen Leichenbestatter anrufen und ihn bitten, Mister Punker-Mike abzuholen und vielleicht noch eine Putzfrau vorbeizuschicken, um die entstandene Verschmutzung zu beseitigen. Aber liegenbleiben konnte der Tote hier auch nicht so einfach. Früher oder später würde er anfangen zu verwesen. Das stank bekanntlich bestialisch, und abgesehen davon, dass es keinen Spaß machte, sich in einer dermaßen kontaminierten Wohnung aufzuhalten, musste man damit rechnen, dass in diesem Fall selbst der gutwilligste – oder ignoranteste – Nachbar bei der Hausverwaltung Alarm schlug.

Jetzt war also guter Rat teuer. Wohin mit dem toten Michael? Am besten war es doch, ihn zu beerdigen. Natürlich kam ein Grab auf einem Friedhof aus nachvollziehbaren Gründen nicht in Frage. Außerdem stellte sich die Frage, wie man die Leiche überhaupt dorthin – oder auch an irgendeinen anderen Ort – transportieren sollte. Ein passendes Auto, in das man den Toten hätte verfrachten können, stand nicht zur Verfügung. Folglich musste man ihn in der Nähe beisetzen. Aber wo denn, bitte? Vielleicht war es der verzweifelte Blick aus dem Fenster, der bei den „Überlebenden" ein Licht aufgehen ließ: Zwischen den Häusern gab es doch haufenweise relativ großzügig angelegte Grünflächen! Man brauchte also nicht mehr als einen Spaten und ein bisschen Zeit, und schon war das schönste Grab geschaufelt! Mike, der Punker-König, konnte ortsnah und ohne größere Umstände verbuddelt werden! Prima!

Doch ehe sich Michaels ehemalige Zechkumpane ans Werk machten, beschlossen sie, den Toten zunächst einmal in einen Teppich einzurollen und den Teppich samt Inhalt auf dem Balkon abzulegen. Mitten in der Wohnung lag Mike schlicht und ergreifend ungünstig. Dauernd stolperte man über ihn. Also ab mit ihm auf den Balkon, bis das Grab fertig ausgehoben war. Dort, auf dem Balkon, störte er nicht und würde auch nicht so schnell zu stinken anfangen, weil es draußen kühler war als drinnen. Blöd war nur, dass seine Füße aus dem Teppich herausguckten. Das sah irgendwie unheimlich aus. Aber zu ändern war das nicht. Es gab nun einmal keinen größeren Teppich in der Wohnung.

Die war natürlich seit der Attacke auf Michael in denkbar schlechtem Zustand. Außer dem üblichen Müll, den Saufgelage unter Profi-Trinkern nun einmal verursachen, kam jetzt noch das Blut hinzu, das aus Michael herausgelaufen war. Folglich stand als nächstes Großreinemachen auf dem Programm. Dazu gehörte auch, die klebrige rote Blutkruste abzuschrubben, mit der die Schere überzogen war. Das Ding sah wirklich eklig aus und pappte regelrecht beim Anfassen, aber nach einem ausgiebigen Wasserbad gewann die Schere ihre ursprüngliche Farbe wieder und lag erwartungsgemäß metallisch-kühl in der Hand. Nichts erinnerte jetzt mehr daran, dass diese Schere kurz vorher noch in Michaels Körper gesteckt und dazu beigetragen hatte, den Punker-König ins Jenseits zu befördern. Blöd war nur, dass das Messer fehlte, das ebenfalls Anteil an dem tödlichen Werk gehabt hatte. Michaels „Freunde“ suchten und suchten nach dem Ding, aber es blieb verschwunden. Die beiden trösteten sich damit, dass sie das Messer wahrscheinlich nach der Tat weggeworfen hatten. Anders konnte es nicht gewesen sein; sonst müsste es irgendwo in der Wohnung herumliegen. Da das aber nicht der Fall war, hatten sie es in ihrem besoffenen Kopf ganz gewiss weggeschmissen. Wahrscheinlich vom

Balkon aus ins Gestrüpp gepfeffert. Naja, da lag es gut. Hauptsache, aus dem Haus.

Nach Beendigung des Putzprogramms konnten sich die beiden „Freunde“ dann endlich den anstehenden Erdarbeiten widmen. Einen Spaten hatten sie sich bereits besorgt. Als dann: Frisch ans Werk! Doch schnell stellten die Männer fest, dass es alles andere als ein Zuckerschlecken war, ein heimliches Grab auszuheben, denn um einen so großen und kräftigen Mann wie Michael auf Nimmerwiedersehen im Erdboden verschwinden zu lassen, bedurfte es eines ziemlich breiten und langen Lochs. Aus dem Teppich auf dem Balkon mochten Michaels Füße gefahrlos herausschauen können; bei einem Grab war das völlig undenkbar! Darüber hinaus sollte nicht jeder dahergelaufene Hund den Leichnam mit ein wenig Pfotenscharren freilegen können. Also musste die Grube auch noch ziemlich tief sein. Das war den beiden Männern klar. Aber die Umsetzung dieser Erkenntnisse erforderte zweifellos ein großes Maß an Leistungsfähigkeit und Arbeitsbereitschaft. Leider waren dies keine Tugenden, über die die beiden „Freunde“ Michaels im erforderlichen Maße verfügten. Als sie merkten, wie anstrengend das Graben war, und wie lange es dauerte, um sich auch nur ein paar Zentimeter tief ins Erdreich vorzuarbeiten, gaben sie auf. Sie machten sich nicht einmal mehr die Mühe, den Spaten wegzupacken. Sie ließen einfach alles stehen und liegen, ohne sich Gedanken darum zu machen, wie es wohl wirkte, wenn da neben einem – wenn auch noch ziemlich kleinen – Erdloch ein Spaten im Boden steckte. Ach, das war doch egal. Sollten die Leute doch denken, was sie wollten. Sie machten es sich jetzt jedenfalls erst einmal gemütlich.

Eine Weile gelang es ihnen, Michael aus ihren Gedanken zu verdrängen, aber immer, wenn sie aus dem Fenster schauten oder gar auf den Balkon gingen, wurden sie aufs Neue mit ihm konfrontiert, denn er lag noch immer da; eingerollt in seinen Teppich. Wenn sie nicht bald dafür sorgten, dass der Mann verschwand, würden sie in ernsthafte Schwierigkeiten geraten. Aber wie um Himmels Willen sollten sie dieses gravierende Problem lösen? Allein, das begriffen sie schließlich, würde ihnen das wohl kaum gelingen. Sie mussten jemanden um Hilfe bitten; einen, der cleverer war als sie. Vielleicht hatte der eine Idee, wie sie sich des Leichnams des Punker-Königs unauffällig entledigen konnten?

Eventuell glaubten sie, in einem 40-Jährigen, der im Vorort Kostheim wohnte, den rettenden klugen Kopf gefunden zu haben. Womöglich erzählten sie ihm am Samstag, dem 10. Oktober 1987 aber auch nur deshalb von dem Toten im Teppich, weil sie der reichlich genossene Alkohol redselig gemacht hatte; wie auch immer: Sie vertrauten sich dem Mann an. Der jedoch wollte mit der Sache nichts zu tun haben. Statt gemeinsam mit seinen Besuchern darüber nachzugrübeln, wie Michael – mit oder ohne Teppich – aus dem Haus in der August-Bebel-Straße herausgeschafft werden konnte, machte der Gastgeber sich auf den Weg zum nächsten Polizeirevier, um die Tat anzuzeigen. Seine ahnungslosen Besucher saßen derweil in seiner Wohnung und waren sicherlich mehr als überrascht, als plötzlich die Polizei auftauchte, um sie wegen des an Michael Körppen verübten Verbrechens festzunehmen.

In dem Einzimmerapartment in Dotzheim entdeckten die Beamten dann die auf dem Balkon deponierte Leiche und außerdem die Tatwaffen, nämlich das Messer und die Schere. Zwar war Letztere gereinigt worden, wies also keinerlei Blutspuren mehr auf, doch anhand der Obduktionsergebnisse konnte nachgewiesen werden, dass sie bei dem tätlichen Angriff auf Michael Verwendung gefunden hatte. Auch das angeblich verschwundene Messer tauchte plötzlich wieder auf. Die Männer hatten es nach der Tat keineswegs weggeworfen; jedenfalls nicht vollständig, denn die Klinge lag im

Sofa. Anscheinend hatte einer der Täter mit einer solchen Wucht auf Michael eingestochen, dass das Messer dabei zerbarst, wodurch die Klinge auf die Couch flog und – von den Tätern unbemerkt – in den Tiefen der Sitzkissen verschwand. Als die Polizei sie im Zuge der Durchsuchung der Wohnung entdeckte, war sie noch immer mit Michaels Blut besudelt.

Tot und vergessen

Nachdem der Tote entdeckt worden war, und die Polizei die Täter festgenommen hatte, gab es ein paar Berichte in den Zeitungen. Doch schon sehr schnell wurde es wieder still um Michael. Die Aufregung, die sich primär daran entzündet hatte, dass er nach seinem Tod in einen Teppich gerollt worden war und auf einer Rasenfläche inmitten einer belebten Wohnsiedlung begraben werden sollte, wich. Es gab andere Dinge, auf die man sich konzentrieren musste; andere Neuigkeiten, die in den Mittelpunkt des Interesses rückten. Für Michael, den seine Kumpels Punker-Mike nannten, war kein Platz mehr; nicht in den Köpfen der Menschen und auch nicht in den Archiven der Medien. Dennoch: Es hat ihn gegeben!

Nachwort:

Tod im Kloster

Die Geschichten, die Sie eben gelesen haben, lassen nicht daran zweifeln, dass es die vielgepriesene „gute, alte Zeit“ nie gegeben hat. Was also können wir für unsere Sicherheit tun, außer auf der Hut zu sein? Ob es wohl hilft, wenn wir uns hinter dicken Klostermauern verstecken? Finden wir dort den ersehnten Frieden, die erhoffte Ruhe und die erwünschte Geborgenheit? Ich dachte ganz ernsthaft darüber nach, doch dann präsentierten mir die Herren Harry und Matthias Pflug Berichte, die mir verdeutlichten, wie illusionär dieser Gedanke ist, denn auch in Klöstern wird gemordet!

Einem tödlichen Streich zum Opfer fiel beispielsweise der Abt des Zisterzienser-Klosters Eberbach. Wahrscheinlich starb Abt Werner am 17. Juni des Jahres 1261. Bei dem Mann, der ihn getötet hatte, handelte es sich um einen Konversen.

Konversenbau Kloster Eberbach *Foto: Hans-Peter Zibell*

Konversen waren Laienbrüder. Ihnen oblag es, die in der klösterlichen Gemeinschaft anfallenden handwerklichen oder landwirtschaftlichen Arbeiten auszuführen. Mit diesen Aufgaben mochten sich die Zisterzienser-Mönche selbst nämlich nur ungern belasten. Statt dessen konzentrierten sie sich viel lieber auf ihre Gebete und den Gottesdienst. Dabei sahen ihre Ordensregeln vor, dass sie gerade diese Einseitigkeit, also die Fokussierung allein auf das religiöse Geschehen, zu vermeiden hatten! Sie sollten nicht nur beten, sondern auch arbeiten; und dazu gehörte es, die Dinge des täglichen Bedarfs – sprich: den gesamten Lebensunterhalt – eigenständig zu erwirtschaften. Zisterzienser-Mönche durften demnach keine Aufgaben an Personen vergeben, die nicht der klösterlichen Gemeinschaft angehörten, also keine „weltlichen" Handwerker oder Bauern mit der Herstellung oder Verarbeitung der für das Kloster vorgesehenen Lebensmittel, Kleider und Werkzeuge sowie mit der Verwaltung der klostereigenen Güter betrauen.

Stellte sich die Frage, wie die Zisterzienser-Mönche diese Regel mit ihrem Wunsch nach primärer Konzentration auf ihre religiösen Aufgaben in Einklang bringen sollten? Die Lösung dieses Problems kam schließlich in Gestalt der Laienbrüder, der sogenannten Konversen, daher. Bei ihnen handelte es sich um Männer, die zwar zum Kloster gehörten und wie Mönche lebten, jedoch nicht mit deren Rechten und Privilegien ausgestattet waren.

Nach dem Eintritt ins Kloster begann für die angehenden Laienbrüder ein einjähriges Noviziat. In dieser Zeit wurden sie mit ihren künftigen beruflichen und religiösen Pflichten vertraut gemacht. Am Ende dieses Ausbildungsjahrs legten sie die ewigen Gelübde ab und wurden somit zu Religiosen. Das heißt, sie gehörten zwar der Klostergemeinschaft an, besaßen aber nicht den Status eines Mönchs, konnten also an wichtigen Entscheidungen des Konvents, zum Beispiel der Wahl des Klosteroberen, nicht teilnehmen. Darüber hinaus lebten und schliefen sie getrennt von den „richtigen“ Mönchen, durften des Weiteren keine Bücher besitzen und auch nicht lesen. Konversen sollten sich eben nicht der religiösen Pflicht und der Weitervermittlung religiösen Wissens widmen, sondern sich um die von den Mönchen ungeliebten handwerklichen und landwirtschaftlichen Aufgaben kümmern. Sie waren, um es ein wenig salopp zu sagen, zwar Mönche, aber solche zweiter Klasse.

Dank dieses Schachzugs hatten sich die Zisterzienser geschickt aus der Affäre gezogen: Die Brüder, die mit den vollen Privilegien eines Mönchs ausgestattet waren, konnten sich fortan ganz und gar auf Gebet, Gottesdienst, Glaubensvermittlung und -vertiefung konzentrieren, während die mit eingeschränkten Rechten ausgestatteten (Laien-)Brüder die in den Ordensregeln vorgeschriebenen Arbeitspflichten versahen. Damit war den Regularien entsprochen und beide Seiten schienen zufrieden.

Allerdings erwies sich zumindest die Zufriedenheit der Konversen als nicht dauerhaft, denn sehr oft wurden sie von den zuständigen Klosteroberen schlecht behandelt. So erhielten sie beispielsweise Speisen, Getränke und Kleidung von minderer Qualität, mussten aber trotzdem tagtäglich hart arbeiten und Höchstleistungen erbringen. Das führte zwangsläufig zu Neid und Unzufriedenheit. Warum, so fragten sich die Laienbrüder, sollten sie schlechter leben als die Mönche? Zumal die Konversen nur zu gut wussten, dass die Klöster ohne sie und ihre Arbeit nicht überleben konnten. Auch Eberbach nicht. Die Mönche dort waren ebenso auf das fach- und sachkundige Handeln der Konversen angewiesen wie die Brüder in anderen Zisterzienser-Klöstern. Folglich sank auch bei den Laienbrüdern in Eberbach die Bereitschaft, die von den Klosteroberen verantwortete Herabsetzung und Diskriminierung demütig hinzunehmen; parallel dazu wuchs die Neigung zu Widerspruch und Auflehnung.

Klosterkirche im Kloster Eberbach *Foto: Hans-Peter Zibell*

Entsprechende Erfahrungen hatten die Äbte von Eberbach schon ab 1200 machen müssen. Bereits damals war es zu ersten Konversenaufständen gekommen. Im Jahr 1241 erfolgte dann eine weitere Revolte der Laienbrüder. Im Verlauf dieser Auseinandersetzung wurde Abt Rimund angegriffen und verletzt. Zum Glück für die Gemeinschaft der Mönche gelang es den Klosteroberen, den Aufstand niederzuschlagen. Für die Männer, die für die Attacke auf den Abt verantwortlich zeichneten, endete ihr Versuch, sich aufzulehnen, mit Kerkerhaft und Exkommunikation.

Doch das schlimme Schicksal, das die rebellischen Konversen des Jahres 1241 ereilte, schreckte den Laienbruder, der sich zwanzig Jahre später auf den seit 1258 in Eberbach als Abt amtierenden Werner stürzte, nicht ab. In Rage geraten ob einer von Werner angeordneten Maßnahme, die der Konverse für falsch oder ungerecht hielt, erschlug er das Oberhaupt seines Klosters und landete daraufhin ebenfalls im Kerker, wo er mindestens mehrere Jahre verbrachte, wenn nicht sogar verschmachtete.

Notabene: Nirgends, nicht einmal im Kloster, kann man seines Lebens sicher sein; und nirgends gibt es einen Ort ohne Ungerechtigkeit. Das ist zwar schade, aber wahr.

Danksagung

Zwar entstehen die meisten Bücher – ganz gleich, ob nun Romane oder wissenschaftliche Texte – im stillen Kämmerlein, in das sich der Autor verkriecht, um in Ruhe an seinen Sätzen zu feilen, doch zuweilen muss er diese Insel der Einsamkeit verlassen. Warum? Weil er Hilfe braucht! Irgendwann kommt ein Autor zu einem Punkt, an dem er feststellt, dass er nicht alles über das zu bearbeitende Sujet weiß. Obwohl er sich mit unzähligen Büchern, Dokumenten und Nachschlagewerken versehen hat und zudem auf das scheinbar allwissende Internet zurückgreifen kann, gibt es für ihn doch „weiße Flecken", „böhmische Dörfer" oder „schwarze Löcher". Mit anderen Worten: Der Autor benötigt zusätzliche Informationen, ohne die er nicht oder nur schlecht weiterarbeiten kann.

So ist es auch mir ergangen. Glücklicherweise zeigten sich zwei ausgewiesene Experten ihres Fachs bereit, mich mit verständlich aufbereitetem Wissen zu versehen, sodass meine Informationslücken geschlossen werden konnten. Einer der beiden ist Herr Matthias Pflug, ohne dessen Hilfe ich mir bei der Recherche zum Fall Michael Körppen wohl die Zähne ausgebissen hätte. Bei der zweiten Ratgeberin handelt es sich um Frau Apothekerin Dr. Constanze Schäfer, die mich im Fall Karl Hopf unterstützte. Sie hatte sich – wahrscheinlich in einem Anfall von Leichtsinn – bereit erklärt, einer in naturwissenschaftlichen Dingen mit herausragender Ahnungslosigkeit versehenen Person verständlich darzulegen, wie Gifte wirken, wann man von Bakterien, wann von Bazillen, Stämmen, Kulturen usw. usf. sprechen kann. Sollte in dem „Hopf-Kapitel" trotzdem eine Formulierung oder Darstellung zu finden sein, die naturwissenschaftlich – und vor allem pharmazeutisch – vorgebildete Leser dazu bringt, den Kopf zu schütteln oder sich gar die Haare zu raufen, so ist das nicht die Schuld von Frau Schäfer, sondern allein die meine.

Euch beiden, liebe Constanze und lieber Matthias, sei an dieser Stelle also ein ganz besonderer Dank ausgesprochen! Danken möchte ich darüber hinaus Herrn Hartmut Preßler vom Kriminalmuseum in Frankfurt am Main, der mir die Abbildungen von Wally und Karl Hopf zur Verfügung gestellt hat, und außerdem Herrn Christian Sievers vom Dreisbach-Verlag für die Erlaubnis, das Portrait von Wilhelmine Flessa veröffentlichen zu dürfen. Zu danken ist natürlich auch all denjenigen, die meine Arbeit seit jeher mit großem Wohlwollen und persönlichem Interesse begleiten.

Mit Dank und Gruß

Stephanie Zibell

Literaturverzeichnis (Auswahl):

Balsam, Simone: Der Kurpark in Bad Soden am Taunus. Ein Beitrag zur Denkmalpflege historischer Garten- und Parkanlagen; in: Kreisausschuß des Main-Taunus-Kreises (Hg.): Zwischen Main und Taunus. Jahrbuch des Main-Taunus-Kreises 1994. 2. Jahrgang. Hofheim am Taunus 1993, S. 162-168.

Borchert, Jürgen: Hoffmann von Fallersleben. Ein deutsches Dichterschicksal. Berlin [1]1991.

Busdorf, Otto: Förstermord im Rheingau; in: Wilddieberei und Förstermorde. Bd. 3. Berlin 1931, S. 232-236.

Dehl, Jürgen: Ein Genie macht Urlaub. Frankfurt, der Vordertaunus und Felix Mendelssohn Bartholdy. Frankfurt am Main 2005.

Engelhardt, Rudolf: Hoffmann von Fallersleben in Bingerbrück (S. 3-18)/Eine Hausversteigerung im Jahr 1842 (S. 19-21); in: Binger Annalen. Zeitschrift für Geschichte und Kultur am Mittelrhein. Heft 8/1975, S. 3-21.

Eulenberg, Herbert: Ferdinand Freiligrath. Berlin 1948.

Friedländer, A.A.: Der Flessa-Prozeß. Forensische und psychologische Folgerungen; in: Zeitschrift für die gesamte Neurologie und Psychiatrie. Bd. 107. Berlin 1927, S. 724-748.

Gadek, Gerd: Ferdinand Freiligrath und die Wende in der DDR; in: Werner Broer u.a. (Hg.): Wir sind das Volk, die Menschheit wir. Grabbe-Jahrbuch 1997. Detmold 1997, S. 11-14.

Giel, Volker: Ferdinand Freiligrath. Eine poetologische Biographie; in: Broer, Werner u.a. (Hg.): Wir sind das Volk, die Menschheit wir. Grabbe-Jahrbuch 1997. 16. Jahrgang. Detmold 1997, S. 15-54.

Häckel, Manfred: Ferdinand Freiligrath; in: Männer der Revolution von 1848. Band 1. Akademie der Wissenschaften der DDR. Schriften des Zentralinstituts für Geschichte Band 72. Berlin (-Ost) [2]1988, S. 79-99.

Herbert, Ulrich: Best. Biographische Studien über Radikalismus, Weltanschauung und Vernunft 1903-1989. Bonn [2]1996.

Hoffmann von Fallersleben, August Heinrich: Mein Leben (gekürzt). Herausgegeben von Augusta Weldler-Steinberg. Nachdruck der Ausgabe von 1868. Eschborn bei Frankfurt am Main [1]1996.

Kirn, Richard: Athos. Der Fall Karl Hopf; in: Robert A. Stemmle (Hg.): Der neue Pitaval: Jugendkriminalität. Der Fall Inge Marchlowitz und acht weitere internationale Kriminalfälle. München 1967, S. 147-172.

Kromer, Joachim: Bürgersinn und Bürgertat. Über Sodener Bürgerinitiativen; in: Kreisausschuß des Main-Taunus-Kreises (Hg.): Zwischen Main und Taunus. Jahrbuch des Main-Taunus-Kreises 1994. 2. Jahrgang. Hofheim am Taunus 1993, S. 43-47.

Opitzka, Eugen: Das Weindorf Hallgarten im Rheingau 1124-1976. Hallgarten/Geisenheim 1979.

Pasewald, Ruth: Die Entwicklung des Badewesens der Stadt Wiesbaden von 1806-1914. Diss. Uni Mainz 1999.

Rösener, Werner: Die Konversen der Zisterzienser. Ihr Beitrag zum wirtschaftlichen Erfolg am Beispiel von Eberbach und anderen Zisterzienserklöstern; in: Nassauische Annalen. Jahrbuch des Vereins für Nassauische Altertumskunde und Geschichtsforschung. Band 111. Wiesbaden 2000, S. 13-27.

Roßkopf, Josef: Der Orlopp-Gedenkstein. Erinnerungen an einen Förstermord in Hallgarten; in: Hallgarten. Abhandlungen zur Geschichte und Kunstgeschichte des Rheingauer Weindorfes. Hallgarten im Rheingau 1991, S. 80-84.

Roßkopf, Josef: Hallgarten im Wandel der Zeiten. Von der Grangie Hargadun zum modernen Genossenschaftsdorf. Eine kultur- und sozialgeschichtliche Studie. Hallgarten/Eltville 1997.

Schlesinger, Paul (Sling): Bilder vom Flessa-Prozess; in: Richter und Gerichtete. Berlin 1929; S. 41-52.

Thorwald, Jürgen: Die gnadenlose Jagd. Roman der Kriminalistik. Zürich 1965/1966.

Ullrich, Erika/Vetter, Edith: Wo Sodens Kurgäste logierten. Schriften zur Bad Sodener Geschichte Bd. 24. Norderstedt ²2005.

Vetter, Edith (Bearb.): Mordsache Jette Weyershäuser 1844. Ein Kriminalfall in nassauischer Zeit in Soden. Materialien zur Bad Sodener Geschichte Heft 17. Bad Soden 1994.

Zibell, Stephanie: Jakob Sprenger (1884-1945). NS-Gauleiter und Reichsstatthalter in Hessen. Darmstadt 1999.

Zibell, Stephanie: Der Mordfall Hermann Schäfer; in: Archiv für Polizeigeschichte. Zeitschrift der Deutschen Gesellschaft für Polizeigeschichte. Heft 2/2001, S. 42-60.

Zibell, Stephanie: Rheingeschichten. Geschichte und Geschichten aus dem Rheingau und dem Mittelrheintal. Frankfurt am Main 2008.

Internetquellen (Auswahl):

- Biografie und Werk des Heinrich Hoffmann von Fallersleben; abrufbar unter: http://www.von-fallersleben.de [18.12.2008].
- Blätter für literarische Unterhaltung" Nr. 298 vom 25. Oktober 1845, S. 1193-1194; abrufbar unter: http://books.google.de [23.01.2009].
- Der Fall des Giftmörders Karl Hopf; abrufbar unter: http://www.kmffm.de/giftmoerder_karl_hopf.html [25.02.2009].
- Die Stunde der forensischen Toxikologie; abrufbar unter: http://www.kmffm.de/forensiche_toxikologie.html [25.09.2009].
- Dräxler-Manfred, Carl (Karl) Ferdinand; in: Allgemeine Deutsche Biographie (ADB); abrufbar unter: http://de.wikisource.org/wiki/ADB:Dräxler,_Karl [23.01.2009].
- Ferdinand Freiligrath; in: Lexikon Westfälischer Autoren und Autorinnen 1750-1950; abrufbar unter: http://www.lwl.org/literaturkommission [27.11.2008].
- Friedländer, A.A.: Der Flessa-Prozeß. Forensische und psychologische Folgerungen; in: Zeitschrift für die gesamte Neurologie und Psychiatrie. Heft 1/1927, S. 724-748; abrufbar unter: http://www.springerlink.com [12.08.2009].
- Kloster Eberbach: P. Hermann Bär's Diplomatische Geschichte der Abtei Eberbach im Rheingau. Bd. 1. Wiesbaden 1855; abrufbar unter: http://www.books.google.de [27.01.2010].
- Raiss, Gerhard: Karl Hopf, ein Massenmörder aus Niederhöchstadt; abrufbar unter: http://historische-eschborn.de/html/body_massenmorder.html [25.02.2009].
- Hoffmann von Fallersleben: 5. Juli – 2. August [1844] in Soden; abrufbar unter: http://www.zeno.org/Literatur/M/Hoffmann+von+Fallersleben [02.12.2008].
- „Lied der Deutschen"; abrufbar unter: http://www.uni-koeln.de/ew-fak/Mus_volk/scripten/probst/20Jh.htm [22.01.2009].
- Ossietzky, Carl von: Das Verbrechen der Schwester Flessa; in: Sämtliche Schriften – Bd. III: 1925-1929; abrufbar unter: http://projekt.gutenberg.de [12.08.2009].
- Reinhard von Westrem zu Gutacker: abrufbar unter: http://www.kmffm.de [02.12.2009].

- Sämtliche Briefe Freiligraths (Inhaltsangabe); abrufbar unter: http://www.ferdinandfreiligrath.de [02.12.2008].
- Vorwort Freiligraths zum Gedichtband „Glaubensbekenntniß"; abrufbar unter: http://jhelbach.de/freiligr/glvor.htm [27.11.2008].
- Wilhelm Genth (Kurzbiographie); abrufbar unter: http://de.wikipedia.org/wiki/Wilhelm_Genth [22.01.2009].

Zeitungen (Auswahl):

Flörsheimer Zeitung (August 1926): Wilhelmine Flessa
Hochheimer Stadtanzeiger (Januar 1914): Karl Hopf
Neuer Hochheimer Stadtanzeiger (August 1926): Wilhelmine Flessa
Sozialdemokratischer Pressedienst Berlin (22. Februar 1930): Wilhelmine Flessa

Personenverzeichnis:

* Die mit einem Sternchen versehenen Personen sind von der Autorin frei erfunden

Ortsverzeichnis

* Die mit einem Sternchen versehenen Orte sind nur in der Fantasie der Autorin in die geschilderten Fälle involviert.

Die Autorin

Dr. Stephanie Zibell, Jahrgang 1966, studierte Politikwissenschaft, Germanistik und Publizistik; 1992 Magister Artium, 1999 Promotion, 2003 Habilitation. Seither Privatdozentin am Institut für Politikwissenschaft an der Johannes Gutenberg-Universität Mainz mit den Schwerpunkten Zeitgeschichte und Politisches System der BRD. Wissenschaftliche Auseinandersetzung mit der Zeit des Nationalsozialismus und den Anfängen der Bundesrepublik Deutschland, zum Beispiel „Jakob Sprenger (1884-1945). NS-Gauleiter und Reichsstatthalter in Hessen“ (Darmstadt 1999) und „Politische Bildung und demokratische Verfassung – Ludwig Bergsträsser (1883-1960)“ (Bonn 2006). Außerdem rege Beschäftigung mit Regionalgeschichte, zum Beispiel „Rheingeschichten“ (Frankfurt am Main 2008), „Rheingaugeschichten“ (Frankfurt am Main 2009) und „Der Freistaat Flaschenhals“ (Frankfurt am Main 2009). Seit 2009 Mitglied der Hessischen Historischen Kommission Darmstadt.